祭儀と注釈

中世における古代神話

桜井好朗

JN095345

法蔵館文庫

本書は一九九三年九月一日、吉川弘文館より刊行された。

なお、この度の刊行に際して、一部誤記誤植等の訂正を施した箇所がある。その一覧を示し、凡例として新たに付した。

目次

祭儀と注釈——中世における古代神話

たとひ法然上人にすかされまゐらせて、念仏して地獄におちたりとも、さらに後悔すべからずさふらふ。そのゆゑは自余の行もはげみて仏になるべかりける身が念仏をまうして地獄にもおちてさふらはゞこそ、すかされたてまつりてといふ後悔もさふらはめ。いづれの行もおよびがたき身なれば、とても地獄は一定すみかぞかし。弥陀の本願まことにおはしまさば、釈尊の説教虚言なるべからず。仏説まことにおはしまさば、善導の御釈虚言したまふべからず。善導の御釈まことならば、法然の仰せそらごとならんや。法然の仰せまことならば、親鸞が申す旨またもてむなしかるべからずさふらふか。

――『歎異抄』

はじめに——中世における古代

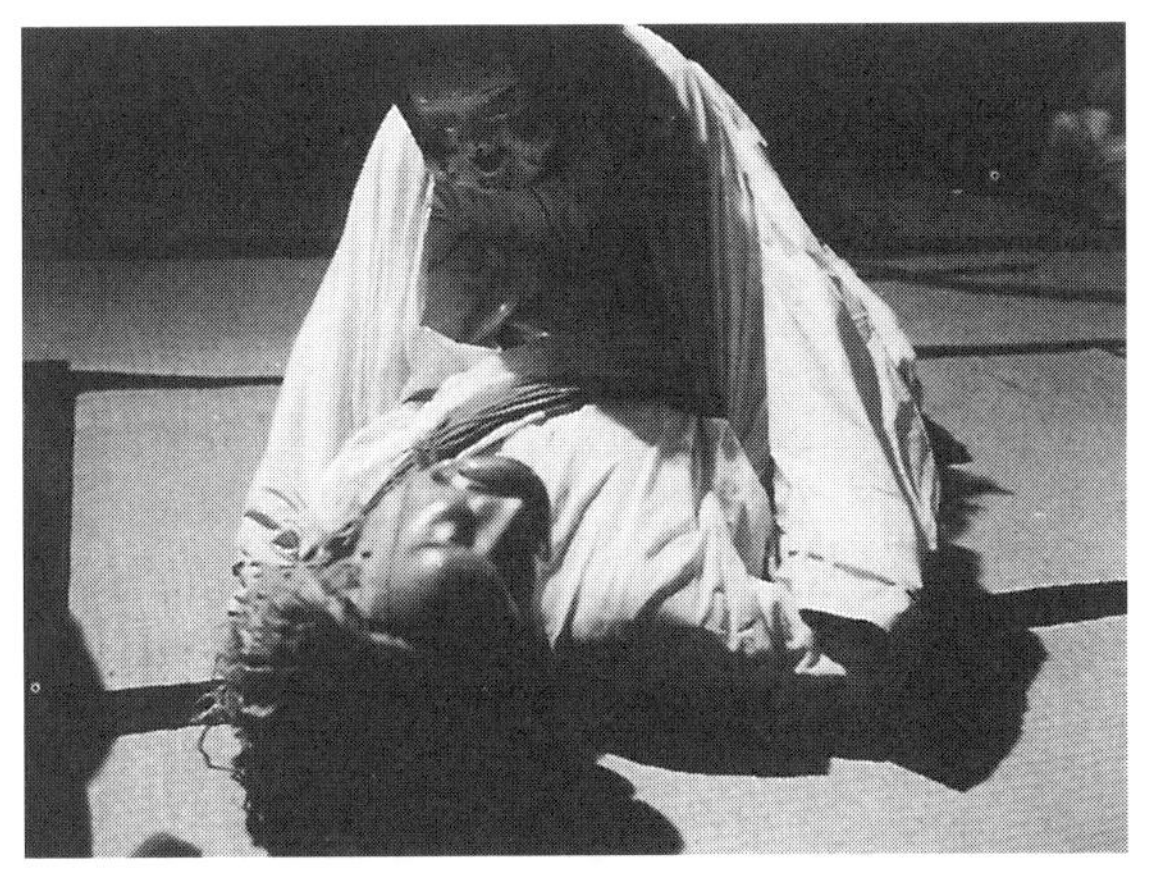

高千穂にて

高千穂の夜神楽。「御神体」は世界の始原である男女の神がエロティックな所作をして、豊饒を表象する。

（萩原秀三郎氏撮影）

1

一九九〇年の春、阿蘇南麓の高森から草部吉見神社を経て、私は宮崎県西臼杵郡高千穂町に入った。調査とか見学とかいうのもはばかられる、あわただしい旅であった。三田井の高千穂神社では夜神楽を見た。この地方では岩戸神楽と呼び、高千穂十八郷では高千穂神楽とも称する。曲目数は三十三番、通しで舞えば、午後に始まり、夜を徹し翌日の昼ごろまでつづくという。冬、各地区ごとに長老（モトジメ）の指揮のもと、村民によっておこなわれ、神社の神職はあまりタッチしないらしい。私はほんの一端を瞥見したに過ぎない。タヂカラヲがアマテラスのこもった天の岩戸をさぐる「手力雄」、天の岩戸の前でウズメが舞う「鈿女」、タヂカラヲが岩戸をあけてアマテラスを迎える「戸取」、そして「御神体」。

「御神体」は命づけではイザナキとイザナミが舞うとされている。仮託舞処は二上山「乳が窟」という。男女二神のエロティックな所作に、あちこちから笑声があがり、若い女性たちは笑いを噛み殺していた。その辺の本来の形態は以下のごとくである。

御神体は深更の一・二時、見物達が睡魔におそわれる頃、その眠気ざましにもなる滑稽で楽しい舞「酒漉しの舞」ともいう。裁着袴の男神は藁苞に棒をさし、左肩に担ぎ、舞衣に緋袴・赤布冠りの女神は桶と笊を肩にし、竹杖ついて、神主の先導で出る。桶を中に坐した二神は、笊を左右にのんびり揺りつつ、濁酒を漉す素振り。次に桶の酒を御器（木椀）に汲み、女神は男神に飲ませ、自らものむ。したたかに酔うた体で倒れ、抱擁してのかまけわざがある。男神は大根の男茎を振って、見物の女衆の尻を叩き戯れる。安産の守りという。後で藁苞の中の餅を撒く。終ってヨナガリと称し雑炊が出る。寒夜にふきふき食う雑炊の味は格別とのこと。甘酒もでる。そして夜明け前が「山森」、山の神が猪を引連れて舞う、ユーモラスだが民俗信仰的に重要な曲。此が終って岩戸で冬の夜があけるという段取り(1)。（傍点原文）

これを古代のおおらかさなどと速断はできまい。「高千穂神楽は陰陽道の残影や修験道の影響を濃くとどめて、今に伝承されている」といわれる(2)。

翌日は高千穂町岩戸の天岩戸神社を訪れた。切りこんだように深い岩戸川の渓谷をへだてて、東本宮と西本宮とがある。西本宮は拝殿であり、対岸に天岩戸と呼ばれる岩窟があって、これが神体である。東本宮の神殿は後代の造営であり、川をへだてた拝所が西本宮になったものと推察される。神職の話では断崖に崩落があり、天岩戸も昔のままとはいいにくいところがあるという。たしかに岩窟とは見えぬほどの深さであり、むしろ神話的に女陰を表象したものの一つと思われた。川原に降りて流れをさかのぼると、天の安河原と名づけられた場所に出る。塞の河原というにふさわしい景観で、修験道との関係が考えられる。西本宮拝殿の脇にも神楽殿があり、岩戸神楽三十三番が夜を徹して演じられる。高千穂郷の夜は、神々とともにある。

2

はなはだ印象に走った書き方になってしまったが、実は私は高千穂である種の印象を与えられ、それを精神的な助走とすることによって、跳躍しようと試みているのである。レヴィ-ストロースは『悲しき熱帯』(3)のなかの「どのようにして人は民族学者になるか」と名づけられた章で、南フランスの一地方「ランドックの石灰質高原の断面で、二つの地層が接している線を追いかけた思い出」を語っている。

> 景観の全体は、最初見た目には、人がそこにどのような意味を与えることも自由な、一つの広大な無秩序として現われる。しかし、農業にとっての損得の配慮、地理上の出来事、歴史時代、先史時代を通じてのもろもろの変転などの彼方に、すべてを繋ぐものとしての峻厳な「意味」があり、それが、他のものに先行し、命令し、そして、

かなりの程度まで、他のものについての説明を与えるのではないだろうか。この蒼ざめ、混沌とした線、岩の残片の形や密度の中にある、しばしば知覚しがたいような差異が、現在私が見ているこの不毛な土地に、かつては二つの大洋が相次いで存在したことを証明しているのである。過去の痕跡を手掛りとして、数千年の停滞の跡を辿り、急斜面や地滑りの跡や、藪や耕地などのあらゆる障害を越えて、小径にも柵にもお構いなしに進んで行く時、私は、意味を取り違えて働きかけているように見える。ところで、この反抗は、支配的な一つの意味——恐らく見極めにくいであろうが、しかし、他のそれぞれの意味は、その部分的なあるいは変形された置き換えであるような、支配的な一つの意味——を取り戻すことを、唯一の目的としているのである。

　これは刺激に富んだ思考であり、まばゆいばかりの操作である。多分、私の試みはレヴィ＝ストロースに触発されている、といってよいであろう。しかし、いまの私は『悲しき熱帯』の邦訳を初めて読んだ、一九六七年の私ではない。「どのような意味を与えることも自由な、一つの広大な無秩序」から「支配的な一つの意味」を抽出することに、二十数年前のようには魅力を感じない。私も老いた、ということであろうか。それはそうかも知れない。しかし、レヴィ＝ストロースがつづけて次のようにいうとき、私はその論述を何とか私なりに理解しようとしても、どこかでそうさせてくれぬものがあるように思われる。

時として、奇蹟が生ずることがある。隠れた亀裂の両側に、異なる種の植物が、それぞれに適した土壌を選んで、隣り合って緑も鮮かに生えていることがある。渦巻の複雑さを共にした二つのアンモン貝が、数万年の隔りを、こうした彼ら独自の遣り方で証拠立てながら、二つ同時に岩の中に見分けられることがある。その時、空間と時間は境を失って、俄かに融合してしまう。現在の瞬間に生きている多様さが、歳月を並置し、それを朽ち果てないものとして定着させるのだ。思考と感受性は新しい次元に到達する。

それはまさしく「新しい次元」の出来事であるといってよい。「その理解の内奥で、歴史の様々な時代と、世界の様々な場所が互いに呼び交し、ようやく解りあえるようになった言葉を語る」にいたったのだから。

古い段階の事象が過ぎ去り、そこにかくされていた原因によって、あらたな段階の事象が生起するのだというのは、一種の物語である。それは近代の歴史学が厳密な史料操作にもとづく実証と、恣意や独断をきびしく排する「科学的」にして「合理的」な論理とを駆使して築きあげた論述の仕方、つまり学問としての歴史叙述といってもよい。そういう物語＝歴史叙述なるものは、社会のさまざまの領域に分かれる多面的な研究成果を生み、同時にそれら相互の関連を考察するよう促して、壮大な知の体系を形成してきた。これからも、そのような仕事はつづけられ、人類の知的財産として共有されてゆくであろう。そのことをみだりに疑ったり、軽んじたりしてはなるまい。

しかし、そこには論述＝物語としては、同一の仕組がかくされており、いわば歴史叙述としての枠組が厳存する。そういう枠組のなかへ「ようやく解りあえるようになった言葉」を押しこめてみても、私どもは既存の壮大な体系にいささかの貢献をしたことにはなっても、かの「新しい次元」への到達という出来事からは遠ざかってしまう。学問の領域が違うから、というのは巧妙な遁辞であろう。あくまで比喩的にいうのだが、数万年のへだたりを持つアンモン貝が「二つ同時に岩の中に見分けられる」としても、そのことは「空間と時間は境を失」い、その上で「支配的な一つの意味」が出現することを語るものではない。数万年前のアンモン貝をそうあらしめた空間と時間は、数万年後に同じアンモン貝をあらしめた空間と時間と重なりあって、けっして発展の物語の枠内に収まりもしなければ、「一つの意味」にもなりがたい、もっと別な言葉を語り始めるのではなかろうか。別な比喩でいうと、とっくに死んだはずの者が語りつづけ、しかも生きている者は死んだはずの者といっしょに語ることで、その言葉は死者の発するものではないが、さりとて単純に生者が発するものともいえないような、何だかわけのわからぬ多義的な言葉になってしまう。そういう「呼び交し（かわ）」の仕方もあるのではなかろうか。生きている者が語ろうとする限り、「一つの広大な無秩序」から、それくらいの出来事を起こす力を、引き出しうるように思われる。それこそが〝歴史〟の名に値する、ということになるかも知れない。

3

レヴィ－ストロースのことはこれくらいにして、ふたたび日向の山中に目を移そう。記紀成立の時代に、この地にアマテラスの岩戸ごもりやホノニニギの降臨の神話があったとは考えられない。それははるかな大和の王権の神話が呼びおこした物語であった。『日向国風土記』(4)逸文は、次のように記している。

> 臼杵の郡の内、知鋪の郷。天津彦々火瓊々杵尊、天の磐座を離れ、天の八重雲を排けて、稜威の道別き道別きて、日向の高千穂の二上の峰に天降りましき。時に、天暗冥く、夜昼別かず、人物道を失ひ、物の色別き難たかりき。ここに土蜘蛛（土着民の代表者・有力者）、名を大鉏・小鉏と曰ふもの二人ありて、奏言ししく、「皇孫の尊、尊(貴く珍しい)の御手以ちて、稲千穂を抜きて籾と為して、四方に投げ散らしたまはば、必ず開晴りなむ」とまをしき。時に、大鉏等の奏ししが如、千穂の稲を搓みて籾と為して、投げ散らしたまひければ、即ち、天開晴り、日月照り光き。因りて高千穂の二

上の峰と曰ひき。後（のち）の人、改めて智鋪（ちほ）と号（なづ）く。

『釈日本紀』巻八に収められたこの逸文が、どこまで『日向国風土記』の原態を伝えているか、さだかではない。その詮索は別としても、ここにはあきらかに記紀と異なる伝承が認められる。天降った神ホノニニギは、アマテラスが岩戸ごもりしたように、原初の暗黒のなかにある。すべての事物は区別つけがたく、したがって意味を持ちえない。生命の力もまた発動していない。記紀の意味上の文脈から逸脱した神ホノニニギは、土地の民（人間）を代表し、農具そのものの人格化でもある始祖オホクハ・ヲクハによって祭儀の場に呼び出され、農耕儀礼にかなった所作として、稲種を勢いよく播（ま）いた。その結果、記紀神話で岩戸を開いてアマテラスが姿を見せ、世界が光を回復したように、ここでも世界は生気を獲得し、繁栄する。稲種は穀霊であり、高千穂はたくさんの稲を積みあげた、聖なる場所を山に見立てたものであった。この地域をそこだけで完結した人間の世界だと考えてみると、逸文の伝える話は、人間の世界の始原をなす神が現われ、「天開晴り、日月照り光」く世界を造り出したことを物語っているといいうる。この物語はこの山間の郷で毎年反復され、人々は世界の始原である神と時間・空間を共有する。そして、秋の収穫はそのような始原と世界とが結ばれ、始原の力がこの世に結実したことの証（あか）しであった。

『日向国風土記』逸文は、記紀とは別の伝承でありながら、創世の神をホノニニギと称し、天孫降臨や岩戸ごもりの神話と結びつけ、かつは土地の人間の始祖を「土蜘蛛」とおとしめて呼び、古代王権の神話と習合せしめた。それがどこまで古態を伝えているか、先に述べたように、そのこと自体はしばらく措く。中村明蔵は「記紀神話の天孫降臨の地をどこに比定するかという問題は別にして、各『風土記』などには、それぞれの地域集団の信奉する神が天下る話がいくつも伝えられているが、チホに天降った神もそのような例話の一伝承形態とすれば理解しやすくなる。ただ、天下った神をニニギノミコトとするところなどは、記紀神話への追従傾向が強く、個性を喪失しつつある」といっている。[5]私の思い過ごしかも知れぬが、中村の言葉には失われたものへの痛惜の思いがひそむ。それへの共感をこめて、したがうべき見解と考える。

修験者たちがこの郷で里人とともに高千穂神楽を興行したとき、「記紀神話への追従傾向」は、たんなる古代の出来事というにとどまらなかった。たしかに、その地域固有の始原は王権神話に収め取られており、それをもう一度取り返すということにはならなかった。しかし、高千穂神楽興行のなかで記紀神話の神の名を与えられた何ものかは、何ものとも特定しがたいままに、あらたな共同体の始原と化した。その何ものかは、古代王権の呼びおこした神の名に媒介されて、けっして古代に還元されない何ものかでありえた。そのような出来事を、仮りにも「中世」的と呼んでしまったとき、私どもは「中世」とはるかにへだたった時空に生きている。古代を相対化し、それを前提として成立する中世という、異質の時空があり、古代から中世へという流れを物語化しうる第三の立場、それを「近代」といおうと「現代」といおうと同じことなのだが、そういう立場に自分をおきうるというメタ物語の世界に生きている。そういうメタ物語を科学の名において歴史と称してあやしまない思考の枠組を墨守している。かえりみれば、〝歴史〟の名において、私どもはいったい何をしているのであろうか。

4

「中世」が「古代」を喚起し、そうすることによって「中世」をますます展開してゆくとしたら、その場合の「古代」は「中世」によって再構成されたものとなる。「古代」がそのままでまかり通ってくれては、せっかくの「中世」は「中世」でありえなくなってしまうからである。「中世」が「中世」であるためには、「古代」は「中世」的な「古代」とならねばならぬ。そういう「古代」は、けっして「古代」そのものと同じではありえない。同時にすんなり「中世」と融和するとは限らない。両者は対立し葛藤しながら、全体としてあらたな「中世」を形成する。そういう歴史叙述自体、一つの物語の仕組と考えることができる。「近代」もしくは「現代」の立場からかえりみて、かような物語を〝歴史〟と称するメタ物語に収めてしまうと、〝歴史〟そのものにも異変が生じ、これまでのようなかたちでは、私どもは〝歴史〟との関係を結びがたくなる。そうなったとき、〝歴史〟の終焉とか喪失とかいいつのることもできようが、その先にこれまでの歴史叙述の仕方では見えてこなかったような〝歴史〟が、ぼんやりとではあるが浮かびあがってくるように思われる。

一九七二年、伊藤正義は〝中世日本紀〟と称すべき、壮大なテキストに注目するよう提唱した(6)。実際にそういう名前で呼ばれる著作があったというわけではない。中世において「あらゆるジャンルで試みられた秘伝、注釈の類」のなかに、伊藤は「いつしか日本書紀原典とは大きく隔たった、いわば中世日本紀が形成されている」ことを読みとろうとしたのである。この提言が発表されたとき、私もふくめて多くの人々は、まだその重大性をしっかりとらえていなかった。伊藤の言葉を借用すれば、「荒唐無稽であるがゆえに、あるいは、現在の学問のレベルに無縁であるがゆえに、まともにとり上げられることのなかった」というような、いわば歴史にとっても文学にとっても、研究領域の片隅のごときところから、何かしら馴染みにくい問題が投げかけられた。当時、そんなふうに感じた人は、すくなくあるまい。それをあらかじめ承知の上で、伊藤は石母田正も見ることのなかった、もう一つの〝中世的世界の形成〟を読み解いてゆく。

そして、日本書紀原典から大きくはずれた中世日本紀が、ひとつには、中世の思想と文芸の各分野にひろく泌みわたって、いわば通説化して行き、常識化している実情を知っておかなければならないこと、そして、いまひとつには、このような諸説は、たしかに中世という時代の一性格をあらわすものではあろうけれども、暗く秘められた時代のひだから突如湧き出したものではなく、多くは、その原型乃至萌芽がすでに前時代にあるのだということ、またそれゆえに、それからの展開乃至歪曲の過程での諸相と、それをふまえて創り出されて行ったその時代の文芸一般のすがたの中にこそ、中世の本質を探る鍵もあろうかと考えている私なりのひとつの文学史的メモに過ぎない。事は中世日本紀に限らないのであるが、さしあたり問題をここに絞っても、歌学書や『釈日本紀』などに引用されている私記やその他の諸説のあり様を、あらためてその見地から検討しなければなるまい。たとえば『秘府本万葉集抄』が引く、日本紀あるいはその注なども、極めて注目される一例と云えよう。さらに中世における、殊に兼倶(かねとも)以前の抄・注の類なども、それ自体としての検討を積みあげた上で、中世日本紀の輪郭は一そう明確になる筈であるが、いまは、その方向を見定める意味での素描を試みたままである。

「中世日本紀」と総称さるべきテキスト群のなかに、「中世の本質を探る鍵」を見出そうとした伊藤の方法は、その後多くのすぐれた研究者たちにより継承され、その結果「現在の学問レベルに無縁である」どころか、「現在の学問レベル」を急速にたかめつつある。

5

第二次大戦末期に書かれ、空襲による組版の焼失という出来事を経て、敗戦の翌年刊行された石母田正『中世的世界の形成』(7)は、戦後史学の出発点をなし、「明治以来の日本中世史学の最高傑作というにふさわしい名著」と評価されている。(8)そこには次のような記述があった。

中世の形成は古代の没落である。没落の過程が同時に形成の過程でなければならぬ。中世は古代に対して対立的否定的でありながら古代以外のところから生れることは出来ない。両者のかかる歴史的な同一性と対立性は中世の成立を古代の自己批判の展開として理解するとき最も具体的かつ包括的に把握し得ると考へられる。律令体制内の班田農民及び板縄(蠅)杣内の寺奴がその歴史的発展によつて中世武士団に成長し、律令制及び東大寺を否定する力として現はれるといふことは古代自体が自らを否定する過程即ち自己批判の進行に他ならない。

ここにいう「古代」を律令体制とか、あるいは同書における「天皇制の暗喩」[9]としての東大寺とかに限定し、他方「中世」を中世武士団とか在地領主とかにこれまた限定するならば、戦後史学のなかで石母田と異なる見解がいくらでも現われうるはずで、事実そうなった。しかしそれとは別に、「古代」や「中世」というタームに何を当てるかはともかくも、「中世」は「古代」それ自体のなかから、「古代」の「自己批判」として生まれるという論理には、注目すべきものがある。それは『平家物語』の成立について、石母田が「農村社会に於ける古代の自己批判は王朝末期貴族社会に於て進行して来た自己批判の成果である優れた文学的伝統と結合する。それは本来中世的世界の形成＝古代の自己批判といふ一つの大きな歴史の流れにすぎないのではなからうか。従つて平家物語は農村的民衆的な古い『語り』の精神と都市貴族的な散文精神との結合として現はれた」といっていることと、対応していると思う。我田引水とのそしりを甘受する覚悟でいえば、石母田の先述の論理は、奴隷制や農奴制の概念を導入するや、たちまちその有効性について批判を受けることにもなるが[10]、文学というとらえどころのないあいまいな領域においては、見逃しがたいはたらきをする。そして、そのことがかえって歴史の論述の在り方をも、けっして自明のこととしてすますことを許さず、問い返しもするのである。その意味で、伊藤の打ちこんだクサビは、歴史たると文学たるとを問わず、中世の学全体に亀裂を生じさせたといえよう。

「古代」なくして存在しえず、しかもけっして「古代」ではありえない『日本書紀』への解釈なるものを、「中世」が注釈のかたちで表現する。それが「中世日本紀」の「荒唐無稽」な世界であった。それを「荒唐無稽」としてひややかに見やるのでなく、そこに「荒唐無稽」と評し去るだけでは見落とされてしまう「中世」の大きな力を見る。それは石母田の『中世的世界の形成』が果たすべくして果たしえなかった仕事であろう。同書にないものねだりの注文をつけているのではない。呪術的・神秘的な観念が横行していた時代に、それに抵抗しようとすれば、現代以上に「荒唐無稽」なものに対して冷静、かつ批判的な見方をしなければならなかったのは当然である。しかも、石母田の論理は石母田自身の意図を超えるようにして、かの「荒唐無稽」なもののかなたへ向かうよう、私どもを促す。もう一つの〝中世的世界の形成〟を見るために。

6

「中世」に現じ、「中世」それ自体にほかならぬ「古代」は、「荒唐無稽」である。ひとまず、そういってもよい。それならば、「荒唐無稽」な「古代」をすかして見うる「古代」そのものとは、何であろうか。それもやっぱり「荒唐無稽」なのではあるまいか。もしも「荒唐無稽」ではないとしたら、それはなぜそうなるのであろうか。あるいは、なぜそう見えてしまうのか。中世の学から見ると、古代の学は歯切れがよい。それは「古代」そのもののせいというよりは、「古代」概念の設定の仕方に起因する、一種の自縄自縛ではあるまいか。そのことを問おうとしない歯切れのよさに、私はなじめない。

「古代」の社会は、「原始社会」とか「原始共同体」という呼称で不当に一括されている、それ以前の社会[(11)]とはいちじるしく異なる。その特徴は、「古代」社会において、王権‐国家が社会生活全体を何らかのかたちでおおい、社会的諸関係を王権‐国家へ向けて牽引しつづけたところに、求められよう。現実には日本の「古代」の社会は東アジアの国際関係の緊張に触発され、かなり強引に律令国家体制を整備し、多分に前代以来の社会的諸要因を抱えながら、大王（おおきみ）から脱皮した天皇制を樹立していったと思われるが、それゆえに、かえって王権‐国家は社会全体の成熟に先行し、それを拘束し規制する力を強めようとした。そのことを私は神話と祭儀の関係のなかから読みとってゆこうと思う。

古代の王権‐国家神話を、いわゆる「記紀神話」として一括してとらえることに、かなり有力な批判が出されている。神野志隆光は「『古事記』はひとつの完結した作品として把握せねばならぬ。作品としての全体から切り離して部分部分をとり出し、たとえば『日本書紀』との比較を通じてその歴史的成立的背景や話としての展開・定着を論じておわるのでは、作品としての『古事記』の達成を見失うことになりかねない」と警告する。そして、『古事記』を「ひとつの全体として捉えようとするとき、世界観という視点がどうしても必要になるのではないか」と問うて、次のように説く。

いわれるような「全国意識」があったとして、これを「天下」という漢語を媒介としてあらわすということの意味が問われねばなるまい。それはただ借用したというようなものでなく、意識的な選択だったはずであり、思想的イデオロギー的な志向を見ることにおいてはじめて正当に捉えうるはずのものだと私は考える。(12)

『古事記』と『日本書紀』の違いを、伝承上の差異と見て、その新旧や前後の関係を想定するのでなく、それぞれを「完結した作品」としてとらえ、その「作品」の独自性から説明しようとするのは、当然のことであろう。そのような「作品論的立場」を認めることに、さほど異存があるとは思われない。問題は「作品論的立場」が、「世界観という視点」と直結し、その「世界観」をつきつめてゆくと、結局「思想的イデオロギー」に出会うことになるという、方法上の限界にある。文学はたんなる「世界観」ではないし、「思想的イデオロギー」だといってすませるものでもない。まして、始原の物語として表現される神話は、「世界観」や「思想的イデオロギー」に彩られているとはいえ、それらに還元することで、ほかならぬ神話そのものとしての意味が、よりよく理解されるというわけではない。神話でなくても出会えるものに、神話を通じても出会いえたことを確認する、という域を出るものとは思われぬ。神野志が『日本書紀』にせっかく記された「一書に曰はく」という、貴重な別伝の群れを無視して、「『日本書紀』としての把握は本文によってなされるべきだ」と断定的に述べているのは、「ひとつの完結した作品」を、単一化された「世界観」や一元的な「思想的イデオロギー」に置換してしまうからではなかろうか。

水林彪はこのような方法を、極限まで追いつめてゆき、その果てに、作者の意図がイデオロギーとして作品に貫徹することによって、質の高い作品が創作されるはずだという、かなり生硬な〈作者―作品〉論に、『古事記』を閉じこめた。水林は『古事記』を「太安万侶が、律令国家とはどのような国家であるのかを語ろうとして、心血を注いで創作したところの政治思想的作品」だといい、「諸部分を全体に位置づけ、様々の伏線をめぐらして諸部分を響かせあい、瞬時も乱れぬ一貫した物語りを構築し、私事を語るようでありながら天下国家を語る、その高度に体系的な政治思想的作品としての質の高さは、まことに見事というほかはないものだった」とまで称賛する。文学論としては、かなり〝古典〟的といってよい〈作者―作品〉論の枠組のなかにある水林の論述は、『古事記』を「神祇令祭祀体系の祭儀神話」として位置づけてはいるものの、「祭儀」という厄介な問題をも、結局はそのような枠組に封じこめてしまう。

『古事記』が一個の政治的テクストであるとすれば、『古事記』研究としてまずなされねばならないことは、そこに、古代国家についての政治思想を発見することでなければならない[13]。

水林の場合、『古事記』は「論理的に構築され、言葉の美しい響き合いの秩序として彫琢された作品」であり、同時に「祭儀神話」と等置され、結局は「政治思想」に置換される。そして、水林もまた『日本書紀』神代について、「本文についてしか、統一的な人物像や世界観を提示しようとした作品という評価を与えることができない」と断言する。〈作者―作品〉論の枠組の内にある限り、せっかくの別伝は「統一」を破るものでしかありえないのである。

神野志や水林の論述から学ぶべき点は多い。刺激に富んだ著述であることは、だれしも認めるであろう。私自身、考えなおさなくてはならぬ問題を、たくさんつきつけられたような気がする。もとより、「作品論的立場」の重要さを疑うわけではない。王権‐国家神話を政治的イデオロギーとして読み取ることも必要であろう。しかし、王権‐国家固有のものであった神話や祭儀といえども、ただちに政治的イデオロギーに還元してしまうのではなく、ほかならぬ神話や祭儀の次元で読み解かねばなるまい。王権－国家の機能をあいまいにしたり、一方的に美化したりするために、こういうのではない。むしろ、王権－国家が何であるかを解明してゆくために、予断を排して、神話や祭儀固有の次元にふみとどまらなくてはかなわぬことが、いっぱいあるのではなかろうか。そこから、『日本書紀』の別伝をふくめた神話や、実態もあきらかでなく、とらえ方も確立していないような祭儀を、そのものとして読んでゆく道をたどりえよう。「中世」にこだわるがゆえに、はからずも専門外の「古代」に迷いこんだ私は、覚束ない足どりながら、この道を歩くことになると思う。

7

「古代」に王権－国家の機能するところが見えたようには、「中世」において王権－国家は見えてこない。「中世」によって形成された「古代」においても、見えにくいことに変わりはない。「中世」に現実の王権－国家の体制が解体したわけではないし、王権－国家の支配を支える政治的・思想的イデオロギーが消滅したのでもない。それにもかかわらず、王権－国家が見えにくくなるとしたら、そのこと自体、何を意味するのであろうか。そのような問題を考えながら、「中世」を見なおすことで、王権－国家が成立する原因とか根拠とかが、すこしずつあきらかになるのではあるまいか。

レヴィ－ストロースとアルフレッド・メトローに学んだピエール・クラストルは、南アメリカ、パラグアイの森の奥に住むグアラニ族の老いたシャーマンの言葉を紹介する。[14]

ものごとは、その総体において一（いつ）である。そのようなことを欲しなかったわれわれにとって、それは悪である。

「一」とは意味や象徴の体系を一元化しようとする社会的志向のことであろう。かかる志向が国家を成立せしめる。クラストルによれば、アメリカ大陸のインディアンは、「遊動民であると否とを問わず、狩猟、漁撈、採集民の集団は、その近隣の定着農耕民と同一の社会－政治的特性を示している」という。すなわち、「異った『下部構造』に、同一の『上部構造』」を実現しているのである。また、「同一の『下部構造』に、異った『上部構造』」、すなわち、「その一方は国家なき社会であり、一方は完成した国家を有する社会」が存在する。それゆえ、国家の起源を「未開社会の内部における仮説的な生産関係の変化」に求めることは、「全く徒労であろう」と考えられるのだ。クラストルのように、「未開社会においては、分離された政治権力は不可能であり、国家が占めることのできる場、あるいは空隙は存在しない」とまで一般化できるかどうかは別にしても、次のように説くことは十分可能であろう。

トゥピ－グアラニの予言者群の行為は、国家の普遍的本質としての「一」の根源的な拒否によって不幸を廃絶しようという、未開社会の英雄的試みなのだ。

それは通常考えられるような、国家権力の打倒とか国家の廃絶とかを目標とするような、政治的イデオロギーとは違う。いみじくもクラストルのいうように、『一』そして『国家』の祓い捨ての作業」なのである。「中世」が「古代」に対して帯びる意味は、かかる「祓い捨ての作業」を社会全体が志向するところに求められる。そして、「中世」における「古代」は、そのような志向との葛藤のなかにおいてのみ、現われうるはずである。中世に王権－国家が存在しなかったはずはない。存在したにきまっている。しかし、それらが存在したということ自体は、過ぎ去った「古代」に由来する遺制としてではなく、かの葛藤を〝起源〟として、というよりは〝誘因〟として、いたるところで〝発生〟したのだと考えるべきであろう。前後関係と因果関係とを重ねあわせた既成の歴史叙述の域を離脱せざるをえない。

世阿弥の「離見の見」という言葉にたくみに言及した、ディディエ・エリボンとの対談のなかで、レヴィ－ストロースはこういっている(15)。

我々が「未開」社会と呼んでいる社会は決して「未開」なのではなく、「未だ開かれていない」つまり原初的であることを欲している社会です。それは自分を原初の社会であると夢想しているのです。なぜなら、天地開闢のその時に、神々と父祖たちが作りだした、そのままの状態に留まり続けること、それがこれらの社会の理想であるからです。もちろん、それは彼らの幻想であって、彼らの社会といえども他の社会同様、歴史なしでいることはできません。しかし、彼らが疑い嫌悪する歴史、その歴史を彼らは受動的に経験するのです。

このしたたかな文化人類学者の語りくちを、額面どおりに受けとるわけにはゆくまいが、いわゆる「文明」人の偏見と誤認によって、「未開」と呼ばれ、「歴史」を持たないとされてきた社会が、避けようもなく「歴史」のただなかにあったことを、レヴィ＝ストロースは一歩ふみこむようにして、明言している。その社会の人々が「疑い嫌悪する歴史」と「受動的に経験する」という「歴史」とは、区別さるべきであろう。前者は既成の歴史叙述の枠内に封じこめられてきた「歴史」であり、後者は好むと好まざるとにかかわらず、そこから逸脱してしまう出来事としての「歴史」なのである。他方、いわゆる「文明」人たちも、あらかじめ期日を定めて、あるいは偶発的に、自分らの社会が原初に帰るという「夢想」に憑かれ、熱狂しながら、彼らの歴史叙述の枠内での「歴史」を生きているという「幻想」を抱きつづけている。時流に便乗するようにして、「歴史の終焉」といってみたところで、所詮はこの枠内での言述に過ぎない。
「構造」という共時態の概念は、「歴史」という通時態の概念と対をなすものとしてとらえられている。しかし、たんなる通時態が「歴史」ではありえないように、「構造」もまた共時態をはみ出さざるをえない。レヴィ‐ストロースの発言は、そのことを示唆していると思う。「偶然性のなかにある出来事、これは何によっても置き換えることのできないものだと私は思います。構造論的分析は、この偶然性というやつと、こういう言い方を許してもらえるならば、『うまくやっていく』のでなければなりません」と彼はいう。うまくやったのであろうか、レヴィ‐ストロースは「歴史の掃き溜めのなかで」語ってみせながら、あざやかに飛翔する。うまくやりようのない私は、そこに立ちつくすばかりである。「ここが、ロードスだ」。——すくなくとも、私は次のようには、とりあえずの方法を提示して、我流の霜月の踏舞(ノヴェムバー・ステップス)を試みたい。

　構造主義者の概念規定はさておき、「構造」なるものを「歴史」の場に引っぱり出す操作概念として用いる(16)。つとめて実体もしくは実在の概念としないようにする。第一に「一」なるものを成立させる「古代」の神話や祭儀、第二に「二」なるものを「祓い捨て」ようとする「中世」の神話や祭儀と、それらがもはや神話や祭儀のままでは現われえなくなった出来事としての注釈や芸能、第三に「中世」の「祓い捨ての作業」の間隙を縫うようにして現われる「中世」固有の「古代」、――その三つのものの出現の仕方、かくされた〝発生〟の仕組（「図式」といってもよいが）を「構造」と呼ぶ。それは通常の歴史の変化に対応するのでなく、ゆるやかに底深いところで変動する。既成の歴史叙述の枠外にはみ出しつつ、獲得さるべき「歴史」性を追うために、それを仮称として使用したい。そうすることによって、何が見えてくるか、成算なんぞあるはずはなく、試行錯誤をつづけることになる。

8

「凡例」とでもいうべきことを記しておく。第一に天皇の呼称は漢風諡号を用いた。例えば「神武天皇」「崇神天皇」と呼び、「カムヤマトイハレヒコ」「ミマキイリヒコイニヱ」のような和風諡号を用いなかった。神話的な存在にとどまる天皇をふくめて、和風諡号はその天皇の特徴を伝えてくれるが、「中世」を強く意識した本書の視座からは、ひとまず漢風諡号によったままでで、他意はない。「大王」と「天皇」の区別も、ゆるがせにはできないと承知しながらも、詮索を避けた。「大王」から「天皇」への変化をたどることは、かならずしも本書の直接の課題ではないからである。その変化の過程を明確にすることの重要性は、認識しているつもりである。

第二に年紀については日本の元号を用い、カッコ内に西暦でほぼそれに相当する年を示した。例えば「承久三年（一二二一）五月十四日」というように。承久三年五月十四日と一二二一年五月一四日とは、まったく別な日である。太陽暦を採用して、明治五年十二月三日を明治六年一月一日とした結果、この日は一八七二年の一月一日ともなったわけで、それ以前の月日を示すのに、西暦年を優先するのは、理解に苦しむ。ただし、一八七二年（明治六）以後は、便宜上ではあるが、西暦を優先するのが望ましい。本書もそうなっている。

第三に引用する漢文体の史料・作品については、すべて訓み下し、平仮名の文に直した。例えば、

　訓読は〈日本思想大系〉による。

とした場合、基本的にはそれにしたがったことを意味する。また、

　〈神道大系〉により訓み下す。

とした場合は、私意をもって訓読文に直したことを示す。原文がすでに翻刻されている場合は、ことさらに原文を掲げなかったが、翻刻されていない場合、及び私の訓読文にあいまいな点が残る場合は、念のため原文をも掲げた。

第四に注はなるべく付するようにした。その表記も判り易いように、と考えて、反復をいとわなかった。ただし、論文の初出については、例えば、

初出は一九八二年

というように、年を示すにとどめた。あまりわずらわしく感じられたら、本文のみ読んでいただいてもよいと思うが、できれば一読願いたい。

最後にこれはいわでもがなことかも知れぬが、多方面の問題をとりあげた本書は、初歩的な知識に欠けるあやまりを犯しておるやも危ぶまれる。貴重な研究の見落としもあろう。専門家の教示・叱正に恵まれえたら、まことに幸いである。たんなる儀礼の挨拶としてでなく、申しておく。

本書の筆を執り始めるや否や、私はたちまちある種の欠落感を抱かざるをえなかった。それをロラン・バルトの言葉を借用して示せば、こういうことになろうか。いささか古めかしきいい方になるけれども、――。

言語活動についての政治理論、つまり、言語(ラング)の占有過程を明らかにし、言表手段の《所有権》を研究するための方法論、たとえば言語科学の『資本論』のごときものが欠けています。(17)（傍点訳文）

注

（1）本田安次・倉林正次・西角井正大「高千穂・阿蘇の芸能」（『高千穂　阿蘇――総合学術調査報告』神道文化会、一九六〇年）。
（2）山口保明「高千穂神楽とその周辺」（五来重編『修験道の美術・芸能・文学』Ⅱ、〈山岳宗教史研究叢書〉一五、名著出版、一九八一年）。
（3）クロード・レヴィ＝ストロース『悲しき熱帯』上（川田順造訳。中央公論社、一九七七年。原著は一九五五年）。
（4）訓読は〈日本古典文学大系〉による。
（5）中村明蔵「高千穂神社」（谷川健一編〈日本の神々――神社と聖地〉一巻、白水社、一九八四年）。周知のことと思うが、谷川編のこのシリーズは、日本の神に関心を持つ者にとって、必読文献といえよう。念のため付言しておく。
（6）伊藤正義「中世日本紀の輪郭」（『文学』四〇巻一〇号、一九七二年）。
（7）伊藤書店版は一九四六年刊。
（8）石井進「中世社会論」（『中世史を考える』校倉書房、一九九一年。初出は一九七六年）。学説の記述というかたちでは、その後、『中世的世界の形成』に対しさまざまの角度からの批判がなされてきた。そのこと自体は当然であり、むしろ同書の重さを示すものと考えられる。それとは別に、学説の違いとか発展とかを超えて、なぜ同書が卓越した歴史叙述となりえているのかという、すぐれた歴史書の持つ共通点について、私どもはかならずしも見届けていないのではあるまいか。見届けようとすれば、私どもはおのれの歴史叙述という、研究の足場そのものを問いなおすことになろう。

（9）石井進「『中世的世界』と石母田史学の形成」（前掲『中世史を考える』。初出は一九八六年）。

（10）いわゆる国文学の研究方法において、緻密な実証性が尊重されており、そのことに対し、私は基本的には信頼こそすれ、疑念を抱いたりはしていない。それにもかかわらず、文学それ自体は既成の文学観を墨守するのでない限り、依然あいまいなものとして現われつづけ、明確であるものに異議を表明する。その異議を一方的に排斥し、あいまいなものが全面的に否定されたとき、多分人間の存在構造は崩壊する。念のためにいっておくが、私は呪術的・神秘的な観念によって人を惑わすために、このようにいっているのではない。そういう観念を生んでしまう人間の在り方の仕組を、私なりの角度から照射してみたいと念じているに過ぎない。

（11）「原始」という観念の虚構性については、桜井好朗「歴史叙述における中世とは何か」（『空より参らむ』人文書院、一九八三年）でふれた。

（12）神野志隆光『古事記の世界観』（吉川弘文館、一九八六年）。

（13）水林彪『記紀神話と王権の祭り』（岩波書店、一九九一年）。

（14）ピエール・クラストル『国家に抗する社会』（渡辺公三訳。書肆風の薔薇、一九八七年。原著は一九七四年）。

(15) クロード・レヴィ＝ストロース、ディディエ・エリボン『遠近の回想』（竹内信夫訳。みすず書房、一九九一年。原著は一九八八年）。

(16) 「構造」の分析という点では、神野志隆光、前掲『古事記の世界観』は、「『高天原』（〈アメ〉）——『葦原中国』（〈クニ〉）の垂直的関係と、『黄泉国』・『根之堅州国』・〈ワタツミノ神の国〉と『葦原中国』との〈クニ〉における水平的関係と、ともに『葦原中国』に帰するわけで、機軸たる『葦原中国』において重なるのだが、その重なりにおいて『葦原中国』を捉えることは、たとえば⊥型というような構造でおさえてしまうのでははたされない。パラレルにといったが、二つの世界関係が互いに保障しあっているというほうがよりふさわしいかもしれない」とするどく指摘する。さらに、水林彪、前掲『記紀神話と王権の祭り』は、「『日本書紀』のスサノヲ神話は、悪神素戔嗚尊が悪業の限りをつくして、〈地底の国〉たる『根国』に追放される物語り、『古事記』のそれは、善神須佐之男命が、罪の祓われた清らかな姿で、『葦原中国』に赴いてここに農耕社会を建設し、次に〈葦原を支える根源の国〉としての『根の堅す国』へと赴いて、そこでこの国の主宰神となる物語りなのである」ととらえている。それらはほとんど「予定調和」的と呼びたいような完結性・整合性を持った「構造」を析出するのだが、西郷信綱のような構造論的な整合とは異なり、〈作者—作品〉論に支えられたイデオロギー論的な範疇での、破綻や矛盾のなさが強調されているように思われる。作者における、すぐれた「世界観」なり「政治思想」なりは、首尾一貫した体系性を持っており、それが作品にきちんと表現されているはずだ、という予断があるせいか、『古事記』のスサノヲや「根の堅す国」が、王権を危うくするダイナミクスを神話的構造として持っていることが、ことさらに軽んじられている。思うに「瞬時も乱れぬ一貫した物語りを構築」したのは、水林自身だったのではないか。彼は彼自身のなせる業に感動したのだ。

(17) ロラン・バルト「逸脱」(花輪光訳。『物語の構造分析』みすず書房、一九七九年。「逸脱」原文初出は一九七一年)。私はこの欠落感について「『資本論』のごときもの」(『日本文学』三八巻六号、一九八九年)で語ろうとしたが、野球でいえば空振りにおわったようである。

Ⅰ　王権－国家の神話と祭儀

イザイホー

イザイホーは沖縄久高島で午（ウマ）の年におこなわれた神事で、これに参加することで島の女性は神女となった。ウドンミャー（御殿庭）に集まった神女たちは、カミアシャギと呼ばれる神殿への出入りをくり返す。神殿の前に埋められた七つ橋は現世と来世をつなぐ。カミアシャギの四方の壁はススキとクバの葉で囲まれ、シジ神（祖霊神）の世界を構成する。

（比嘉康雄氏撮影）

一　天孫降臨と大嘗祭

1

「高天の原」もしくは「天上」と呼ばれる神々の世界から、ホノニニギという神が地上に降ってきて、地上の王権の始原となった。地上といっても、まったく現実の国土というわけではない。高天の原もホノニニギも神話の範疇に属する。地上もまた神話的にとらえられた地上であり、「葦原の中つ国」とか「豊葦原の瑞穂の国」とか、あるいは「大日本豊秋津洲」とか「大八洲の国」とか呼ばれる。それらは日本という国家の古称というよりは、ホノニニギによって治めらるべき地の神話的な美称と考えたほうがよい。したがって、このような呼称を用いる限りは、私どもは政治色のかなり濃厚な神話のなかで、さまざまの事象について考えることになる。そのことを、あらかじめ覚悟しておく必要がある。ホノニニギは高天の原の神々、天の神の意志と尽力により、地上に降臨した。これを「天孫降臨」という。高天の原にあって天孫降臨を主宰したのは、神話の系譜上でホノニニギの父方の祖母にあたるアマテラスと母方の祖父にあたるタカミムスヒということになっている。もっとも、このことについては、『古事記』と『日本書紀』とではすこし違いがあるし、『日本書紀』でも本文と「一書に曰はく」として伝えられる別な伝承との間には、いろいろな差異がある。その詮議をここでするのではない(1)。それは他にゆずって、アマテラスやタカミムスヒ、とくに伊勢神宮の内宮（皇大神宮）に祭られたアマテラスが、王権の天上の始原とされるようになったことに留意しておけばよい。王権における天上の始原から見れば、地上の始原は孫ということになる。それゆえ、ホノニニギは「皇御孫」（「皇孫」）と呼ばれる。天皇もまた「スメミマ」と称せられることがある。ホノニニギは天つ神でありながら、地上に降臨した。史実という意味での現実ではないが、神話上の「現世」に姿を現わした。そこで、この神を「現つ神」（「明神」）ともいう。「現人神」といういい方もあるが、やや多義的であると思われるので、ホノニニギの名称としては用いないことにする。

　ホノニニギというのは、稲の穂が赤く熟して丹（に）に色づき、といっても古代人の色彩感覚では黄は赤に属するようだから(2)、ここは黄金色に稔ると解したいところであり(3)、これがにぎにぎしく豊かに稔るという、豊饒の神話的エネルギーを体現した神なのである。

生成や太陽を表象する神の意志にしたがって、豊饒の神が、邪気を払う葦の繁る国、そして神話的な生命力に充ちた稲穂の稔る「瑞穂の国」に降臨する。その国はまた「大八洲」とも呼ばれ、祝福される。『古事記』[4]ではアマテラスの子のアメノオシホミミ（これも稲穂の神）を降臨させようとして「豊葦原の千秋の長五百秋の水(瑞)穂の国は、あが御子正勝吾勝々速日天の忍穂耳の命の知らす国ぞ」との神勅を下し、その後オシホミミの子が誕生すると、改めてアマテラスとタカミムスヒ（高木の神）とがホノニニギに「この豊葦原の水穂の国は、いまし知らさむ国ぞ、と言依さしたまふ。かれ、命のままに天降るべし」と命じている。『日本書紀』[5]巻二第九段の第一の一書では、アマテラスがアメノオシホミミを降らせようとしたが、ホノニニギが生まれたので、皇孫に「葦原の千五百秋の瑞穂の国は、是、吾が子孫の王たるべき地なり。爾皇孫、就でまして治せ。行矣。宝祚の隆えまさむこと、当に天壌と窮り無けむ」という、いわゆる天壌無窮の神勅を下したことになっている。

王権の天上の始原の意志によって降臨した地上の始原ホノニニギは、「現つ神」となった。歴代の天皇も「現つ神」として、ホノニニギを演じることによって、国土を支配した。この場合、神話上の「瑞穂の国」はそのまま現実の日本という国家、とくに古代の律令国家の意味を帯びる。したがって、古代の人民はその多様な生活形態にもかかわらず、一方的に「瑞穂の国」の民とされてしまう。網野善彦は「水田という地種は日本の歴史のなかできわめて制度的、政治的な役割を果たしてきた地種であるという事実」に注目し、「現存する文書が、こうした制度の基礎になった水田について圧倒的な量をもち、それについて語るところはきわめてゆたかであっても、日本社会の庶民生活のなかでの非農業的・非水田的な諸要素については、ごくわずかなことしか伝えてくれない」と述べた[6]。『延喜式』祝詞[7]のなかの大祓については後述するが、例えば大殿祭の場合にも、まず(1)天孫降臨により王権の地上の始原が出現したことを確認し、それを前提にして、(2)宮殿の神格化されたヤフネノミコトを寿ぎ、つまり言葉でもって祝い、宮殿の平安を祈る。そのあとで、(3)宮廷内の君臣の関係を護るオホミヤノメノミコトを寿ぎ、親王・諸王・諸臣・百官が安らかに宮仕えできるようにと祈るのである。ここでは(1)の部分のみを抄出しておく。

> 高天の原に神留り坐皇親神魯企・神魯美の命を以ちて、皇御孫の命を天つ高御座に坐せて、天つ璽の剣・鏡を捧げ持ち賜ひて、言寿き宣ひしく、皇我がうづの御子皇御孫の命、此の天つ高御座に坐して、天つ日嗣を万千秋の長秋に、大八洲豊葦原の瑞穂の国を安国と平らけく知ろし食せと、言寄さし奉り賜ひて、天つ御量を以ちて、事問ひし磐根・木の立ち・草のかき葉をも言止めて、天降り賜ひし食す国天の下と、天つ日嗣知ろし食す皇御孫の命の御殿を、今奥山の大峡・小峡に立てる木を、斎部の斎斧を

以ちて伐り採りて、本末をば山の神に祭りて、中の間を持ち出で来て、斎鉏を以ちて斎柱立てて、皇御孫の命の天の御翳・日の御翳と造り仕へ奉れる瑞の御殿汝屋船命に、天つ奇し護言を以ちて、言寿き鎮め白さく、

現実の天皇の宮殿は「天降り賜ひし食す国天の下と、天つ日嗣知ろし食す皇御孫の命の御殿」なのである。その宮殿自体を神と見立てて祝うわけである。カムロキのロは連体助詞、キは男、ミは女の意と解されるので、タカミムスヒとアマテラスの二神と推定しておく。二神に「皇親」を冠するのは、「天皇の親しき皇祖神」という意味であろう(8)。そして、天皇は「皇御孫」であり、ホノニニギであると見られるから、そういう神格のゆえに二神に親しみ睦ぶのだと考えることができる。その天皇が治めるのは「大八洲豊葦原の瑞穂の国」であった。それはホノニニギの治めるのにふさわしく、「瑞穂の国」でなければならなかった。なお記紀ともに「天孫降臨」の段では「大八洲の国」という呼称を用いていない。王権の祭儀は一つの作品の特定の記述にのみによって、構成されるわけではない。祭儀とはもっと雑然としたものであり、複数の作品や伝承のさまざまな表現を考慮しなくてはとらえがたいと思われる。

『続日本紀』(9) 文武天皇元年(六九七)八月十七日の即位の詔の前半は、次のごとくである。

現御神と大八嶋国知らしめす天皇が大命らまと詔りたまふ大命を、集り侍る皇子等・王等・百官人等、天下公民、諸聞きたまへと詔る。高天原に事始めて、遠天皇祖の御世、中・今に至るまでに、天皇が御子のあれ坐さむいや継々に、大八嶋国知らさむ次と、天つ神の御子ながらも、天に坐す神の依し奉りし随に、この天津日嗣高御座の業と、現御神と大八嶋国知らしめす倭根子天皇命の、授け賜ひ負せ賜ふ貴き高き広き厚さ大命を受け賜り恐み坐して、この食国天下を調へ賜ひ平げ賜ひ、天下の公民を恵び賜ひ撫で賜はむとなも、神ながら思しめさくと詔りたまふ天皇が大命を、諸聞きたまへと詔る。

「大命らまと」のラマは接尾語で、抽象的な名詞を作るという。ここでも天皇は「現御神」として「大八洲（嶋）国」を支配することが明言されている。「天皇が御子のあれ坐さむいや継々に」とあるように、現実の（神話・伝承のなかでの現実をもふくめて）代々の天皇は、「天つ神の御子ながらも、天に坐す神の依し奉りし随に」、すなわち高天の原の皇祖神の子であるままに、神意・神勅によって委任されたとおりに、それにしたがって国を治めるのである。ヲスは字義どおり食べるとか飲むの意であるが、ここは治めるの意である。食べることがなぜ治めることになるのか。後述するように、それは「瑞穂の国」[10]の宮廷の祭儀にかかわる。かような詔をやや抽象化したのが、公式令の詔書式である。

明神(あらみかみ)と御宇(あめのしたし)らす日本(ひのもと)の天皇(すべら)が詔旨(おほむごと)らまと云々(そのことそのこと)。咸(ことごと)くに聞きたまへ。

明神と御宇らす天皇が詔旨らまと云々。咸くに聞きたまへ。

明神と御大八洲(おほやしまのくにし)らす天皇が詔旨らまと云々。咸くに聞きたまへ。

「明神」つまり「現つ神」として天皇が支配・統治するの意を明示した三例を示した。王権と国家の起源を語る記紀神話は、かように宮廷の祭儀において、あるいは律令体制のなかでの詔において、折あるごとに反復され、確認された。そのことと、網野のいう水田がきわめて制度的・政治的な地種であったこととは、あざやかに対応する。繰り返す。天皇はたんなる君主ではなく、君主でありつつ同時に「現つ神」として「瑞穂の国」を支配する。そういう王権‐国家の在り方の根拠は、「天孫降臨」の神話にあった。

2

天皇は生まれながらにして「現つ神」になるわけではない。皇子・皇女のうちだれが天皇になるかは、前の代の天皇の意志にもよるが、政治的状況によっても左右され、むろん予見することはできない。皇祖神の子孫という神話をひきあいに出しても、天皇家の人々がみんな「現つ神」であるはずがなく、貴い人である皇太子が即位して、はじめて「現つ神」になるのである。したがって、天皇が「現つ神」に変身する秘密は、広義の即位儀礼のうちにかくされていることになる。むろん、実際に神になってしまうわけではない。「現つ神」＝ホノニニギになり、瑞穂の国などと呼ばれる国家に君臨するという、神聖な演技をおこなうのである。それは天皇制の核心をなす、すぐれて演劇的な秘儀であったといってよい。その秘儀はどこで営まれるか。

大嘗祭、という答えがまず思い浮かぶであろう。基本的には私もそう考えている。しかし、そういう考えを否定する説もある。その点に対して検討する必要がある。

よく知られているように、広義の即位（皇位継承）儀礼は、三つの儀礼によって成り立っている。

(1) **践祚**　神祇令には「凡そ、践祚の日には、中臣、天神の寿詞奏せよ。忌部、神璽の鏡・剣上れ」とあるように、王位を象徴する宝器を天皇に献上する。岡田精司によれば令制以前には群臣が宝器を献じた。令制下、後述の狭義の即位にふくまれ、桓武朝以後即位から分離した[11]。

(2) **即位**　狭義の即位の礼。天皇は大極殿に入り、高御座に立つ。王公百官はこれを拝し、即位の宣命が読みあげられる。王公百官が再度拝礼し、武官が旆を振り「万歳」を唱する。

(3) **大嘗祭**　神祇令には「凡そ大嘗は、世毎に一年、国司事行へ。以外は、年毎に所司事行へ」とあり、新嘗との区別はかならずしも明確でない。一生一度の大嘗が、即位儀礼との関係の深い大嘗祭である。即位が七月以前なら年内に、八月以後なら翌年に、おこなわれるようになった。悠紀・主基の国郡を卜定し、その斎田で作られた新穀が、十一月の二回目の卯の日の夜から翌日の未明にかけて、悠紀・主基の神殿で祭神に供えられる。天皇の親祭であり、神饌親供がおこなわれるのである。この日の神事が大嘗祭の核心をなす。狭義の即位の礼とくらべ、秘儀の性格が顕著である。この祭儀の確立したのは比較的あたらしく、持統朝の段階とする見解(12)にしたがうべきであろう。

このほかに、神祇令第十条に見える即位天神地祇祭がおこなわれたが、詳細はあきらかではない。広義の即位儀礼全体にかかわるものとして、まずおこなわれた神事としかいえない。さて、(1)の践祚は『古事記』や『日本書紀』神代下の第九段第一の一書などの神話に裏づけられている。しかし、儀礼の場であたらしい天皇に神器を献ずるのは忌部であり、令制以前は群臣であったというから、アマテラスからの伝授を直接的には表現していない。記紀神話との関連は当然考えられるが、むしろ王権の継承儀礼に一般的に認められるレガリアの授受としてとらえることができよう。したがって、それは(2)の狭義の即位礼の一環をなす。

狭義の即位礼は一条兼良の『代始和抄』(13)(『御代始抄』『御譲位御即位御禊行幸大嘗会仮字記』ともいう)に「御即位は漢朝の礼儀をまなぶ者なり、大嘗会は神祇(代)の風儀をうつす」とあり、中国風のものと見られている。中世後期にいたるまでに、即位礼にも大嘗祭にもすくなからぬ変動があったから、これをただちに古代王権の儀礼に当てはめて理解することはためらわれる。即位礼に際し、天皇は翳を持った女孺に囲まれて大極殿に入り、階を登って高御座に就く。その後に帳が開かれ、壇上にその姿を現わす。先述の文武即位の詔に天孫降臨神話を前提として「天津日嗣高御座の業」云々とあり、祝詞にも「皇御孫の命を天つ高御座に坐せて、天つ璽の剣・鏡を捧げ持ち賜ひて」云々とあるように、高御座は高天の原でホノニニギが坐った席であり、ホノニニギを「現つ神」としての天皇と同一視すれば、いわゆる「玉座」、あるいは皇位を意味する。「漢朝の礼儀」とは別に、記紀神話の意味が賦与されているのは疑えない。ただし、岡田精司のように、これを高千穂の峰になぞらえるのは、いかがであろうか。岡田精司によれば、「高御座は天孫降臨の到達点である高千穂峰の再現であると同時に、出発点としての『天石位』(紀本文では『天磐座』)にも対応するものとなっている。新しい大王が高御座に立ち帳をかかげて群臣の前に姿を現した時は、高千穂峰に降り立ったニニギの儀礼的再現であり、儀礼を終えて宝器を伴って高御座から降りて還入する大王（この時も翳十八本に囲まれて進む）は『天石位離ち』て天降る天孫の再現であろう」とされ、「天皇が高御座に昇った時、帳が閉されているのはマドコオブスマに包まれた天孫を象徴するものではあるまいか」と推定される(14)。しかし、別な機会に指摘したように、同じ儀礼の同じ場面で、神話の順序を逆にして、高千穂の峰に降った後で、高天の原から降る所作を演じるのは不自然である(15)。また、帳をマドコオフスマに見立てると、再度帳が閉じられてから天皇が降壇することの説明がつかなくなる。記紀では、高千穂の峰に降臨したホノニニギは、もはやマドコオフスマにおおわれはしない。高御座の帳を閉じて天皇が降壇するのは、昇壇と同様、さほどの神話的意味を認めがたい。高御座は高天の原におけるホノニニギの神座であっても、高千穂の峰ではありえない。しかも、即位の礼においてホノニニギの神座であることを強調し過ぎると、それにつづくホノニニギの降臨の場面の欠けていることが、理解しにくくなる。本来ならば、ここは天つ神であるホノニニギが「瑞穂の国」（「大八洲の国」といってもよい）に降り、「現つ神」として君臨する重要な場面へつながるべきところである。それがないとホノニニギはアマテラス同様、高天の原にとどまることになってしまう。

岡田自身指摘しているように、例えば雄略即位前紀に「天皇、有司に命せて、壇を泊瀬の朝倉に設けて、即天皇位す」とあるのは、中国皇帝の即位の記述をもとにしている。

中国や朝鮮との緊張した国際関係のなかで統一支配の体制の確立を急がねばならなかった日本の王権‐国家の立場からすれば、即位の礼に「漢朝の礼儀」の影響があるのは当然である。対抗上そうせざるをえないところがあり、とくに表面的な様式でそれが目立ったであろう。[16] そして、表面的な様式性といえども、いったんそれを採用すれば、様式が観念を規制することになるわけで、律令体制の成立と関連して、即位礼の帯びる意味はかなり多義的になり、あいまいになっていったと思われる。天皇は高天の原のホノニニギの座に立つのか、中国の「天子即位」を模した壇に立つのか、それをひっくるめた「玉座」にあることを示すのか、そのいずれとも特定しがたいままに皇位に即くことを示すのか。ともかくも「天つ日嗣」のあかしとして、新帝は高御座に立ち、その姿を公然と現わす。しかもなお、狭義の即位礼のどこにも天孫降臨それ自体を示す秘儀は見つからなかった。私どもは改めて(3)の大嘗祭の、深い闇に閉ざされた空間に立ち入らなくてはなるまい。

3

一九二八年九月、折口信夫は信濃教育会東部部会で大嘗祭について講演をおこなった。[17] それをもとにした論述において、「実は今までの神道家の考へ方では、大嘗祭はよく訣らぬ。民俗学の立ち場から、此を明らかにして見たい」と述べ、「或は、吾々祖先の生活上の陰事（カクレゴト）、ひいては、古代の宮廷の陰事をも外へ出す様になるかも知れぬが、其が却つて、国の古さ・家の古さをしのぶ事になる。単なる末梢的な事で、憤慨する様な事のない様にして戴きたい」と慎重ないい方をしながら、「古代の宮廷の陰事」を解明していった。天皇の神聖さが憲法によって絶対視され、憲法の枠を超えて天皇の「現人神」であることが一方的に、そしてときに暴力的に強調された時代に、「国賊」とされる危険を冒してまで折口が取り組んだ問題のなかでも[18]、これは最も危険なものであった。「民俗学の立場」というのは、なかば本音、なかば韜晦（とうかい）であったやも知れぬ。大嘗祭についての折口の見解のうち、まずもって挙げておきたいのは、次の点である。

(1)「食国（ヲスクニ）とは、召し上りなされる物を作る国、といふ事である。後の治（ヲサ）める国といふ考へも、此処から出てゐる」。「諸国から稲穂を奉るのは、宮廷竝びに、宮廷の神に服従を誓ふ意味なのである。日本では、稲穂は神である。其には、魂がついて居る。国々の魂がついて居る。魂の内容は、富・寿命・健康等である。諸国から米を差し上げるのは、此等の魂を差し上げる事になる故に、絶対服従といふ事になる」。

(2)「吾々の考へでは、働かなければ結果が得られない、と訣つて居るが、昔は、神の威力ある詞を精霊に言ひ聞かせると、詞の威力で、言ふ通りの結果を生じて来る、と信じて居た。此土地の精霊は、神の詞を伝へられると、其とほりにせねばならぬのである。貴い方が、神の詞を伝へると、其通りの結果を生じたのである。此が、まつるといふ事で、又食国（ヲスクニ）のまつりごとである」。「古い時代のまつりごとは、穀物をよく稔らせる事で、其報告祭がまつりである事は、前にも述べた。此意味に於て、天子様が人を諸国に遣して、穀物がよく出来る様にせしむるのが、食国の政である。処が穀物は、一年に一度稔るのである。其報告をするのは、自ら一年の終りである。即、祭りを行ふ事が、一年の終りを意味する事になる。此報告祭が、一番大切な行事である。此信仰の行事を、大嘗祭（オホムベマツリ）と言ふのである」。「普通には、大嘗は天皇御一代に一度、と考へられて居るが、古代ではすべて、大嘗であつて、新嘗・大嘗の区別は、無かつたのである。何故かと言ふと、毎年宮中で行はれる事は、尠くとも御代初めに、行はれる事の繰り返しに過ぎない、といふ古代の信仰から考へられるのである」。

(3)「みまは本来、肉体を申し上げる名称で、御身体といふ事である。尊い御子孫の意味であるとされたのは、後の考へ方である。すめは、神聖を表す詞で、すめ神のすめと同様である。すめ神と申す神様は、何も別に、皇室に関係のある神と申す意味ではない。単に、神聖といふ意味である。此非常な敬語が、天子様や皇族の方を専、申し上げる様になつて来たのである。此すめみまの命に、天皇霊が這入（はひ）つて、そこで、天子様はえらい御方となられるのである」。「大嘗祭の時の、悠紀・主基両殿の中には、ちゃんと御寝所が設けられてあつて、蓐（しとね）・衾（ふすま）がある。褥（しとね）を置いて、掛け布団や、枕も備へられてある。此は、日の皇子となられる御方が、資格完成の為に、此御寝所に引き籠つて、深い御物忌みをなされる場所である。実に、重大なる鎮魂（ミタマフリ）の行事である。此処に設けられて居る衾は、魂が身体へ這入るまで、引き籠つて居る為のものである」。「日本紀の神代の巻を見ると、此布団の事を、真床襲衾（マドコオフスマ）と申して居る。彼のにゝぎの尊が天降りせられる時には、此を被つて居られた。此真床襲衾（マドコオフスマ）こそ、大嘗祭の褥裳を考へるよすがともなり、皇太子（ヒツギノミコ）の物忌みの生活を考へるよすがともなる。物忌みの期間中、外の日を避ける為にかぶるものが、真床襲衾である。此を取り除いた時に、完全な天子様となるのである」。

（以上傍点・傍線、折口）

折口の説くところは飛躍し、ゆれ動く。本文の抄出にとどめ、要約を避けたのは、そのせいでもある。しばしば世をはばかって婉曲になったり、もどかしくて性急になったりもする。部分的には首肯しがたい、恣意的な解釈も目につく。しかし、当世風に「構造」といったらよいであろうか、ある種の観念作用の図式、もしくはかくされた意味の仕組のごときものに裏づけられた問題点が、あざやかに抽出されており、賛否を問わず、まずはその辺を見とどけておかねばなるまい。

⑴において、折口は「食国(ヲスクニ)」を稲作と結びつけ、国魂＝米を天皇やその王権の神に献上することと、そして天皇や神がそれを食うことで、「食国」を支配する力を保つことを照らし出している。その意味では大嘗祭は即位の際の服属儀礼といいうる。⑵では折口は「食(ヲス)国(クニ)をまつる事が天子様の本来の職務で、それを命令したのは、天つ神である」という考えから、「天子様も御言持である」といっている。天皇は「神の詞を伝達する」からである。その結果を報告するのが新嘗であり、天皇一代一度の新嘗が大嘗祭になったという。⑴との関連から見て、大嘗祭を神に収穫を感謝する秋祭りの大規模なものとして、共同体の祭儀を王権－国家の祭儀と安易に等置することは許されない。ここからは「天皇非即神論」が生まれてくる。天皇は神それ自体でなく、「御言持」として最高の祭司、いわゆる祭司王と見なされる。なお、「領土拡張の事などは、信仰上では、お考へなさらない」というのは、陸海軍の統帥権を持つとされた、近代の天皇制を、折口がその学問のなかでどう眺めていたか、考える手がかりとなろう。⑶では折口は「天皇霊」という語を敏達紀から取り出す。大嘗宮の寝座の衾(ふすま)は、天皇に「天皇霊」を付着させるために用意され、それはかのマドコオフスマにほかならないというのである。「天皇霊」とは「天子様の威力の根元の魂」であり、「天子様の御身体は、魂の容(い)れ物」なのである。スメミマはホノニニギを意味せず、この「容れ物」としての身体のことになる。折口は「肉体は変つても、此魂が

這入ると、全く同一な天子様となる」という。この場合、中味が神であれば、容れ物の持主は神でもあるわけで、この考え方は天子即神論の論拠ともなりうる。他方で折口はスメミマを「御孫」とも解し、「天照大神との御関係は、ににぎの尊も、神武天皇も、今上天皇も同一である」といっており、かなりのゆれ動きを見せる。「天皇霊」は後述するように敏達紀では三輪山の神らしく、あるいはアマテラスともタカミムスヒとも思われ、それらのどれかとすればホノニニギということはありえない。津田博幸によれば、「天皇制は、天皇霊という、天皇から天皇へと継承される外来魂によって支えられるのだとする折口の理論的モデル」のなかで、その「核となる言葉」として用いられたという。[19] さしづめ、理論的モデルのための操作概念ということになろうか。近時、かかる概念をあいまいなまま不用意に大嘗祭と結びつける見解に接することがあるが、いかがなものか。(3)で注目すべきは、やはり大嘗宮の寝座の衾が天孫降臨神話のマドコオフスマとされている点であろう。その部分を私は、やはり卓見だと思う。

折口説のゆれ動きと恣意性とを、「構造」的分析の手法を積極的に用いることによって抑制し、大嘗祭の構造を明確に浮かびあがらせていったのは、西郷信綱であった。西郷は一九五九年初出の論文[20]で、古代天皇制の研究にイデオロギー的傾向が顕著に認められるとし、「イデオロギーはしょせん認識ではない」と大胆に断言した。そして、あえて「古代天皇制」といわず、「古代王権」と呼び、その神話と祭式の分析によって、「天皇制の根源的構造を解剖」していった。「古代王権は、祭式の実践というかたちで自己を表現し主張することによって民衆を支配したところの、歴史的な独自の一つの権力であった」し、「神話の考察もそれときりはなすわけにいかない」からである。そのねらいは「神的なのは君主個人ではなく王権であり、その王権を具現するかぎりで君主は神的であった」ことの秘密を解明するところにあった。一九四〇年から四一年へかけて発表された論文[21]のなかで、西郷は『延喜式』の大嘗祭の条を中心にして、「歴史と不可分に結びついてはいるものの、歴史とはちがうところの構造を分析しよう」とする。そのために「いわゆる歴史はここではしばらく捨象され断念される」という。一見、天皇制を歴史的現実から切り離し、超歴史的な観念でおおうかのごとく誤解されやすいが、むしろ歴史的現実を的確にとらえるためにも、西郷の方法は必要であろう。歴史の研究もそこまで深まらなければ、王権についてその核心に迫るべくして果たしえまい。私が西郷説でとくに重視するのは次の点である。

(1)「この祭りの本義も、諸の氏の部分的な職掌への分化を統合することによって――かかる統合の目に見える中心が王に他ならない――、王権という秩序を社会的・政治的にあらたに確認し、失われた共同体を象徴的に回復しようとする点にあった。大嘗祭は、国土と人民にかかわる諸関係の総体を相続する儀式であったともいえる。しかもそれは一つの季節祭りとして実行されねばならなかった」。「瑞穂の国の新しい君主が創造さるべき大嘗宮の門前で隼人（はやと）が現に歌舞を奏しつつあるという祭式を考慮せずには、なぜ降臨が所もあろうに隼人の棲む南九州という辺境の地になされたかを理解することは到底できないだろう。奈良朝になっても、いわゆる『王化』にまだ充分はまつろわず、反乱を起すことさえあったこの隼人の印象は、それほど強烈でもあり異様であったわけだ。すなわち、隼人は『王化』にもっとも遠い存在であるが故に、神話的には逆にもっとも近いものとしてかたられねばならなかった」。

(2)「まず、タカミムスヒの命がニニギの命を真床襲衾（マドコオフスマ）で覆って高千穂の峰に降らせた、という記事が神代紀にあるが、古来注釈家を悩ませたこの真床覆衾なるものが、大嘗宮の神座を襲う衾に関連していることは疑う余地がない。すなわち、神座の衾で君主たらんとするものが身を覆う所作があったのがもとで、右のごとき伝承は生じたのであり、その逆ではない。ホノニニギの命すなわち皇孫（スメミマ）がこの国に君主として降臨するという話も、大嘗祭において新しい君主が誕生することとぴったり見あっている」。「ニニギの命の本名は、天（アメ）ニギシ国ニギシ天（アマ）ツ彦ホノニニギというのであり、すこぶる霊験あらたかな名であるが、これが、個性的な名ではなく、むしろ普通名詞であり、稲穂のにぎにぎしからんことを呪的にほめた名であることは明白である。そういう意味で、世々の天皇はみなホノニニギの命であり、新たなホノニニギの命として初代のホノニニギの命を大嘗宮で再演するのである。つまり、たんに次々に位を受け継ぐのではなく、高天の原直伝の君主として、それぞれ新規に瑞穂の国に降臨する。大嘗祭の秘儀が祖神天照大神との共殿共床の形で行われるのも、そのことを示す」。

(3)
「現に大嘗祭は地上での祭りではなく、高天の原での行事であった。このことを根本におかないと、見当がすべて狂ってしまう。この祭式で王が歩くに土を踏むことが一切ないのも、天界のこととしてであろう」。「黒木造り、草葺を以てするのは、しかしユキ・スキ両殿にかぎらず、斎郡の斎場も、在京の斎場も、また廻立殿もみなそうなのだが、注目すべきは、これら殿舎が大嘗祭の度ごとに新たに造営され、既製のものを使わなかった点である。これは歴史や時間を白紙にもどして原初の代つまり神代に復帰し、高天の原においてこの祭りが行われるという想定にたつものに他ならない。『高天の原に事始めて』と祝詞などでいっているように、日本の王権の始源は高天の原にあった。従って高天の原はたんに神々の住するところではなく、日本の王権の正統性がそこに由来する、一つの超絶的な他界であった。君主を創造する祭りである大嘗祭が高天の原で行われるゆえんである」。（以上傍点、西郷）

西郷の論述は明断であり、要約しやすいが、折口と対比するため、折口同様に本文を抄出した。全体に西郷は大嘗祭と天孫降臨の話を「二重写し」にとらえている。そのことは折口の「大嘗祭の本義」より、もっとはっきりしている。(1)では西郷は隼人の犬声をふくめて、大嘗祭が「王化」への服属儀礼にほかならぬことを確証する。君主が一方的に服属儀礼を強制するのではない。君主といえども、神話と祭儀の範疇から脱け出し、自身はまるで狡猾な無神論者のごとく、何もかも承知の上で奸智をもって、一方的に人民をあざむくというわけにはゆかない。君主もまたこの範疇のなかでのみ、君主たりうる。そこから脱け出すとしたら、君主も人民もたがいに対抗しながら、いままでにない力関係を創出していかねばならないのである。その関係が生み出すものも、しばしばあらたな神話と祭儀の範疇に収めとられることになるのだ。西郷は「天皇の場合、ある個人が自分で自分をその職につけるというようなことはできないわけで、それには定められた手続きを経てその正統性が公的に承認されねばならない」という。恐らく西郷は、「王権という秩序」が確認されるためには、「国土と人民にかかわる諸関係の総体」にみずからも規制されつつ、それを国家権力による支配のための神話・祭儀として創出しなくてはならぬという、王権‐国家の背理を見きわめようとしているのであろう。犬声を発した隼人が、それに誇りを感じたか、屈辱を嚙みしめたか。近代人の感覚ではとらえ切れぬが、彼らのうちにも屈折するものがあったに違いない。しかし、君主を中心とする支配層もまた、この背理を抱え、その克服を目ざして骨肉の争いさえ辞さなかったのであって、かかる背理と苦悶の所産として、大嘗祭はある。そうもいえるのである。

(2)では西郷は、スメミマがホノニニギにほかならず、マドコオフスマにおおわれて降臨するという神話が「大嘗宮の神座を覆う会に関連」することを、はっきり指摘している。いいかえると、あたらしい天皇は「初代のホノニニギの命を大嘗宮で再演する」ことになる。ここに「天皇霊」という、神秘的であいまいな観念は、持ちこまれない。これは西郷の大きな貢献と評しえよう。ただし、西郷が「衾で身を覆う所作」を、「子宮の羊膜に包まれた胎児の状態にもどり、新しい子として誕生しようとする模擬行為」だとするのは、首肯できない。大嘗祭において天皇がホノニニギを演ずる所作は、「稲穂のにぎにぎしからんこと」とつながっており、西郷の解釈はその文脈から逸脱し過ぎる。マドコオフスマについて、大嘗祭の所作がまずあって、その後にそれに照応した神話が生じたものとは、速断できまい。(3)は大嘗宮が高天の原と想定されていることを明言したものである。近年それを見逃した学説が見られる。後述するが、もう一度、このことは確認されてよい。厳密にいえば、大嘗宮は高天の原だけでなく、ホノニニギが天降る神話的空間をもふくむ。また、廻立殿は悠紀・主基の国によって造られず、木工寮がこれを造営する。これは天上ではなく、神話と祭儀における地上と想定されており、区別しておいたほうがよい。「君主を創造する祭り」というのは、ことわるまでもなく、「現つ神」である「君主」を創造する祭儀のことである。(22)

4

ごく大まかにいえば、大嘗祭について折口‐西郷説とでもいうべき見解がある。そこには通説と見なしうるところが、すくなからず認められる。私も基本的には、これにしたがう。実証的には不確かなことも目につくが、そういうことをやたらに強調してみても、実証的と称する論述それ自体も、大嘗祭が変質した時期の文献史料を用いての「実証」にとどまるわけで、むしろ「実証」的であることに頼り過ぎ、七世紀後半から八世紀へかけての大嘗祭の核心をとらえそこねる危うさがありはせぬかと懸念される。あたらしい君主が「現つ神」となる決定的な場面をどこに求めるのが的確であるか。それを神話と祭儀の範疇のなかで、きちんと理論的にたどる作業を欠いては、見えるはずのものも見えてこない。

村々の秋祭り、共同体の収穫感謝の儀礼が新嘗、あるいは年毎の大嘗であり、律令制の祭祀もそれに根ざしており、それを大規模にしたのが一代一度、つまり世毎の大嘗の祭であった。そういう理解の仕方が、現代でもあるが、それは民間の祭儀を王権の祭儀と結びつけ、民間の共同体の始原をなす神を、王権の始原をなす神の秩序へ編入することになる。そういう側面がないとはいえないが、それを強調することは、神話的幻想にとどまらず、政治的なイデオロギーとしての拘束力を発動させることになる。政治的幻想を権力が正面から意図的に強制するのであれば、強制される側にとって、それに対抗することもできるし、すくなくとも、不満を抱くことは十分ありうる。しかし、村々の秋祭りの頂点に大嘗祭が位置づけられてしまうと、共同体と王権の水準の差異があいまいになり、民俗的であることがそのまま国家的であり、伝統的でもあるかのような一体感にとらわれる。民俗学の側からする年中行事のとらえ方には、かような「一君万民」の幻想がひそむ。「大嘗祭の本義」のなかで、折口も部分的にはそのようなとらえ方をしている。それは折口が第二次大戦前の民俗学者であったせいだけではなく、王権－国家にとって無害に見える学問の様式を装うことで、きわどい問題に切りこもうとしたからだともいえる。装うたまで、と思っていて、かえってそれに拘束され、むなしく空を切ることもある。すでに見たように、折口は大嘗祭が「食国（ヲスクニ）」の服属儀礼の面を持つことを指摘していたし、毎年の宮中行事は「御代始めに、行はれる事の繰り返し」だと明言していた。まず、即位儀礼の一環としての大嘗祭があり、その「繰り返し」として宮廷での新嘗があったというのである。とらえ方の方向が逆になっている。大嘗祭と天孫降臨の神話を「二重写し」にしてみれば、当然そうなるはずである。あらたな天皇は「現つ神」＝ホノニニギとして降臨する。すでに見たごとく、その場面は践祚にも狭義の即位の礼にも認められなかった。それは広義の即位儀礼の一環としての大嘗祭のほかには、もはや求めがたい。この「二重写し」は「御代始め」にまず確認されねばならないのであって、毎年の新嘗では歴史的現実から神話的始原へ回帰するかたちで、この「二重写し」が繰り返される。毎年の天孫降臨の祭儀を、即位の際には気張って、大がかりにやるというのでは、考え方が転倒してしまう。そうはいっても、毎年おこなううちに、一年を歴史的経過と見るよりも、季節的循環としてとらえるようになる。そうなると収穫祭の面が強調されやすく、事実、天皇による神饌の供進と共食が祭儀の一番重要な所作だと思われるようにもなった。私どもの用いる文献史料は、およそはそういう段階に成立したものである。南北朝期まで降るが、『宮主秘事口伝』(23)には「大嘗会は、神膳の供進、第一の大事なり。秘事なり。御当職、関白殿下、また生涯の御大事、此の事なり」とあり、さらに降って一条兼良の『代始和抄』には「主上のしろしめす外は、時の関白宮主などの外は、かつてしる人なし。まさしく天てるおほん神をおろし奉りて、天子みづから神食をすゝめ申さるゝ事なれば、一代一度の重事、是(これ)にすぐべからず」とある。ここまで降らずとも、平安期に入ってからは大嘗祭の「秘儀」は、その本来の意味がだんだん見えなくなっていった。そういう段階の史料を通して、あえてもう一つ前の段階を見とどける必要がある。

『貞観儀式』と推定できる『儀式』(24)には、大嘗祭の具体的内容が記されている。それによれば、祭りの七日前から大嘗宮は悠紀・主基の国司以下の人々によって造られる。正殿となる悠紀・主基の両殿は、「構ふるに黒木を以てし、葺くに青草を以てせよ」とあるごとく、材木は皮をつけたままのものを用い、屋根はカヤ葺きであった。壁蔀もカヤを用い、「地に敷くに束草を以てし、播磨の竹簀を以て其の上に加へ、竹簀の上に席を加へよ」とあるように、土間に草を敷き、その上に竹のすのこと蓆を敷いた。縁も床もない仮屋である。内部は二室に分かれている。ここでいわゆる卯の日の神事がおこなわれる。陰暦十一月の下卯(三卯の月ならば中卯)の日、天皇はまず廻立殿に入り、帷を着て湯槽に身を入れる。この帷を『西宮記』や『江家次第』は「天の羽衣」と呼ぶ。その後、祭服を着た天皇は大嘗宮正殿へ進む。その通路には葉薦が敷かれ、天皇の歩みにつれて前に敷きのべ、後で巻く。「敢て踏まず」とあるのは、所作の上では現実の地上を離れているという意味であろう。帰路も同様である。翌辰の日には「訖りて両国の人夫をして、大嘗宮を壊却せしむ」とあるように、大嘗宮は早々に撤去される。

記紀のホノニニギは「天つ神」として高天の原に生誕する。ところが現実の天皇は地上における貴い人ではあっても、「天つ神」ではない。そこでまず、天皇は「天つ神」になるという、記紀にはない所作をしなくてはならない。神話上の地上から高天の原へ昇る必要がある。廻立殿はそのような意味での地上である。それは大嘗宮と同じく、黒木造りでカヤ葺きの仮屋なのだが、神意により卜定された斎国ではなく、木工寮がこれを造る。先述したように、そこには明確な区別がある。廻立殿で「天の羽衣」を着した天皇は「天つ神」に変身し、天上へ昇ってゆく。葉薦の上を歩む天皇は、すでに地上の人ではない。こうして、大嘗宮へ入った天皇は、高天の原の「天つ神」になりおおす。いいかえれば、大嘗宮は高天の原として表象される神話的空間にほかならない。本来、高天の原は地上に存在しないはずである。それは聖なる劇の場面として、かりそめに設営されたに過ぎない。聖なる劇としての大嘗祭の卯の日の神事がすめば、ただちに撤去されるのである。かような天上の空間で、「天つ神」となった天皇はアマテラスやタカミムスヒに新穀の収穫を報告したり感謝したりするわけがない。天皇はやがてホノニニギ＝「現つ神」として地上に降臨することになるが、それは次の段階のことになる。年ごとの新嘗祭や神今食（じんこんじき）（かむいまけ）は常設の中和院神嘉殿でおこなわれるようになるが、これは地上の宮殿であり、むしろ降臨したホノニニギ＝「現つ神」としての天皇が、「瑞穂の国」のゆたかな稔りを高天の原の神に報告し感謝する場にふさわしい。むろん、そこにも天孫降臨の神話にもとづく所作は伝えられるが、次第にその意味はうすれていったと考えられる。悠紀・主基両殿における神饌の供進と共食は、本来はアマテラスとホノニニギ（つまりそれを演じる天皇）とが、同一の神話的空間にあることを示すものであった。「皇祖神の来訪をいただくことにより、天照大神の御神意にふれられ、大神と心を一つとされる。この儀式を経ることにより天津日嗣をつがれた天皇としての地位が認証され、天皇本来のおつとめである日本国の祭り主としての立場が公けに示されたことになる」とする解釈[25]は、まさに〝大嘗祭の本義〟からは遠ざかっているというべきであろう。私は古代天皇制の話をしているのである。

5

「天つ神」＝ホノニニギに変身した天皇は、次には地上である「瑞穂の国」（もしくは「葦原の中つ国」、「大八洲の国」）へ降臨しなくてはならない。降臨の儀礼をおこなうことによって、天皇ははじめて「現つ神」となりうるからである。降臨の儀礼を欠いては、「現つ神」も「瑞穂の国」もありえない。『延喜式』[26]の巻三十八掃部寮の記述は、この儀礼をわずかに垣間見させてくれる。すなわち践祚大嘗祭卯の日の夜、戌尅に天皇は廻立殿に入り、沐浴の後悠紀殿に進む。悠紀の儀があって廻立殿に帰り、沐浴してから主基殿に進む。

悠紀同様の主基の儀があって、天皇が廻立殿にふたたび帰るのは、辰の日の卯の一刻であり、夜を徹しての親祭は未明にようやく終わる。これらに先立って卯の日、すでに日没は過ぎ、冬の夜の闇が早くも祭場を包むころ、次のような設営がある。

> 酉剋、官人以下掃部以上卜食る人十人、御座等の物を持ちて、大嘗宮の北門より入り、白端の御帖十一枚、布端の御坂枕一枚を悠紀の正殿の中央に鋪け。また打払の布を一条楊筥に納む。を設けよ。

これは主基殿も同様であった。これだけではほとんど何も見えてこない。帖十一枚が重ねられ、坂枕がおかれたとあるから、寝座を設けたものと推定される。注目すべきは、それが悠紀殿の内陣（外陣「堂」に対して「室」と呼ぶ）の、ほかならぬ中央に設けられたことである。ここで何がおこなわれたか、史料は黙して語らない。それは悠紀の儀が神饌供進を中心とするものであったためか、あるいは中央の寝座でおこなわれた所作こそ「秘儀」であったためか。私は後者だと見当をつける。『儀式』には卯の日の祭儀の前に、

> 別て中臣・忌部の官人、各一人を差して、縫殿・大蔵等の官人を率ゐて、衾単を大嘗宮悠紀殿に置き奉り、内蔵の官人を率ゐて、御服ならびに絹幞頭を廻立殿に置き奉れ。

とあり、寝座の記事と対応する。衾は身体をおおう寝具である。帖が敷かれ、枕がおかれたならば、衾がなくてはかなわぬところである。これだけ材料がそろえば、平安期をかな

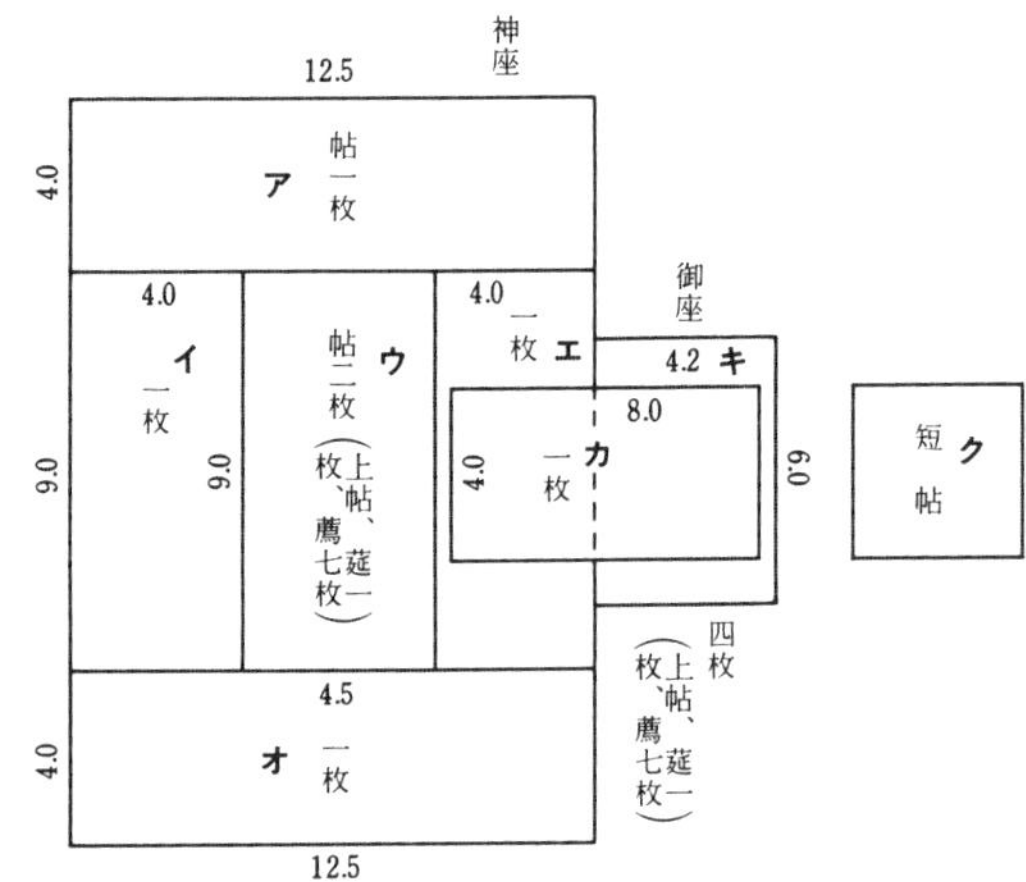

大嘗宮悠紀・主基殿の帖配置
（川出清彦「大嘗祭の祭儀」による）

り降った史料を用いても、いちじるしく見当はずれになることはあるまい。大江匡房の『江記』の逸文『天仁大嘗会記(27)』は天仁元年（一一〇七）の鳥羽天皇大嘗祭の記録である。いま、関連する記事を抽出すれば、左のとおりである。

> 神座は或（あるひ）は行事弁、時を申す以前に合せ敷く。或は廻立殿に御（おは）す間、小忌（をみ）の公卿参上して敷かしむること、新嘗祭のごとし。坂枕を以て中央の帖二枚の中東西の妻。に置く。打払筥を以て一の神座の東の帖の上に置く。神座の東に六尺の帖四枚を重ね敷き、其の上に帖筵（むしろ）一枚薦七枚裏無し。を、御座と為す。次に八尺の帖一枚を以て神座と御座とに敷く。以上

東西の妻。は各半分相懸け、神座の儀に供す。

妻は端である。帖の長いほうの端をいう。坂枕のおかれた中央の帖は寝座であり、「一の神座」とされる。川出清彦が作った図に短帖を補い、私意をもって**ア**〜**ク**の記号で表示すれば、その位置は**ウ**である。一というからには、もう一つの神座があることになる。寝座の東に打払筥（打払いの布を収めた柳筥）がおかれる。八尺の帖**カ**が一の神座と御座**キ**とにかかるように敷かれていることは、寝座と御座との結びつきの強さをうかがわせる。果たして「神座の儀」という呼称があったか否かは、断定をひかえるが、すくなくとも、そう呼ばれておかしくない祭儀の次第があったことは疑えまい。この辺までの記事は、「延喜式の心に依りて図を作り、院に奉る」とあるごとく、『延喜式』に記すところを忠実に示そうとすれば、こういうことではないか、という推定によるものであろう。考えを重ねれば、左のようにもなろう。

次に東の戸の内の八尺の帖一枚を引き、東の九尺の帖の上に引き懸く。各半分を懸く。六尺の帖四枚は御座と為す。最上の帖にて裏無し。短帖黄布の縁。を以て東の戸の前に倍ふ。御出の期に臨み、女蔵人これを取り、六尺の帖の東に敷く。分けて相懸く。

この場合も、九尺の帖**エ**は寝座**ウ**に接続するところに意味がある。そこへ八尺の帖**カ**を半分かかるようにして敷き、さらに六尺の帖を四枚重ねて敷き、御座**キ**とする。さらに黄布の縁のついた短帖**ク**を、天皇が廻立殿を出るときに女蔵人が敷くのであって、この短帖**ク**は悠紀の儀の直前までは敷かれない。御座**キ**に坐すべく天皇が歩み始めるのに呼応して敷かれるのであるから、**ク**と**キ**のつながりが強調されるものと見てよい。

匡房は「近代」(恐らくは院政期)になって、「六尺の帖四帖を以て、東西二行に敷く」ようになったといっている。これは大きな変化である。要約すると、**ア**と**オ**を敷くことをやめ、**ウ**もひとまず敷かず、**エ**と**イ**に相当する帖を東西二行に敷くのだが、東の行も西の行も、それぞれ帖二枚を南北の妻で、南北につらねて敷く。それでは**ウ**に相当する帖はどうなるのであろうか。

其の上一丈二尺五寸の帖二枚を以て、相並べて敷く。其の上に重ねて九尺帖四枚を敷く。第二帖一枚は東の方に引き寄す。其の東に短帖を以て御座と為(な)す。八尺の帖を以て神座ならびに短帖の上に引き懸く。

東西二行、南北に細長く「田」の字形に敷かれた帖の上に、まず一丈二尺五寸の帖二枚が敷かれ、さらに九尺の帖二枚が重ねられる。これらが**ウ**に相当する。その九尺帖の一枚は、東へ引き出されている。その東の短帖は御座であるから、**ク**ではなく、**キ**に相当する。この場合も、**カ**に相当する八尺の帖は、**ウ**に相当する神座と**キ**に相当する短帖を結びつけている。九尺帖の一枚が東へ引き出されているのも、この結びつきを強調しているのか、

〝東〟の方位への志向性を示しているのであろうか。匡房は「大嘗宮の径狭し。後説叶ふべきか」とするが、短帖**ク**に相当する神座は、本来設けられなかったと考えてもよいし、「神座の儀」が中心であるとしたら、共食の空間は狭くても構わない。

> 次に中臣・忌部各一人、縫殿・大蔵等の官人を率ゐて、衾単を悠紀殿の神座の上に置き奉る。

ここでも寝座**ウ**に相当する神座（一の神座）が設けられ、そこに衾がおかれるのである[28]。

以上から確認できたことは、第一に実質的には「神座の儀」がおこなわれたという事実である。これは従来ほとんど注意されてこなかったことである。第二にその「神座の儀」は大嘗宮正殿の内陣のなかで二つの区画によって構成されるということである。すなわち〈寝座（一の神座）―御座〉と〈御座―短帖〉とである。両者の間には、寝座には衾がおかれ、短帖は寝座や御座とは違い、天皇の渡御の段階になってはじめて敷かれるというように、何らかの神話的意味を帯びた区別が認められる。第三に〈寝座（一の神座）→御座→短帖〉には、西から東を向くという方位が示されていることである。あえていえば、〝東〟がはっきり意識されている。ここから大嘗祭の「秘儀」を改めて照らし出すことができると思う。

一番東の短帖は、大和から見て東の方位、つまり伊勢を示す。これは平安後期から〈御座→短帖〉の方位が巽（東南）に改められたことからも推測される[29]。平安後期には狭義の即位礼に後述する即位灌頂（かんじょう）が取り入れられたと思われるが、そういう動きと関連し、平安京から見た伊勢の方位へと、古式にそむいた変更がおこなわれるにいたったものであろう。したがって、この短帖は二の神座に相当し、そこへ来臨するのは、アマテラス以外ではありえない。ただしそのことがあまり強調されると、タカミムスヒのほうは、アマテラスの背後に退くことになる。記紀神話と違って、祭儀で唱えられる祝詞では、タカミムスヒとアマテラスをカムロキ・カムロミとぼかして表現せざるをえなかったのは、そのためである。祝詞でアマテラスと明言すると、祭儀としては整合するように見えるが、タカミムスヒがいなくなり、記紀神話との対応関係が崩れてしまう。成立期の大嘗祭においては、〈御座―短座（二の神座）〉で神饌供進の儀がおこなわれ、あるいは新嘗の古態をとどめながらも、たんなる収穫を神に感謝するという意味を脱却し、天皇はアマテラスと共食し、高貴な人間から飛躍し、「天つ神」となる。そして、紀第二の一書の伝えるアマテラスの「吾が高天原に所御す（きこしめす）斎庭（ゆには）の穂（いなのほ）を以て、亦（また）吾が児（みこ）に御せ（まかせ）まつるべし」という神勅を受けたと思われる。すくなくも、ここで高天の原におけるアマテラスとホノニニギ＝天皇とのつながりが確認されたことは疑えない。

次に天皇は御座から寝座に移り、衾でその身をおおう。つまり聖なる演技は〈御座―短帖〉の場面から〈寝座（一の神座）―御座〉の場面へと変化したのである。ここで天皇はマドコオフスマに見立てた衾におおわれ、高天の原から瑞穂の国に降臨するホノニニギを演じる。寝座が一の神座でもあるのは、ここが大嘗祭の核心であり、「天つ神」ホノニニギとなった天皇が、神話上の地上へと降臨することで「現つ神」になるという場であったからである。川出清彦は「神座と御座とに八尺の帖を掛け渡して、これを一続きの体にしていること」に注意を喚起して、こういっている。

思うにこの体は御座とはいいながら、天上における皇祖新嘗の時そのままの座の体であって、長帖の座は奥の座、短帖の座は出坐(いでまし)ノ座ではなかったかと思われることである。そして主上が大嘗に当って、この座につかれることの意義についていかに考えてよいであろうか。今これを明らかにする適切な言葉を知らないが、おそらく大嘗祭の奥義はここにあるのではないかと思われる。(30)

抑制されたいい方ではあるが、これを折口説と重ねて読めば、「大嘗祭の奥義」が見えてくる。「今これを明らかにする適切な言葉」で、私どもは語らなくてはならない。岡田莊司は「嘗殿内に設けられた神座（寝具をおいた寝座）は客人として迎えられた神祖（天照大神）がお休みになられるために、見立てられた『神聖な場』であり、ここは天皇といえども近寄ることは許されなかったであろう(31)」というが、逆ではないだろうか。ここは天皇しか近寄ることが許されなかったはずである。もし寝座にアマテラスが移るとするのなら、

〈短帖（二の神座）—寝座（一の神座）〉という区画が作らるべきである。しかし、そのような設営は見あたらない。大嘗祭の悠紀・主基の儀が夜を徹しておこなわれるのは、それが神を迎える、もしくは神の出現するに最もふさわしい時間だからである。その肝心のときに神は疲れて寝座でひと休みするわけがない。「主基殿における神膳供進、共食（薦享儀）が終ると夜空は次第に明るくなり、大神は帰られてゆく[32]」というが、主基の儀が終わってから、神が主基殿で一服し、それから伊勢へ帰るというのも肯けない。はっきりいっておこう。大嘗祭卯の日の神事において、天皇は「神座の儀」をおこなうことによって、天孫降臨神話のホノニニギを演じて「現つ神」となるのである。

岡田精司は「律令的な即位後の大嘗祭は、天武朝に定められて『浄御原令』で成文化し、持統朝で初めて行われた」と推定し、「ニイナメ＝ヲスクニ儀礼はさらに簡略化されてゆき、服属儀礼を伴うものは一代一度の即位の時にだけ行い、毎秋のものは単なる収穫祭になり、儀式もずっと省略されてしまう」と説く[33]。この点に限れば、したがうべき見解と考える。新嘗をはじめ、多くの祭儀は、「律令的な即位後の大嘗祭」が成立した結果、これまでの在り方を変え、あらたな大嘗祭を範型とするのであって、その逆ではない。仮りに大嘗祭と同じ所作や調度が認められても、その持つ意味は前代のとおりではなく、大嘗祭によってあらたな意味を与えられる。その成立期が持統朝であることも動くまい。この時期に、王権にとって〝東〟は王権の始原を示す方位であることが強く意識されたと思う。しかし、その後岡田精司は「大嘗祭は全国土の象徴として、悠紀・主基の斎田を設定して、律令的国郡制に対応した服属儀礼を行うために創始されたものである。本来は就任儀礼の一環をなす重要な儀礼ではあるが、就任儀礼そのものではなかった」として、服属儀礼としての側面を強調するようになった[34]。悠紀・主基の斎田の設定が、律令的国郡制に対応していることは、岡田の指摘するごとくであろう。ただし、その斎田から献じられるのは、ほかならぬ稲米であり、それを「食す」ことで国を「治める」のに最もふさわしいのは、ホノニニギとしての天皇である。そして、天皇をそのような「現つ神」として出現させるのが、大嘗祭の基本的テーマであった。岡田精司のいう服属儀礼がこれにともなうのは、むしろ当然ではあるまいか。

6

聖婚について、やはりふれておくべきであろう。私は大嘗祭において何らかの聖婚がおこなわれたとは考えない。西郷信綱は「ほとんど論理的にも、聖婚をぬきにして君主の新任式は考えにくい」として、「国造と同じように、天子も『新任之日』に国つ神の女と婚するという儀礼を行っていたのではあるまいか」[35]と推測する。しかし、神話の一般的な図式もしくは構造は、かならずしも日本古代王権にはあてはまらない。律令制以前の新嘗が大嘗祭とははっきり区別されるように、新任の儀礼といっても、国造と天皇との間には大きなへだたりがある。

王権神話の婚姻にも近親婚と族外婚とがあるが、それらは王権固有の意味を持っている。アマテラスとスサノヲはそれぞれの帯びていた玉と剣を交換し、それを「物根」（「物実」）としてアマノオシホミミ以下の五男神と宗像の三女神が生まれたという。これはややおおいかくされた兄妹婚である。母子婚や兄妹婚のような近親相姦の神話の持つ意味については後述するが、ここに誕生したオシホミミの子がホノニニギなのである。この皇孫はもはや近親婚をおこなわず、高天の原から天降ってカシツヒメ（アタツヒメ）という土地の名を示す女神と結婚する。紀神代第九段の第三の一書には、この女神について次のように記す。

> 時に神吾田鹿葦津姫、卜定田を以て、号けて狭名田と曰ふ。其の田の稲を以て、天甜酒を醸みて嘗す。又渟浪田の稲を用て、飯に為きて嘗す。

祭田の卜定をおこない、その神聖な田から収めた神稲により酒と飯を造り、神に供えるというのは、大嘗祭を予測したものであろう。新嘗のように、畿内の官田の稲を用いた神事とは考えにくい。この記事にこだわれば、大嘗祭において、「天子が国つ神の女と一夜婚する」儀礼があっても、おかしくはないといえる。しかし、カシツヒメはコノハナノサクヤビメともいわれ、その「凶醜き」ゆえに返された姉のイハナガヒメが永遠の意を示すのに対して、はかなさを象徴する。姉妹の親オホヤマツミは「天つ神の御子の御寿は、木の花のあまひのみ坐さむ」といい、記は「ここをもちて、今に至るまでに、天皇命等の御寿長くあらざるぞ」と説く。紀神代第九段第二の一書では、イハナガヒメは「其の生むらむ児は、必ず木の花に如に、移落ちなむ」と呪い、「顕見蒼生」、つまりこの世に生きている人民も同様だと確信したと記す。「此世人の短折き縁なり」というわけである。ホノニニギとコノハナノサクヤビメとの婚姻は豊饒の予祝とはならず、その逆に現身の天皇をはじめ、すべての人間の寿命が短くはかないものになってしまったのだという、呪われた運命を告げる。かような意味を帯びた婚姻は、君主即位の祭儀における聖婚にふさわしくない。聖婚をおこなわなくても、ホノニニギはそれ自体が稲の豊饒を表象している[36]。日本の古代王権の即位儀礼には、性やエロスの匂いが稀薄である。

　マーシャル・サーリンズによれば[37]、「王とはヨソ者」なのである。「この英雄は、生まれた土地を継承することができません。代わりに彼は、よその土地で、しかも女を通じて権力を獲得します」と彼はいう。「ヨソ者」に天上から来臨したホノニニギを、そして土地の「女」にコノハナノサクヤビメをあてはめても、さほど無理なとらえ方とはいえまい。しかし、サーリンズが次のように説くとき、両者の神話の構造にはあきらかにずれが生じる。

ちょうどロムルスがザビネの女をかどわかすことで王国を築いたように、フィジーの支配者は、神の子孫である恐るべき戦士と同じように、土地の女の力つまり再生産力をとりこむことで領土を獲得します。そしてこの神＝王の手に、民からの供物である初実り（はつな）の作物がわたります。

大嘗祭と区別した限りでの新嘗において、「土地の女の力」を「再生産力」と考えることは妥当であろう。それを王権と限定せず、民間にひろげて考えても、同じことがいえるはずである。しかし、くどくいうが、コノハナノサクヤビメにおいて、はじめて「再生産力」が実現されるのではない。「ヨソ者」としてのホノニニギは、はじめから「生産力」の神格化として登場する。見方をかえれば、それだけ「土地」も「女」も、おとしめられている。「土地」や「女」の神話的な力が強ければ、「ヨソ者」は容易には王（もしくは首長）たりえない。ホノニニギですら、高千穂の峰に降ってから、いったんは「膂宍（そしし）の空国（むなくに）」つまり不毛＝死の世界を通過しなければならなかった（紀本文）。一般的に見て、「ヨソ者」が王となるには、自分と等置された「ヨソ者」を殺し、「土地」の族長に人身供犠によるお返しをしなくてはならない。

ひとたび土地の神に変身したフィジーの最高首長は、土地の所有者のために自分の食人性向を抑制し、代わりに外部から犠牲者を捕えてきて、民からの捧げもの――生まの女と初実り(はつな)の生まの農業生産物――のお返しに、生贄(いけにえ)を分配します。

むろん、ホノニニギには「抑制」すべき「食人性向」という暴力性は欠けている。この特異な「ヨソ者」は、おのれの豊饒の力を権力によって全土に及ぼせばよいのだ。それゆえ、ホノニニギは自分がいったい何をしているのか、はっきりしないままに「膂宍の空国」を通過する。自分の分身を殺す必要はなく、人身供犠はおこなわれない。それは神話的な構造としては王権が強力であり、「土地」を圧倒しているということである。「瑞穂の国」を字義通り「瑞穂の国」たらしめるのは、一方的にホノニニギの王権なのだ。大嘗祭でそのことが確認されてしまうと、この花綵(はなづな)列島の多彩なるべき神話的世界は、強引に単一の色彩にぬりあげられる。もうすこし、サーリンズの言葉に耳を傾けよう。

> さらに、生まの女と煮た男の交換は、首長国全体の経済の範型にもなっています。フィジー人は、物質的な財を、土着の民とヨソ者の海の民との基本的な二元論とパラレルな形で、広く分類しています。植物性食料、動物性食料、液体、道具、家財、身体装飾品もまた同じように、土地のものと海のものに区分けされます。両者は相補的な

生産物で、完全な文化存在を作りあげるには、その結合が不可欠なのです。だから最高首長についても同じことが言えましょう。同時にまたは交互に陸でもあり海でもある彼は、物財の交換の至高の媒介者であり、かつ文化の全体性の偉大な生成者として作用します。生まれからして移住者である首長は、土地の民に比べて海の民に属します。したがって土地の生産物と交換に、海のもの、国外のものを入手する立場にいます。他方、「真の海の民」たるヨソ者の暗殺者に比べると、首長は「土地」を代表し、同盟者たる海の民に対して土着の土地所有者の農業生産物および工芸品を移転します。土地と海とに交互に入れかわるという統治者の地位と結びついた一つの単純なルールが、この三項図式をつねに二項的交換に還元します。そのルールとは、対立するカテゴリーのメンバーのいるところでは、誰も自分自身の労働の固有の産物を消費してはならない、という規則です。この規則はさらに一般化します。というのは、集団間の関係は互いの首長に対する関係によって推移的に決定されるために、最高首長は、たとえ（贈り手かつ受け手として）その場に実際にいなくても、どんな二つの政治集団間の交換にとっても、実質的な存在だからです。

これに対して、ホノニニギは「三項図式をつねに二項的交換に還元」する力を持たない。[38] 神は三項のうち、まず「海」を切りすてる。高天の原（天上）は「海」と置換されない。

いや、「海」の無視により、「海の民」と切りはなされたままに聖化される。そして、聖化された天上を背負ったホノニニギは、「土地」を「二項的交換に還元」しない。〈高天の原（天上）〉→ホノニニギ（現つ神）→瑞穂の国〉の流れは、神話的には一方的な恩恵として作用しており、「二項」を対立させる「交換」を成立せしめない。この流れを逆にたどり、つまり矢印の方向を反対にすると、一方的な収取となる。大嘗祭に聖婚儀礼が欠けているという事実は、この恩恵と収取の**一本の軸**が王権において現じ、神話的な宇宙（コスモス）をつらぬくことを物語っている。それはサーリンズにならっていえば、「瑞穂の国全体の政治の範型」といってよい。個々の君主が現実の政治過程で自身の強い意志をつらぬこうとしたか否かということや、あるいは太政官の議政官組織によってどこまで天皇の権能が制約されたかということとは別な次元で、古代王権の神話的構造は専制君主の支配体制を志向するものであった。

むろん、サーリンズの提示した「範型」を固定した基本的なものとしてとらえ、それを基準にして日本の古代王権の特殊性を測ろうとする方法は、他の同種の方法に無理があるように、適切とはいえまい。性急な裁断はつつしむべきであろう。「ヨソ者」と「土地の女」の結びつきについて、サーリンズ自身、「首長対人民、外来対土着、海対陸、妻の受け手対与え手」といった「構造」、つまり「共時的な図式」と受けとることを戒めている。

構造とは何らかのかたちで「発生的な展開」をとげるはずである。神話的な構造を歴史の範疇でとらえる操作が必要になる。サーリンズのとりあげた外来王の「範型」は、ある程度まで日本の神話もしくは説話にあてはめることはできるが、三項図式を二項に還元するところに王権が存立するとまではいえまい。大嘗祭の神饌供進の儀には海の幸が多く用いられる。海幸・山幸の話でも、ホヲリノミコト（山幸彦）を迎えた海神は、「八重席（やへだたみ）」（紀神代第十段第二の一書）もしくは「真床覆衾（まとこおふふすま）」（第四の一書）に坐らせ、トヨタマビメと婚せしめた。しかし、前者の場合、一方的な収取であることにかわりはなく、後者については、岡田精司のいうように「王位をめぐる要素も、大王就任にふさわしい要素も見当らない」[39]のであって、持統朝に成立した大嘗祭において、かの「範型」は認められず、恩恵と収取の一本の軸が、この段階で実現されたことをたしかめれば足りる。私どもは大嘗祭に幻の聖婚儀礼を求めた結果、性ともエロスともかかわらぬ一本の軸にゆきついたのである。

注

（1）天孫降臨の神話は『古事記』『日本書紀』や『延喜式』祝詞などに見られる。『日本書紀』では本文のほか「一書に曰はく」とある八つの別伝、「一に云（ある）はく」とする四つの別伝を伝える。三品彰英「天孫降臨神話異伝考」〈『三品彰英論文集』二巻『建国神話の諸問題』平凡社、一九七一年。初出は一九四三年）は、『日本書紀』本文と第一・二・四・五・六の一書の異伝および『古事記』の所伝を比較し、「原初的なもの基本的なもの」と「後期的なもの特殊的なもの」とに大別して、「タカミムスビノ神を皇祖神とし、嬰児の姿で真床追衾に覆われて降臨する所伝が基本的性格を持っている」と説いている。同論文にはそれらを比較した表も掲げられており（第五の一書がふくまれているのは、ホノニニギの成婚の比較も示されているからである）、多くの研究がこれを利用している。しかし、津田左右吉『日本古典の研究』上巻（岩波書店、一九四八年）のいうように、「タカミムスビの命の現はれたのは、物語の原の形に於いてではなく、後になつて生じた変化であ」るとする見解も、もとより看過できない。「高天の原」という神話的観念が、比較的あたらしい段階での成立だとすれば、タカミムスビというような、生成を抽象的に神格化することが、日の神（太陽神）信仰とつながるアマテラスよりもどこまで先行しうるか、容易に測りがたい。本書ではこの種の論議には、あまり立ち入らないでおく。作品論の立場から、『古事記』と『書紀』本文を区別し、個々の作品のイデオロギーにそくし、作品全体との関連を重視して、部分を読む方法も、ここでは用いない。

（2）佐竹昭広『古語雑談』（岩波書店、一九八六年）。

（3）桜井好朗「大祓祝詞私釈」（菅孝行編『叢論日本天皇制』Ⅲ、柘植書房、一九八八年）。

（4）訓読は〈新潮日本古典集成〉による。

（5）訓読は〈日本古典文学大系〉による。

(6) 網野善彦『日本中世の民衆像』(岩波書店、一九八〇年)。

(7) 訓読は青木紀元編『祝詞』(桜楓社、一九七五年)による。

(8) 次田潤『祝詞新講』(明治書院、一九二七年)。武田祐吉(〈日本古典文学大系〉『古事記・祝詞』の頭注)の解も同様。金子武雄「『皇睦』考」(『延喜式祝詞講』論註篇、武蔵野書院、一九五一年)は、訓みについては宣長の『大祓詞後釈』にしたがってスメラガムツとするが、解釈は『祝詞新講』と同じである。真淵の『祝詞考』(〈神道大系〉による)に「睦は、天皇の、皇祖神たちなれば、御親みのよし也」とある。

(9) 訓読は〈新日本古典文学大系〉による。

(10) 養老律令の訓読は〈日本思想大系〉による。

(11) 岡田精司「大王就任儀礼の原形とその展開」(『日本史研究』二四五号、一九八三年。その増補稿は岩井忠熊・岡田精司編『天皇代替り儀式の歴史的展開』柏書房、一九八九年)。

(12) 同前。

(13) 〈神道大系〉による。

(14) 岡田精司、前掲「大王就任儀礼の原形とその展開」。

(15) 桜井好朗「社寺縁起と説話」(〈説話の講座〉六巻、勉誠社、一九九三年)。

(16) 尾形勇の「中国の即位儀礼」(〈東アジア世界における日本古代史講座〉九巻、学生社、一九八二年)によれば、中国古代(とくに唐代)の即位儀礼は「天子即位」と「皇帝即位」とに分かれている。同一王朝で皇帝の死去による新帝の即位がおこなわれる場合、柩前にて凶礼としての「天子即位」があり、皇帝任命の策（冊）と帝位を表示する璽綬の伝達のために嘉礼としての「皇帝即位」がおこなわれる。同一王朝内で現在の皇帝が生前に新帝に帝位を譲る「譲位」、および易姓革命によりあたらしい王朝が創建される「禅譲」の場合、策・璽綬の伝達のために、嘉礼としての「皇帝即位」が「朝」の宮殿でおこなわれ、都の外の南郊で柴を焼き煙を天にあげ、天を祭り天に告げる「天子即位」が吉礼としておこなわれる。後者の場合の「天子即位」が日本の狭義の即位礼にやや似る。ただし、中国の場合は南郊に築かれる壇は天帝を祭るものであり、皇帝が天から降臨する場とはいえそうにない。むしろ、古代朝鮮の王朝の場合のように、王権の地上での始祖が天上より降ってきたという神話が日本のそれに近い。そのような神話が即位儀礼のなかにどのように構造化されていったか、日朝間の比較も、中国との比較と平行して進められねばなるまい。

（17）折口信夫「大嘗祭の本義」（〈折口信夫全集〉新装版、第三巻、『古代研究』民俗学篇2、中央公論社、一九六六年）は、その講演にもとづく。これとほぼ同じ時期に草稿「大嘗祭の本義」（『マージナル』二号、一九八八年）が浄書された。

（18）「討論・折口信夫の学問と思想」（谷川健一編『人と思想・折口信夫』三一書房、一九七四年）で、上田正昭は第二次大戦中の学生生活をかえりみて、「折口は国賊だというような、一部の右翼学生からの国賊呼ばわりがありました」といい、それを受けて加藤守雄が「国学院だから右翼だというレッテルを世間が貼ってくれていたから、助かっていたようなもんですね。たいへん危険なこと、万世一系じゃないっていうようなことを、講義の中では言いますからね」と発言している。折口の学は「国体に反する」危うさを抱えていた。

(19) 津田博幸「天皇霊」(西村亨編『折口信夫事典』大修館書店、一九八八年)。

(20) 西郷信綱「古代王権の神話と祭式」(『詩の発生』増補版、未来社、一九六四年)。同書には「鎮魂論」(初出一九五七年)も収められており、「能の成立まで見透さずには古事記の記事を劇の観点から正当に処理できぬ」と説かれている。その後、伊藤正義や阿部泰郎の業績(後述)にも励まされて、私は西郷とは逆の方向をたどり、中世から古代をとらえ返そうと試みるにいたった。

(21) 西郷信綱「大嘗祭の構造」(『古事記研究』未来社、一九七三年)。

(22) 文武即位の詔(前掲)に「現御神と大八洲国知らしめす天皇」とあり、黒崎輝人「大嘗祭」(〈岩波講座東洋思想〉一五巻、岩波書店、一九八九年)は、「即位と同時に『あきつみかみ』となっていながら、大嘗祭で初めて『あきつみかみ』になるというのでは自己矛盾でしかない」と指摘している。これはたしかに重大な批判であるが、神話色に富むとはいえ基本的には政治的儀礼である狭義の即位と、神話的な秘儀である大嘗祭とを並べ、現実の時間を尺度として、その前後関係を論じるわけにはゆかぬのではなかろうか。

(23) 安江和宣校訂本(『神道祭祀論考』神道史学会、一九七九年、に翻刻)により、訓(よ)み下す。

(24) 〈神道大系〉により訓み下す。

(25) 岡田莊司『大嘗(おおにえ)の祭り』(学生社、一九九〇年)。同書は論文集であるが、まとめなおし加筆され、完結した著作の体裁をとっているので、そのように表示しておく。

（26）〈新訂増補国史大系〉により訓み下す。

（27）〈神道大系〉により訓み下す。

（28）ここは重要なところと考える。念のために、原文を抄出しておく。叱正をえられれば幸いである。

依二延喜式心一作レ図奉レ院仰云。彼時只依二所司説一耳。如二式幷図一者以二河内国黒山莚帖長一丈二尺五寸二枚一敷二神座中央一。東西妻。南北相去九尺。次官人四人一度以二帖四枚一敷二黒山莚帖中一。南北妻。中央二枚相重聞（用カ）二寮織莚広四尺五寸一。其上帖者莚一枚薦七枚無レ裏。自余帖薦一重莚一重。並白布縁也。其左右又敷二四尺帖二枚一。用二黒山莚一。相合三行帖東西一丈二尺五寸也。神座或行事弁申レ時以前合敷。或御二廻立殿一之間小忌公卿参上令レ敷如二新嘗祭一。以二坂枕一置二中央帖二枚中一。東西妻。以二打払筥一置二一神座東帖上一。神座東重二敷六尺帖四枚一其上帖莚一枚薦七枚無レ裏。為二御座一。次以二八尺帖一枚一敷三神座与二御座一。已上東西妻。各半分相懸供二神座儀一。

（中略）

官人等先取二八尺帖一帖六尺帖四帖一。以上白布縁広四尺。重置二於殿内東戸内一。東西妻。次以二九尺帖四枚一重置二於殿中央一。南北妻。次以二一丈二尺五寸帖一枚一敷二九尺帖之南一。次以二同帖一敷二九尺帖之北一。並東西妻敷レ之。件等帖並白布縁。次官人四人左右各二人。一度引二九尺帖各一枚一。一枚於二東西一敷レ之為二三行一。東西端与二一丈二尺五寸帖一平頭。件帖二枚並南北端二枚用二河内黒山莚一。以上並広四尺。中央九尺（帖カ）二帖。上下相重広四尺五寸与二一丈二尺五寸帖一平頭。並用二寮盛（織カ）莚一。其上帖一枚無レ裏。或説件帖薦七重莚一重。次引二東戸内八尺帖一枚一引三懸於東九尺已上一。各懸二半分一。六尺帖四枚為二御座一。最上帖無レ裏。以二短帖一黄布縁倍二東戸前一。臨二御出期一。如(女)蔵人取レ之敷二六尺帖東一。分相懸。近代所レ行二行敷レ之。無二上下之東西行帖一。以二六尺帖四帖一雙二敷東西二行一。毎行二行。北無レ裏南北妻。其上以二一丈二尺五寸帖二枚一相並敷レ之。其上重敷二九尺帖四枚一。第二帖一枚引二寄東方一。其東以二短帖一為二御座一。以二八尺帖一引二懸神座幷短帖上一。已違二式文一又不レ似二八重帖一。供二之於神座東一。但践祚大嘗式長帖十二枚也。短帖六枚也。掃部神今食十一枚云々。大嘗宮径狭。後説可レ叶歟。

次中臣忌部各一人率二縫殿大蔵等官人一奉レ置二衾単於悠紀殿神座上一。

『延喜式』と「近代」(院政期)とでは異なるところがあるが、このようにして「神座儀」の用意が整えられたのである。

(29) 『江家次第』(〈新訂増補故実叢書〉により訓み下す)によれば、神今食の解斎において、天皇は手水ののち、「藺履(ゐくつ)を着し、御歩行三度」という所作をする。『建武年中行事』(所功校訂・和田英松『新訂建武年中行事註解』講談社、一九八九年)には、「次にうらなし(裏皮のない草履)を下におきて、めして巽にむきて、三あしあゆはせ給ふ」とある。伊勢へ向けた所作である。

(30) 川出清彦『祭祀概説』(学生社、一九七八年)。

(31) 岡田荘司、前掲『大嘗の祭り』。

(32) 同前。

(33) 岡田精司「大化前代の服属儀礼と新嘗」(『古代王権の祭祀と神話』塙書房、一九七〇年。初出は一九六二年)。

(34) 岡田精司、前掲「大王就任儀礼の原形とその展開」増補稿。
(35) 西郷信綱、前掲「大嘗祭の構造」。
(36) 桜井好朗「社寺縁起の世界」(『中世日本の王権・宗教・芸能』人文書院、一九八八年。初出は一九八六年)。
(37) マーシャル・サーリンズ「外来王――あるいはフィジーのデュメジル」(上野千鶴子訳。『現代思想』一二巻四号、一九八四年。原文初出は一九八一年)。この論述は「ピエール・クラストルの思い出に」とあるように、一九七七年四十三歳で世を去った『国家に抗する社会』の著者に捧げられている。
(38) 水林彪『記紀神話と王権の祭り』(岩波書店、一九九一年)によれば、「葦原の中つ国」の成立は、「『海原』からは〈水〉が供給される」という「構造的連関」のもとにとらえられ、「海神宮神話が毎世大嘗祭の祭儀神話の一つをなす」とされるが、「海水」の「供給」が「高天の原」の〈光〉の「供給」ほど重い意味を持っているとは考えられない。
(39) 岡田精司、前掲「大王就任儀礼の原形とその展開」。

二　大祓の基本的構造

1

『古事記』にいう天の石屋戸の神話は、天孫降臨の神話よりも前に配置されている。『古事記』には「天照大神見畏み、天の石屋戸を開きて、刺しこもりましき」とある。『日本書紀』神代の第七段の本文には「天石窟に入りまして、磐戸を閉して幽り居しぬ」とある。同じ本文に、アマノウズメが「天石窟戸の前に立たして、巧に作俳優す」とあり、呼称の用字に差があるが、便宜上『古事記』にしたがっておく。本居宣長は『古事記伝』(1)で「必しも実の岩窟には非じ」という。「石とはたゞ堅固を云る」のであって、「尋常の殿」のことであり、「書紀に岩窟とある文字に拘るべからず」というのである。母胎を表象する岩窟から、世界の始原（もしくは王権の始原）が誕生するという神話の構造から考えて、「岩窟」を連想するのが自然であろう。通常の神殿では、神社の信仰に引き寄せ過ぎることになる。配列について、もうすこしくわしくいうと、記では天地初発の創世の神々について記した後に、イザナキ・イザナミの国生み、イザナキの黄泉国(よみのくに)訪問と脱出、アマテラスとスサノヲの天の安の河でのウケヒの話がある。これにつづくのが天の石屋戸の神話で、さらにその後には追放されたスサノヲの、出雲におけるヤマタノヲロチ退治、オホクニヌシの事績、葦原(あしはら)の中つ国のことむけの話があって、天孫降臨の神話が配せられている。紀の場合は本文と別伝をよりあわせれば、大筋ではほぼ同様と見てもよかろう。それらのうち、〈天の石屋戸→天孫降臨〉が王権－国家神話の基軸をなす。宇宙的(コスミック)な母胎のなかから誕生した始原は、自身は地上に降臨しなかったが、その生命力を賦与し、皇孫ホノニニギを天降らせ、地上の王権の始原たらしめる。天石屋戸にこもるということは、アマテラスがいったん死に、その上でそれまでこの神が持ちえなかったほどの威力を備えて再生するということを意味した。西郷信綱のいうように、「祭式的再生はつねに一種の更新ではあるけれど、とりわけこの再生には一つの新たな確立が告げられている」(2)というわけだ。こうして、はじめて王権の天上での始原が本格的に出現せしめられたのである。

そのような再生に先行するアマテラスの死とは何であろうか。それは〈死―再生〉という神話の構造の範疇における、ありきたりの図式ではありえない。その程度の図式は、季節的に反復される祭式にも、社会の成員の多くに妥当する通過儀礼にも、しばしば見られるであろう。再生が重ければ、死もまた重い意味を持つ。

第一にはアマテラスの死は、弟スサノヲとの一種の兄妹婚を前提としており、しかもその成果もあるところでは後代へ伝えながら、他方で否定してしまわねばならぬという予盾によって、惹起されたものである。第二には〈あの世—この世〉の往来・循環の神話的回路の水平性をくつがえし、〈高天の原（天上）—葦原の中つ国（瑞穂の国）—根の国（黄泉の国）〉という、神話的空間をつらぬく宇宙軸を垂直に立てて、王権支配の神話的構造を成立せしめるために、アマテラスの死は決定的な役割りを果たしているものと見うけられる。この二つの問題は日本の古代王権としての天皇制に、〝聖痕〟を与えたといってよい。

2

第一の問題から考えてゆこう。同父同母の兄妹の婚姻は、後代には悲劇の物語と化するが、本来は兄妹始祖譚として世界の神話的な始原を語るにふさわしいものであった。私どもは人類の歴史的な起源を確認できない。経験上から確認しようがないというだけでない。例えば、いつ、どこで、どれくらいの数の原人類が、どれほどの時間「直立歩行」したかという基準で、人類の発生や起源を測ることは不可能だからである。仮りにそういう測定が可能だったとしても（実際にはできるはずがないが）、基準そのものに何の根拠もないのだから、測定も無意味である。ただ現在地球上に人類が存在する以上、時間をさかのぼってゆけば、存在するものの起源がかならずあるはずだ、という思いこみのせいで、人類は確認できないものを求め、想定すべからざるものを見ようとしてきたのである。見方によっては、何ともおろかで、むなしいといわれても、何とも陳弁しがたい。それにもかかわらず、このような考えは、神話的空間の始原と区別して、歴史的時間の起源と考えられるような、あらたな神話的観念を、人類的規模で呼びおこし、壮大な観念の体系を築きあげたのである。そしてほかならぬ人類は久しくそれに拘束されてきた。

そういうことを前提にしていうのだが、はじめにこの世界に男が現われる。次に女が現われる。この順序は当然逆であってよい。男性が神話的・世俗的に優位にある社会では男が先ということになろうし、女性が神話的に優位にある社会では女が先ということになる。母系でなく、母権の社会があったか否かについては、いまのところ言及をひかえる。男女が同時に現われることもありうる。この原初の男女は〝性〟的に結ばれ、原初の〈対〉となる。原初の〈対〉はそれが成立するための原因を持たず、したがって何かの結果として〈対〉となったのではない。それは社会生活における因果関係と切れており、それに対応した時間の経過、つまり前後関係に拘束されない。この〈対〉はどこまでも、ただそういうものとして即自的にあるというほかあるまい。ところが、原初の〈対〉の〝性〟を原因としし、その結果として、次の世代の男と女とが生まれ、それが第二の〈対〉となる。そう都合よく、男と女が生まれるものかと疑う人は、根本的に間違っている。起源論的な思考においては、性別は極限まで追いつめられ、単純化される。原初にまず男女が出現し、その子として生まれるのもまた、男女でなくてはならない。このように非有の極限まで追いつめたかたちで語ってしまうのが、起源論なのである。親子二世代のこのような〈対〉により〝神聖家族〟が構成される。したがって、〝神聖家族〟の婚姻は構造的にはすべて近親相姦である。[3]その構造をおおいかくすようにして、道徳的な意識をもって見るならば、兄妹の性交渉という、あるまじき背徳の招いた悲劇が生まれる。

〝神聖家族〟の原初の〈対〉は、因果関係とも前後関係とも切れているが、第二の〈対〉は原初の〈対〉の結果として、その後に出現する。したがって、その〈対〉の力は人間の造る歴史へ向けて働きかける力を持つ。むろん、この場合の「歴史」とは現実に展開する社会生活の諸過程として、近代の歴史学が研究対象としてきたものとは、いささか異なる。閉ざされた神々の物語の次の段階に人間の物語があるはずだという幻想が呼びおこした、物語としての歴史なのである。第二の〈対〉はそういう歴史に向けて自己を開いている。それは起源論というものの構造をよく示している。人間の社会には無数の性による結合がある。その結果として無数の出産がある。人類の歴史は生産力や生産関係の変化としても考えられてきたが、見方をかえれば、数えようもない厖大な性の結合と出産の累積としてとらえることもできる。その性的結合は、たんに本能にもとづく現象として、当人たちがそのままやり過ごし、さしたる意味を認めなければ、限りもなく自然現象に近いと見なしうる。これは性の解放とはまったく無関係といってよい。しかし、性的結合に特別の社会的な意味が認められると、それは夫対妻という関係としてとらえられる。この場合の夫妻は、もとより一夫一婦制に限定されず、多様な形態が想定される。そこに家族と呼ばれる社会的関係の持ち方の一側面が生じる。

人間は夫であったり妻であったりする性の関係を作ることによって、自己の内に家族という社会的関係を抱えることになり、それに拘束されて生きる。こうして、〝性〟は社会的関係となる。同時にそれまで漠然たる群れでしかなかった集団は、これまた社会的意味を帯びて、言語・習俗を同じくし、生産・交換・消費の原理を共有し、同一の生活態に帰属する共同体という社会的関係に変ずる。どちらが先行するかという議論は、ほとんど無意味であろう。ここでは両者の対応関係を見ておけばよい。しかし、〝性〟にもとづく家族やそれと対応する共同体という社会的関係の起源を求めようとする幻想が、共通の観念として人間をとらえるようになったとき、人間はひき返しにくい段階に一歩ふみこんでゆく。起源という以上、それは歴史的時間をさかのぼった極限として、単一相のものであらねばならず、その単一のものを所有する何ものかの存在が予測される。それは社会的関係を抱いた個々の人間のなかの最初の人物であるはずなのだが、現実にそのような人物がいるわけではない。しかもなお、そういう存在を予測せずにはいられないとしたら、人間は自己の社会的関係の根拠を何ものかに奪われることになる。首長が王権に転化する可能性を不断に保持しながら、首長制を維持しつづけるか、あるいは王権とそれに対応する支配体制として国家が成立するとき、この何ものかが何であったかがあきらかになる。いいかえると、王権は社会的関係の起源を、潜在的にもしくは顕在的に占有するために、歴史のなかに登場するのである。起源に見あった歴史を叙述しながら——。そして、王権自体も、他の諸々の社会的関係を超越する社会的関係なのである。超越しなくては、何ものかにはなりえない。〝神聖家族〟が想定されることと、何ものかが幻想されるのは、ほとんどパラレルな出来事といえよう。それゆえ、王権は〝性〟の起源としての第二の〈対〉を自己の物語にとりこみ、王権神話として構造化するのだ。兄妹婚は王権神話にとりこまれ、物語としての歴史における無数の〝性〟は王権に帰属せしめられる。その場合、超えてはならぬ社会的関係を侵すことは抑制され、王権の外では近親相姦は禁忌となる。

私は現実の歴史が、私の説くように展開したとは考えていない。それは十九世紀から二十世紀へかけての「未開人」の社会生活、――レヴィ＝ストロースの言葉を借用するまでもなく、自分を「文明人」と思いこんでいる人々から、不当にも「未開人」と見られたに過ぎない別の「文明人」の社会生活から、「原始」という観念を抽出して見せたほどにも、うまくはたどれまい[4]。起源論を通常の歴史的範疇のなかで語るのは、壮大な錯誤ではあるまいか。その意味で、吉本隆明は「論理的にかんがえられるかぎりでは、同母の〈兄弟〉と〈姉妹〉のあいだの婚姻が最初に禁制になった村落社会では、〈国家〉は存在する可能性をもったということができる」[5]（傍点桜井）という。吉本が兄妹婚の禁制とともにすぐさま国家が現実に存在することになったと速断していないのは、周到な指摘であった。それは神話的範疇における構造としてのみ想定されうるのであって、具体的に歴史のどの段階で、どのような物語として表現されるかということとは、別の問題である。

記紀はアマテラスとスサノヲの「兄妹婚」を「物根」（紀）の交換という話にすりかえ、何となくぼかしながら、王権神話へ編みこんでゆく。原初の〈対〉としてのイザナキとイザナミは兄妹婚であり、大八洲（おおやしま）と神々を生んだ。この〈対〉の登場は比較的あたらしいことと見ておきたい。西郷信綱は「天皇の版図である大八嶋が、たんなる昔にではなく、古事記の作られた今にかかわるのと同様に、イザナキ・イザナミの兄妹婚も主としてやはり今の座標にかかわるはずである[6]」といっている。これより先に岡田精司は「〈大八洲〉の国生み神話と、『明神御大八洲天皇』という称号とは、不可分の結びつきにある」として、その成立を「天武朝を中心とした時期」と推定した。(7) しかし、この〈対〉はいきなり、物語としての歴史へとふみこまない。すでに述べたように、その役割りは〝神聖家族〟の第二の〈対〉に擬せらるべきアマテラスとスサノヲの兄妹婚が、構造上はになうべきものであった。『日本書紀』神代第五段の本文によれば、原初の〈対〉はまず日の神オホヒルメノムチ（アマテラスに相当する）を生む。この〈対〉はオホヒルメが「光華明彩しくして、六合の内に照り徹る」のをよろこび、「天地、相去ること未だ遠からず」という段階であったので、「天柱を以て、天上に挙」げた。次に月の神（ツクヨミ）が生まれたので、これも天に送り、その次に生まれたヒルコはアマノイハクスブネに乗せてすてたとある。次に生まれたのがスサノヲであった。

> 此の神、勇悍くして安忍なること有り。且常に哭き泣つるを以て行とす。故、国内の人民をして、多に以て夭折なしむ。復使、青山を枯に変す。故、其の父母の二の神、素戔嗚尊に勅したまはく、「汝、甚だ無道し、以て宇宙に君臨たるべからず。固に当に遠く根国に適ね」とのたまひて、遂に逐ひき。

これをうけて、第六段の本文はその後のスサノヲとイザナキについて、こう記している。

> 是に、素戔嗚尊、請して曰さく、「吾、今教を奉りて、根国に就りなむとす。故、

暫く高天原に向でて、姉と相見えて、後に永に退りなむと欲ふ」とまうす。「許す」と勅ふ。乃ち天に昇り詣づ。是の後に、伊奘諾尊、神功既に畢へたまひて、霊運当遷れたまふ。是を以て、幽宮を淡路の洲に構りて、寂然に長く隠れましき。

アマテラスと反対に、スサノヲは世界を荒廃せしめる。そのため、原初の〈対〉であるイザナキ・イザナミによって根の国へ追われる。スサノヲはその前に、いったん高天の原のアマテラスと会いたいといい、許される。原初の〈対〉の役割りはここで終わる。イザナキしかとりあげられていないが、この神は「神功」を完了して、病みおとろえ、淡路の多賀に「長く隠れ」る。

『古事記』では火の神を生んだイザナミは「黄泉つ国」に去る。イザナミを連れもどそうとして失敗したイザナキは、「あは、いなしこめしこめき穢き国に到りてありけり。かれ、あは御身の禊せむ」といって、「禊祓」した。そのとき、左の目を洗ったらアマテラス、右の目からツクヨミ、鼻からスサノヲがそれぞれ生まれた。イザナキはアマテラスには高天の原を、ツクヨミに「夜の食す国」を、そしてスサノヲには海原を支配するよう命じた。

かれ、おのもおのも依さしたまひし命のまにまに知らしめす中に、速須佐之男の命、命さしし国を治めずて、八拳須、心前に至るまでに啼きいさちき。その泣く状は、青山は枯山なす泣き枯らし、河海はことごと泣き乾しき。ここをもちて、悪しき神の音狭蠅なすみな満ち、万の物の妖ことごと発りき。かれ、伊耶那岐の大御神、速須佐之男の命に詔らししく、

「何のゆゑにか、なが事依さしし国を治めずて哭きいさちる」

しかして答へ白ししく、

「あは妣が国根の堅州国に罷らむとおもふゆゑに哭く」

しかして、伊耶那岐の大御神、いたく忿怒りて詔らししく、

「しからば、なはこの国に住むべからず」

とのらして、すなはち神やらひにやらひたまひき。かれ、その伊耶那岐の大神は淡海の多賀に坐す。

紀の第六の一書がこれと似ている。ここでは原初の〈対〉も「神功」を完了したとは確認されぬままに、分裂せしめられる。そして、イザナキは近江の多賀に祭られる。

いずれにしても、第二の〈対〉は、王権が兄妹婚を占有するという構造を確立していないように見受けられる。第二の〈対〉の兄妹婚は、第一の〈対〉のように、直接〝性〟を表現していない。イザナキ・イザナミという神名が、男女の誘いあう声の神格化であり、この二神は「みとのまぐはひ」（記）をするのである。これに対して、アマテラスとスサ

ノヲは「物実」(記)を交換するにとどまり、男神はアマテラスの子、女神はスサノヲの子と区分され、系譜上はこのとき生まれたオシホミミの子としてやがて誕生するホノニニギにつながらぬよう、配慮されている。そればかりか、アマテラスが石戸にこもり、いったん死ぬことと、スサノヲがその名のように、勢いにまかせて荒れ、威力を発揮することとは、同時に平行して実現する。逆にアマテラスの威力がめでたく再生するとき、スサノヲは高天の原から排除されねばならないのである。兄妹婚の構造はかなり崩されている。

もっとも、紀第六段第一・第三の一書は、生まれた男神をスサノヲの子、女神を「日神」の子としている。これではスサノヲの血が王権に流れてゆくことになる。この点をとりあげた三浦佑之は、同一話型の昔話も語り手によって一つ一つ固有の昔話として語られると見る。「〈語り〉とはそういうものだから、それを背後に秘めた記紀神話の複数の異伝も、同一の内容を語りながら、一つ一つ別のものとして認めるというところから出発しなければならない」というわけである。たしかに、「複数の異伝全体を統一的に解釈し、正しい一つの答を引き出そうとする論理」にしたがっていては、語りの実態にそむくことになる。「王権の基盤を崩しかねない異伝」が紀にふくまれているのは、「〈語り〉の論理から完全に脱けきれない書かれた神話の構造」に由来するものといえよう。[8]第一・第三の一書がアマテラスの名を示さず、「日神」とぼかしているのは、〈日神=アマテラス〉の図式が定着する以前の形跡をとどめているのかも知れない。話はいささか脇道に入るが、第一の一書には「日神の生せる三の女神を以て、筑紫洲に降りまさしむ」とあり、三女神の天降りに際しては、「日神」が「道の中に降り居して、天孫を助け奉りて、天孫の為に祭られよ」と命じたと伝える。第三の一書には、「日神の生れませる三の女神を以ては、葦原中国の宇佐嶋に降り居さしむ。今、海の北の道の中に在す。号けて道主貴と曰す」とある。三女神の降臨の地は結局筑前宗像の沖ノ島であったと考えられる。女神は「日神」の子でありながら、「天孫」と区別され、「天孫」を助ける役割りしか与えられていない。益田勝実は六世紀と推定される沖ノ島七号遺跡を分析して、高天の原へ侵入しようとするスサノヲをアマテラスが迎撃し、二神のウケヒにより宗像三女神の誕生する場面を、あざやかに浮かびあがらせた(9)。ひょっとすると、スサノヲと対峙したのは、アマテラスではなく、この地方で信じられた「日神」であったのではないか。それが王権神話に吸収される段階で、皇祖神アマテラスとされ、退化した兄妹婚の物語に再構成された可能性はあると思う。

　それにしても、日本の古代王権の神話は、〝性〟の神話的起源である兄妹婚の物語を確保することに、さほど熱意を持っていない。古橋信孝は「始祖の優越性をいうのに、血筋の正統性を主張する。その血筋の濃さは兄妹婚が同世代の婚としてもっとも純粋である」（傍点桜井）といい、あわせて「兄妹始祖は現実の兄妹の性的に無であるゆえに倍加される協調の投影としてみてもよい。結びつきの強さが理想として始祖に投影しているとみてもよい」(同前)と説いている。その上で、「禁忌であることと理想婚であることは同じことを意味している」とし、「王の兄妹婚は兄妹始祖の再現である」と見るのである。(10) 私見によれば、現実の兄妹が「性的に無」の関係にあるから、もしくは「無」であるように強制されているから、兄妹始祖が「理想婚」となるのではない。起源として聖化された兄妹婚に比肩しうるような、純粋な「同世代の婚」はありえない。つまり王権が起源としての兄妹婚を神話的に占有しようとするから、他のすべての〝性〟関係において、禁忌とされたと考える。日本の古代王権の神話が、それを積極的に占有しようとしないのは、力不足で果たせなかったからではなかろう。後述するように、それはアマテラスの死と深くかかわり、かの恩恵と収取の一本の軸がその死の向こう側に見えてくるのではないかと思う。

3

アマテラスの死の持つ第二の問題について考えたい。すでに見たように、アマテラスとスサノヲの〈対〉が〝性〟の起源を占有しそこねたのは、スサノヲが根の国、イザナキのいう「いなしこめしこめき穢き国」へ追われる運命を背負っていたからであった。いいかえると、スラノヲが死の穢れを体現していたからであった。生命が尽きて死の国へゆくのではない。最初からスサノヲは死の国に属することを希求し、その願いがかなうと、すぐさま高天の原のアマテラスを訪れ、その暴力によりアマテラスの威力を侵し、天石屋戸にこもるというかたちでの死を強いる。死んだ母イザナミの国を恋い慕ったというより、アマテラスに死穢を与えるところに、スサノヲ本来の役割りがあった。『日本書紀』神代第七段本文は左のごとくである。

　是の後に、素戔嗚尊の為行、甚だ無状し。何とならば、天照大神、天狭田、長田を以て御田としたまふ。時に素戔嗚尊、春は重播種子し、且畔毀す。秋は天斑駒を放ちて、田の中に伏す。復天照大神の新嘗しめす時を見て、則ち陰に新宮に放屎る。又天照大神の、方に神衣を織りつつ、斎服殿に居しますを見て、則ち天斑駒を剥ぎて、殿の甍を穿ちて投げ納る。是の時に、天照大神、驚動きたまひて、梭を以て身を傷ましむ。此に由りて、発慍りまして、乃ち天石窟に入りまして、磐戸を閉して幽り居しぬ。故、六合の内常闇にして昼夜の相代も知らず。

死穢を忌避する清らかなアマテラス、死穢を暴力として体現するスサノヲ。すでに見たように紀の第六段の本文は、この二元的な対立を「高天の原」と「根国」の対立として位置づける。王権の神話と祭儀において、この対立は垂直の軸の上に構造化される。これは異説がある。すなわち、根の国は高天の原から見て水平軸の対極にあると考え、高天の原の下にある「葦原の中つ国」（瑞穂の国）から見て「水平的関係」にある「さいはて」とか「周縁」とかに位置するという。さらに『日本書紀』の「根国」は、『古事記』の「根の堅州国」とは「根本的に異なる神話的世界」であって、後者から葦原の中つ国をあらしめる「根源的な力」がもたらされると見なすのである。[11] しかしながら、スサノヲがそこへゆこうとして世界を荒廃させるまでに泣きわめいたのは、ほかならぬ「根国」（紀）であり、「妣が国根の堅州国」（記）であった。いわば王権神話の核心の部分で、根の国は高天の原の対極をなす負（マイナス）の世界であり、「葦原の中つ国」との関係よりも、直接的に高天の原との関係で、垂直な軸をなすべく構造化されている。この点で、「高天の原、葦原の中つ国、黄泉（ヨミ）の国という上中下三重層の神話的世界像[12]」というとらえ方に、私はしたがう。そして「葦原の中つ国」は、スサノヲの暴力を排してアマテラスの神威を受容する「瑞穂の国」であるべきである。そのことが神代紀第七段において予定されている。この点、『古事記』も同様である。重ねていうが、私は『日本書紀』の読解において、別伝よりも本文を格別重視する立場をとらない。実録にとどまらぬはずの『日本書紀』が、なぜ本文を食い違う別伝をあえていくつも採用したか、「作品論」としてもゆるがせにできないはずだし、それ以上に、古代王権の神話と祭儀における別伝の重さに注意せずにはいられないからである。

一般に他界は人間の住む世界と「水平的関係」にあると考えられるものらしい。そう見たほうが適切なことが多い。その他界が上と下に二分され、垂直の関係に仕立てられたことが、問わるべきなのである。折口信夫はこの問題について、こんなふうにいっている(13)。

> 此まれびとなる神たちは、私どもの祖先の、海岸を逐うて移つた時代から持ち越して、後には天上から来臨すると考へ、更に地上のある地域からも来る事と思ふ様に変つて来た。古い形では、海のあなたの国から初春毎に渡り来て、村の家々に、一年中の心躍る様な予言（カネゴト）を与へて去つた。此まれびとの属性が次第に向上しては、天上の至上神を生み出す事になり、従つてまれびとの国を高天原に考へる様になつたのだと思ふ。而も一方まれびとの内容が分岐して、海からし、高天原からする者でなくても、地上に属する神たちをも含める様になつて、来り臨むまれびとの数は殖え、度数は頻繁になつた様である。（傍線折口）

こういう考えはマレビトと「常世（トコヨ）の国」との関係を呼びおこすのであるが、それが形成される過程で、「琉球諸島の現在の生活――殊に内部――には、万葉人の生活を、その儘（まま）見ることも出来る」とし、「私どもの古代生活の研究に、暗示と言ふより、其儘をむき出しにしてくれる事すら度々あつた」という、折口の南島での経験が重いはたらきをしている。大和王権の故地に「万葉人の生活」をさぐろうとする風潮は、国家主義の強化とともにさかんになるが、「古代」を見とおそうとする折口の目は本来大和 - 京都王権の支配と離れ、独自の社会と国家を持っていた南島に注がれていた。大和王権の故地については、本書のⅡでふれることになる。折口はいう。

> にらいかないは元、村の人々の死後に霊の生きてゐる海のあなたの島である。そこへは、海岸の地の底から通ふ事が出来ると考へる事もある。「死の島」には、恐しいけれど、自分たちの村の生活に好意を期待することの出来る人々が居る。かうした考へが醇化して来るに連れて、さうした島から年の中に時を定めて、村や家の祝福と教訓との為に渡つて来るものと考へる事になる。而も、此記憶が、さうなつて久しい後まで断篇風に残つて居て、楽土の元の姿を見せて居るのである。

生
B
あの世
A
この世
C
死

民俗学・文化人類学・宗教学・神話学等の諸学の成果は、現在では折口の概念や知識をはるかに凌駕していよう。しかし、この世ならぬ世界に神として表象される根源的な力があり、それが定められた時期にこの人間の世に発現し、マレビトとてこの世を祝福し繁栄せしめること、同時にこの世ならぬ世界は死霊のおもむ

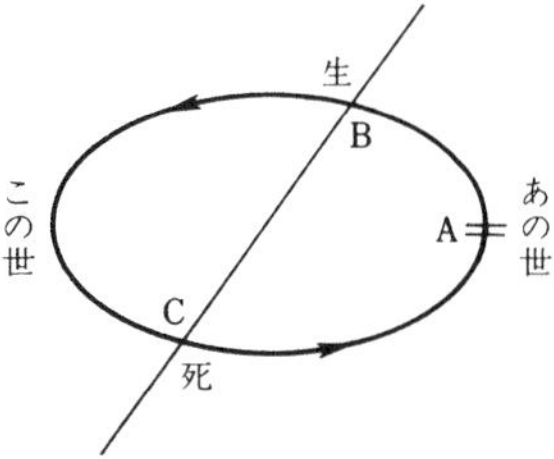

くべきところであり、いわば死のかなたにあること、それらのことがこの世とあの世との「水平的関係」において成立するという、折口の示した構造については、いまなお基本的には否定しがたい。ここにいう「楽土」と「死の島」が分化し、人の世の上と下に位置せしめられるのは、王権の天上の始原としての高天の原という観念が成立してからのことだ。「水平的関係」において、他界やその表象としての神は、空間的な始原であるが、歴史的な時間の起源ではない。マレビトは「水平的関係」の次元であの世とこの世を循環する。始原も時間とともにあるが、その時間は一定のかたちで循環する。誕生や繁栄が死や荒廃とまったく切断されてしまうと、この循環は不可能になる。もともと「楽土」は同時に「死の島」なのだ。海を越えて、とは限らない。野を越えても山を越えても、基本的には同じことである。マレビトはこの世の始原としての「始祖」ではあるが、血筋をさかのぼっての「祖先」とは限らない。むしろ、共同体の成員もこの循環の径路上にあって生まれてきたのであり、死後も「死ねば死にきり」にならず、無限の来往を反復しつづける。マレビトはとりもなおさず共同体の成員の化身であり、それを確認するのがマレビトの神話と祭儀なのである。よく知られているように、マリノフスキーはトロブリアンド諸島でおこなわれるクラと称せられる財貨交換をとりあげている[14]。クラの財宝はヴァイグアと呼ばれ、それは「その価値が、まさしくこの流通自体と流通の性格に由来している」という特異性を帯びている。トロブリアンドの原住民は、親族が死ぬ際には、本人や親族のヴァイグアで死んでゆく人の体をおおう。マリノフスキーはそのような行為の底には、「生命を吹きこみたいという願望、同時に死への準備をさせる気持、死者を現世にしっかりとつなぎとめたいという気持、来世のしたくをしてやろうという気持などがひそんでいるのだろう」と推測する。山口昌男は「クラの輪」のなかに入ることで「人間は人間プラス何ものかになる。自分を不滅のものにする機会をそこで得る」といっている[15]。折口信夫はその天才的な頭脳にひらめいた着想を、恣意的にもてあそんだのではない。彼がマレビトという概念によって構造化したのは、そういうことだったのである。

スサノヲが高天の原を追われ、アマテラスがいったん死んだ後で再生し、再生によってえられた神話的な力を発揮して、ホノニニギを天降らせたことは、「水平的関係」の循環を図の点Aで断ち切り、他界を上下に二分し、垂直軸の両極に位置づけたことを意味する。正負二つの他界は「葦原の中つ国」をへだてて、対立する。もはや両者の間を来往することは許されない。つまり、一つの他界が両義性を帯びることは排除される。それはそのまま王権神話の構造であった。この構造はもはや共同体の神話の構造とは重ならない。表面的な事象にとらわれると、ここのところを見逃してしまう。ホノニニギはマレビトのように来臨するが、死を表象する他界（根の国）へ帰ってから、また生を表象する他界（高天…の原）へ廻り、もう一度そこから降臨したりはしない。この神は帰らざるマレビトであり、アマテラスの死はその前提をなすものであった。同時にアマテラスはいったん死ぬことにより、兄妹婚の相手を王権から排除し、〝性〟の起源をあえて消去する。こうして、日本の古代王権をつらぬく清浄性や豊饒性は、一方的な垂直の流れとして現われるのであり、ここでも、私どもはかの恩恵と収取の一本の軸に直面することになる。

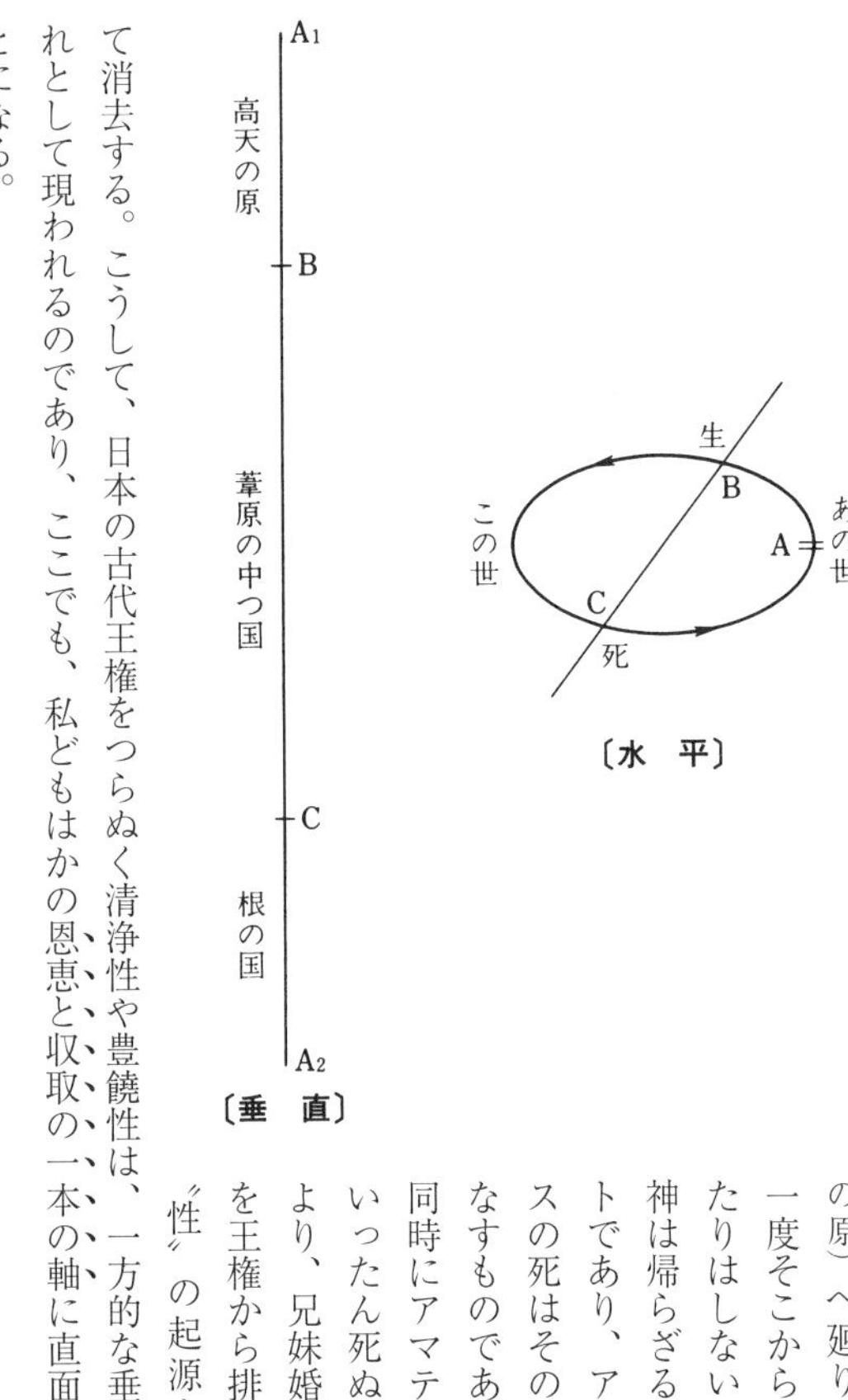

〔水　平〕

〔垂　直〕

4

王権神話と母子婚の関係について、いささかふれておく。共同体の成員は既存の共同体にまったく埋没して生きているわけではない。クラのヴァイグアでいえば、一人一人が自分のヴァイグアを持っている。誕生も死も、各人別々であり、喜怒哀楽にも個人差が生じよう。人間が共同体とともに個人という社会的関係を抱え、それを意識したとき、マレビトの来往といってもよいし「クラの輪」といってもよいのだが、要するにこの世とあの世の循環からずれ落ちる危うさにさらされる。誕生の前の未生、死の向こうの死後は、個人の経験を超えた未知の暗闇であり、そこから生まれてくることもなければ、そこへ回帰することも予見できない。誕生と死の狭間にあって、生存の根拠が見失われ、生きることは根本的に、逃れようもなく不安となる。近代人だけがそうなるのではない。個人という社会的関係を強く意識する制度のなかで、近代人はたしかにこういう根源的不安にとらわれやすい。しかし、社会的諸条件によってその在り方が多様化しているとはいえ、人間は大なり小なりこういう不安を、太古から抱えつづけてきた。

生存につきまとう不安を振り切り、誕生と死のかなたに向けて、個人が持続するものを求めるとき、そこに〝血〟の神話が成立する。親から〝血〟を継承し、これを子に伝えてゆくのだと考えることで、個人は共同体の循環する時間を過去から未来へと流れる時間におきかえ、「自分を不滅のものにする機会」をえようとする。実際に親から受けた血液を体内にとどめておくことは不可能である。そんな状態になれば、嬰児は死んでしまう。血液そのものは永遠でも不滅でもない。神話化された〝血〟が、根源的不安を超えるべく、血筋という幻想を生む。個体を生んだ個体は親であり、生まれた個体は子であると見なされ、そこに特別の社会的意味が認められる。〝性〟によって結合する場合を横の関係の家族とすれば、血筋という幻想を抱き、〝血〟によって結ばれる場合は縦の関係の家族といえよう。(16) 〝血〟の神話はマレビト神の循環の構造と重ならない。ときに両者は相互補完の関係にあって、共同体の始祖が個々の血筋（家筋）の祖先（祖霊）であるかのように見なされることもあるが、もともと両者は次元の異なる社会的関係なのである。むしろ、共同体の内部に血筋によって結ばれる家族が成立したことで、既存の共同体は解体する危うさに、たえずさらされる。共同体の始祖と家の祖先のすりかえは、その危うさを何とかおいかくそうとするものであり、擬制化された〝氏神様〟の祭礼は現代にもしばしば見られる。本来、両者の間には矛盾と葛藤があり、共同体のほうからいえば、家族を共同体につなぎとめ、その下位におくために、共同体を超えた根源的な力を求めつづける。既成の経済体制の大きな変動とか、共同体外からもたらされる緊迫した政治・軍事情勢とか、さまざまな要因が、共同体の内側から発する希求と結びついたとき、王権‐国家は発生する。現実に王権‐国家が成立していなくても、共同体自体に先述の希求が生じたとき、王権‐国家は「存在する可能性をもった」といいうる。いったん成立した王権‐国家も、共同体の内的および外的要因がさほど強くはたらかぬ場合は、その力を抑制されて形骸化し、稀には王権‐国家そのものが共同体へと解消される。人間はそういう社会的関係の織りなすドラマを演じ、人間の存在構造を形成しつづけるのである。〝人間性〟という美化された観念によって、人間をとらえることは、人間観の貧困でしかない。階級という概念はそれよりもはるかにきびしく、現実の人間の存在形態を照射するが、物質的な生産の在り方と結びつけたイデオロギー論の枠を超えることは困難で、これまた人間の存在構造の深みに達しえぬ憾みがある。

いうまでもなく、人間の歴史には無数の出産があった。それに社会的な意味を与え、親子という観念を持ちこみ、〝血〟の神話によって縦の家族なるものを認めれば、厖大な家筋（血筋）が遍在することになる。実際には、その先祖を何世代もさかのぼりうるわけでなく、一定の期間を過ぎるとほとんど祖霊として一括され、また養子制度により擬制的に家筋を維持してゆくような操作がおこなわれるが、〝血〟の神話を信じる限り、「自分を不滅のものにする機会」をえたと信ずるのである。こうした〝血〟の神話による結合の起源を求めようとしたとき、人間は容易にはひき返しがたい段階にふみこんでいる。そこでは他の諸々の親子関係を超えた、歴史の極限における単一の親子の関係が想定される。王権はその神話のなかへ起源としての親子の物語を収取する。いいかえると、王権神話は遍在する家筋（血筋）の起源を占有する。その起源の物語は、しばしば母子婚（母子相姦）のかたちをとる。

婚姻の形態は多様であり、一夫一婦の単婚制と限らず、一夫多妻や一妻多夫があり、集団婚も想定されている。その系譜も父系・母系や双系が考えられており、単純化して語るわけにはゆかない。しかし、いかなる婚姻でも男女の〈対〉は本能のみによって結ばれるのではなく、性愛をともない、社会的意味を与えられた性的結合をとげる。また、いかなる系譜の形態であろうと（たとい父が「ヨソ者」扱いされる社会であっても）、父とか母とかの観念を持ったであろうから、直接子を出産した女だけでなく、〈対〉の関係で子を生ましめた男も、強弱の差はあれ、社会的意味を帯びた親でありうる。[17] その意味で〝血〟の神話は、〝性〟の神話同様に普遍的であったと思う。ただし、〝血〟の神話に妥当しやすいのは、母系制であろう。子にとって、母の胎内から出産したことは疑いえない事実であり、まさしく〝血〟を継承したと見なしうるからである。それは母系制が家族の原初の形態であったことを意味しない。そういうことは、ほとんどたしかめがたいと思われる。「母子のきずなは必然的であり自然なのであるが、〝婚姻〟によるきずなは多様なのである[18]」といわれる。とりあえずは、〝血〟の神話が母系制に適合しやすいことを確認しておけばよい。男は家父長制とか妻の貞節とか、さまざまの制度に助けられて、はじめて〝血〟の神話を完結することができる。起源としての親子の物語が、物語としての歴史へ向けて語られるとき、しばしば母子婚のかたちをとるのは偶然ではない。

〝神聖家族〟において〝血〟の源泉は母、すなわち原初の〈対〉の女に求められる。しかし、すでに見たように、原初の〈対〉自体は、物語としての人間の歴史へ向けて働きかける力を欠く。原初の母の〝血〟を人間の歴史へと流れ出るようにするためには、第二の〈対〉の力を必要とする。第二の〈対〉の女は母と性的結合をとげることができないから、当然それは男、つまり息子の役割りとされる。神話の構造の次元では、そういうことになる。それゆえ、〝神聖家族〟の内部での母子婚こそ、〝血〟の神話にもとづく家筋（血筋）の起源であり、あらゆる家系はそこから発生する。王権はその起源を占有することで、すべての家筋に神話的に優起する。そのため、王権の神話の構造は、父を殺し、母と結婚したオイディプス王のような悲劇を成立せしめる。現実の王権の性道徳が乱れているのではなく、そのような近親婚が禁忌とされているから、母子婚は物語としての歴史へ向けた神話的起源として、王権に占有されるのである。実生活における性道徳の乱れが、王権の超越性を保証するはずはない。アフリカのジュクン王国の即位式では、新王はプジェと呼ばれる叢林のなかの小屋で聖婚をおこなう。その相手となるのは前王の妻の一人であるが、実母ではない。そしてこの近親相姦は形式的・儀礼的におこなわれた[19]。古代王権‐国家の体制が変動・解体され、「中世」へ向けて王朝国家が形成される時期になって、新王たるべくして、ついに王たりえぬ運命のもと、源氏は、「あやしきまでに」実母に似た藤壺と密通する。しかし、それは後代の物語である。奇妙なことに、日本古代の王権神話には起源としての母子婚が見られない。古代王権の神話は諸々の家筋が王権の統制下になく、自立することを認めているのであろうか。逆である。中央・地方の首長・族長層は、王権に出自を負い、あるいは始祖自身、当初から王権に帰属・服属するものとして、氏族の始祖伝承を形成した。氏族自体も〝血〟の神話を貫徹しておらず、多分に王権の支配に適合すべく、政治的に擬制化されていた。「始祖が天つ神に仕えたように、始祖のマナを受け継いだ自分たちも、永遠に天皇に仕えるという理念がみられる」のである[20]。つまり古代王権の神話においては、母子婚という背徳の悲劇を発生せしめる危険を冒すまでもなく、諸氏族の祖神がはじめから王権に服属・奉仕することになっており、王権が〝血〟の神話による社会的関係＝家の起源を収奪し、占有する必要はなかった。その必要がないところまで、

日本の古代王権神話は政治化している。(21)

5

大祓は大嘗祭ほどに重視されておらず、秘儀でもないが、しかしながら、大嘗祭とともに、王権を支える二本の柱の一つとなっている。大嘗祭は大祓にいたって完結するといってもよい。

大祓について養老神祇令の規定するところは、次の二条である。

凡そ六月、十二月の晦の日の大祓には、中臣、御祓麻上れ。東西の文部、祓の刀上りて、祓詞読め。訖りなば百官の男女祓の所に聚り集れ。中臣、祓詞宣べ。卜部、解へ除くこと為よ。

凡そ諸国に大祓すべくは、郡毎に刀一口、皮一張、鍬一口、及び雑の物等出せ。戸別に麻一条。其れ国造は馬一疋出せ。

前者は中央の大祓、後者は諸国の大祓のことである。諸国大祓には京・畿内、近江・(伊賀)・伊勢、天下の三種があったというが、(22)ここでは中央の場合を主として考えたい。中央の大祓は前半と後半に分かれる。前半は『儀式』には「御贖の儀」とし、「訖りなば」

云々の後半を「大祓の儀」として区別している。『続日本紀』大宝二年（七〇二）十二月三十日条には、

　大祓を廃む。但し東西文部の解除することは常の如し。

とあり、前半は早い時期から大祓と区別されることもあったようである。大祓には定例と臨時とがある。後半の定例の場合の「中臣祓詞宣べ」とある大祓（以下「狭義の大祓」と称する）の祝詞が、『延喜式』に収められている。それは朱雀門の前に皇子皇族以下百官が集まり、神話的な罪を祓うに際し、中臣が宣る詞である。いま、便宜上(A)～(F)に分けて記しておく。

　六月晦大祓十二月も此に准へ

(A)　集はり侍る親王、諸王、諸臣、百の官の人等、諸聞き食へよと宣ふ。

(B)　天皇が朝庭に仕へ奉るひれ挂くる伴の男、手襁挂くる伴の男、靫負ふ伴の男、剣佩く伴の男、伴の男の八十伴の男を始めて、官々に仕へ奉る人等の過ち犯しけむ雑々の罪を、今年の六月の晦の大祓に、祓へ給ひ清め給ふ事を、諸聞き食へよと宣ふ。

(C)　高天の原に神留り坐す皇親神漏伎、神漏美の命を以ちて、八百万の神等を神集へ集へ賜ひ、神議り議り賜ひて、我が皇御孫の命は豊葦原の水（瑞）穂の国を、安国と平らけく知ろし食せと、事依さし奉りき。かく依さし奉りし国中に、荒ぶる神等をば神問はし

問はし賜ひ、神掃ひ掃ひ賜ひて、語問ひし磐根、樹の立ち、草の垣葉をも語止めて、天の磐座放ち、天の八重雲をいつのち（千）別きにち別きて、天降し依さし奉りき。かく依さし奉りし四方の国中と、大倭日高見の国を安国と定め奉りて、下つ磐根に宮柱太敷き立て、高天の原に千木高知りて、皇御孫の命のみづ（瑞）の御舎を仕へ奉りて、天の御蔭、日の御蔭と隠れ坐して、安国と平らけく知ろし食さむ国中に、成り出でむ天の益人等が過ち犯しけむ雑々の罪事は、天つ罪と畔放ち、溝埋め、樋放ち、頻蒔き、串刺し、生剝ぎ、逆剝ぎ、屎戸、ここだくの罪を天つ罪と法り別けて、国つ罪と生膚断ち、死膚断ち、白人、こくみ、己が母犯す罪、己が子犯す罪、母と子と犯す罪、子と母と犯す罪、畜犯す罪、昆虫の災、高つ神の災、高つ鳥の災、畜仆し蠱物為る罪、ここだくの罪出でむ。かく出でば、天つ宮事を以ちて、大中臣天つ金木を本打ち切り、末打ち断ちて、千座の置き座に置き足らはして、天つ菅そを本苅り断ち、末苅り切りて、八針に取り辟きて、天つ祝詞の太祝詞事を宣れ。かくのらば、天つ神は天の磐門を押し披きて、天の八重雲をいつのち別きにち別きて、聞こし食さむ。国つ神は高山の末、短山の末に上り坐して、高山のいほり、短山のいほりを撥き別けて、聞こし食さむ。かく聞こし食してば、皇御孫の命の朝庭を始めて、天の下四方の国には、罪と云ふ罪は在らじと、

(D) 科戸の風の天の八重雲を吹き放つ事の如く、朝の御霧、夕の御霧を朝風夕風の吹き掃ふ事の如く、大津辺に居る大船を、舳解き放ち艫解き放ちて、大海の原に押し放つ事の如く、彼方の繁木が本を、焼鎌の敏鎌を以ちて打ち掃ふ事の如く、遺る罪は在らじと、祓へ給ひ清め給ふ事を、

(E) 高山の末短山の末より、さくなだりに落ちたぎつ速川の瀬に坐す瀬織津比咩と云ふ神、大海の原に持ち出でなむ。かく持ち出で往なば、荒塩の塩の八百道の八塩道の塩の八百会に坐す速開津比咩と云ふ神、持ちかか呑みてむ。かくかか呑みてば、気吹戸に坐す気吹戸主と云ふ神、根の国底の国に気吹き放ちてむ。かく気吹き放ちてば、根の国底の国に坐す速佐須良比咩と云ふ神、持ちさすらひ失ひてむ。かく失ひてば、天皇が朝庭に仕へ奉る官々の人等を始めて、天の下四方には、今日より始めて、罪と云ふ罪は在らじと、高天の原に耳振り立てて聞く物と、馬牽き立てて、今年の六月の晦の日の夕日の降ちの大祓に、祓へ給ひ清め給ふ事を、諸聞き食へよと宣ふ。

(F) 四国の卜部等、大川道に持ち退り出でて、祓へ却れと宣ふ。

大祓の祝詞については、これまで度々論じてきた[23]。それらをふまえ、改めて分析を加えておきたい。狭義の大祓に天皇は臨席しない。御贖儀に相当する儀礼がすんだから、もう出るにはおよばないというわけではない。天皇はホノニニギ＝皇孫であり、(C)に明示され

るように、皇孫は「荒ぶる神等をば神問はし問はし賜ひ、神掃ひ掃」った瑞穂の国へ天降った。皇孫自身が「荒ぶる神等」を平定したのではない。それはカムロキ・カムロミの神意により、他の天つ神が派遣されておこなったことである。同様に瑞穂の国に生じた神話的な罪は、皇孫である天皇が直接関与するのではなく、神々のはからいにしたがって祓われる。その現場に天皇が立会っては、天皇自身が穢れる危険にさらされる。豊饒を意味するホノニニギは、自身が浄化の能力を持っているわけではなく、むしろ限りもなく穢れから遠ざけられることで豊饒をもたらしうる。先述のごとく、古代王権の神話的構造は、恩恵と収取の一本の軸によって成立しており、専制君主の支配体制を志向するものであったが、それは見せかけほど強靱ではなく、意外なひ弱さをかくしていた。むろん、現実の王権は罪や穢れを恐れ、暴力とかかわりあうのを忌避していては、国家権力として機能できない。有力な豪族－貴族の合議制によって、天皇（大王）の権能が制約されていたとしても、武力によって敵対勢力を倒し、強圧的に統治するという側面を保持しなくてはならなかった。その側面を神話化したところに神武天皇の物語が成立する。

西郷信綱によれば[24]、「大嘗祭では、荒ぶる神やものどものうようよする原始的混沌を君主たるべきものの力で克服し、それに新しい王権的秩序を与えることが主眼とされていた」（傍点西郷）のであり、「天孫降臨と神武の物語とは共時的である」とされるのだが、返り血を浴びるようにして東征し、みずからも熊野でいったん死んでしまう神武天皇を、かんたんにホノニニギと等置するわけにはゆかない。荒ぶる神を平定するだけなら、天孫降臨に先行するタケミカヅチたちこそ、その任にふさわしい。そこで西郷は「神話や祭式の世界から歴史の世界へ、神代から人代への時間意識の転換」を考え、「この二つの世界の接点に初代君主・神武天皇は立つ」といい、「あらゆる君主が初代君主であったが、その初代君主のなかの大文字の初代君主として歴史物語の主人公とされたのがつまり神武天皇だ」と説く。君主はホノニニギになることで「初代君主」になるが、物語としての歴史へ向けて「大文字の初代君主」つまり神武天皇にもなるというのである。しかしながら、ホノニニギの「分身」といっただけでは、返り血を浴びた「戦士」としての神武天皇の姿はとらえ切れず、さりとて、いきなり物語としての歴史の次元へ引っぱり出しても、神武がなぜ死穢に包まれて即位するのかということが、よりよく理解できるわけではない。「大文字の初代君主」ならぬ歴代の君主は、血塗られた歴史を持った。そういう事実を単純に「大文字の初代君主」に集約したのであろうか。そういうことなら、むしろそれは「初代君主」に限らず、歴代君主の武勲詩として語られてよい。

　丸山静は「いったん人間の世界に『王』というものが発生し、それがある程度に安定した形姿において固定するまでには、その『王』というものそのもののなかに、『王』であるというただそのことによって、みずから腐朽してしまわざるをえないというような、なにやら恐ろしいものが含まれていたのではないか[25]」と問いかける。王が人民を暴力的に支配するから恐ろしいというのとは、見方が違う。王とは「まさに『聖なるもの』であるが、しかし、その『聖なるもの』が『聖なるもの』として持続し、そのものとして純化されてゆくためには、ある恐ろしいもの（violence）を含まざるをえない」と丸山は考える。その「恐ろしいもの」を体現し、ホノニニギを「聖なるもの」たらしめるために、神武天皇は登場する。そうなったとき、日本の王権神話はあの一本の軸に拘束されぬダイナミクスを持ちえたはずである。しかし、王権神話は「恐ろしいもの」として機能すべき神武天皇を、丁重に埋めてしまう。例えば神武東征にしたがう「戦士」集団である「みつみつし久米の子ら」は、大嘗祭では豊明節会（とよのあかりのせちえ）で久米舞を奏するにとどまる。大祓では彼らの出番はない。一方的にホノニニギ＝「聖なるもの」の君臨する神話的秩序が実現されるばかりである。「恐ろしいもの」は「罪」という言葉に閉じこめられ、「穢れ」という観念におおわれて、ひたすら排除すべきものとして構造化される。それにもかかわらず、いつ「恐ろしいもの」が発現するかも知れない。それを防ぐべく、「聖なるもの」としての王権は、あの一本の軸によりかかって、限りもなく清らかであろうとしつづける。[26]

大祓の祝詞では、皇孫の臨席せぬまま、天孫降臨の神話がまず確認される。(C)の冒頭の

「天降し依さし奉りき」までは、以後の儀礼を成立せしめる基本的な前提となっている。大殿祭や崇神を遷し却る祝詞にも、天孫降臨について類似の詞が見られるが、儀礼全体の内容の規模の大きさから見て、大祓の場合が最もふさわしい用い方となっている。むろん、神武東征は前提になりようがない。

6

大祓の祝詞の(C)の分析をつづける。狭義の大祓で祓わるべき罪は「天つ罪」と「国つ罪」に大別される。

天つ罪　畔放ち、溝埋め、樋放ち、頻蒔き、串刺し、生剝ぎ、逆剝ぎ、屎戸。

国つ罪　生膚断ち、死膚断ち、白人、こくみ、己が母犯す罪、己が子犯す罪、母と子と犯す罪、子と母と犯す罪、畜犯す罪、昆虫の災、高つ神の災、高つ鳥の災、畜仆し蠱物為る罪。

天つ罪とは水田稲作農耕に対する神話的な妨害である。「悪意ある呪術(27)」といってもよい。すべてスサノヲの悪行と結びつけて語られた。畔放ち、溝埋め、樋放ちは灌漑用水を破壊する。頻蒔きはすでに種子を蒔いたところへ重ねて種子を蒔くこと。串刺しは田の水面下に串を挿しておき、それと知らずに田に入る人の足を傷つけることではない。神代紀第七段第三の一書には、スサノヲの悪行として、「秋は捶籤し、馬伏す」と列挙する。秋の田に水はない。串は神霊の依代であり、これを挿されると、その田の苅り入れはできない。後世も年貢を納入せぬ荘民に対し、荘園領主側がこの手を用いることがあった。生剥ぎと逆剥ぎは馬の皮を、こともあろうに尻から剥ぎ、血まみれのまま殺してしまうことで、馬伏せは田の中に押し伏せること。いずれも神代紀第七段本文に見える。その馬は「天斑駒」であり、高天の原の馬であった。(E)に「高天の原に耳振り立てて聞く物と、馬牽き立てて」とある。賀茂真淵『祝詞考』(28)に「馬は、耳疾獣なれば、天つ神、国つ神の、此申す詞を、とく聞食に譬て、祓柱とせり」とある。出雲国造神賀詞には白御馬の「振り立つる耳の弥高に、天の下を知ろし食さむ事の志のため」云々とある。馬は耳ざといとされる。ここでは高天の原の神が、あたかも馬が耳ふりたてるように、たちどころにお聞きください、と願うのである。そのために馬六頭が引き出される。したがって、この馬は祓つ物ではない。私の考えでは、このような馬を殺すことは、高天の原の神に向けた神話的回路を切断することになると思う。屎戸も新嘗で収穫を感謝する祭儀のための神殿を屎によって穢すわけだから、神への回路を断つ点で、生剥ぎ逆剥ぎと同じことになる。

要するに、「瑞穂の国」の水田稲作農耕を妨害するのが天つ罪なのである。鈴木重胤

『延喜式祝詞講義』(29)には、「天津罪を宣別て、此を重しと為る事、所由有る事なりけり」とし、これは「御国体に抱る事なるが故に、重きに処く事になむ有ける」とある。かかる罪を祓い清め、排除することは、皇孫の治める「瑞穂の国」の繁栄のために不可欠であった。本居宣長は『古事記伝』で「凡て此御天降段には、稲穂に因れるすぢのこと多きこと」(30)に注意を喚起している。そのことは大嘗祭の秘儀につながり、大祓の祝詞(C)の冒頭で確認される。そして、「天つ罪」が祓い清められることで、繁栄は「瑞穂の国」全体に拡大され、それは班田制と稲による租の収取という律令支配に対応する。いわば〝稲〟の神話が、王権‐国家の次元で確立されているのである。お米は日本人の主食だから大切だ、という素朴な考えは、かかる神話を強調しているようでいて、実は王権‐国家と直結したその構造を見失わせる。それにお米を主食とした人々は身分的にも限られており、この社会全体でお米が主食となっていた時代は、けっして長くはない。神話的な構造と歴史の実態とを混同してはなるまい。

7

国つ罪が何を意味するか、意見が分かれている。石母田正は「神代史におけるスサノヲの諸罪および追放の物語は、おそらく大和の朝廷領たるミタ（屯田）やアガタ（県）における神事をモデルとしたものであり、（中略）かかる神代史の原型が完成した時期、おそらく七世紀以後になってから、それ以外の諸罪を一括した国つ罪という概念も発生したのであろう」という(31)。井上光貞は「祝詞の作者が、この詞章を作るにあたって、いわば文章の表現上のこととして、かつまた、記紀の物語を念頭において仮に設定したもの」と考えた(32)。これに対して、大林太良は『古事記』に仲哀天皇死後「国の大ぬさを取りて、生剝ぎ、逆剝ぎ、あ離ち、溝埋み、屎戸、上通下婚（おやこたはけ）、馬婚、牛婚、鶏（とり）婚、犬婚の罪の類（たぐひ）を種々（くさぐさ）求（ま）ぎて、国の大祓し」たとあるところから、「天つ罪」「国つ罪」という呼称は別として、「両者は別に入り乱れておらず、これら二つの範疇がすでにかたまっていた」とし、「国津罪とは、国津神ないし、《国の中の人民》が、それより一段下のレヴェルの雑神や自然のレヴェルにまで身をおとして、禽獣にひとしい所業を行ない、あるいは鳥獣の害をうけることである」と説く(33)。

大祓の祝詞の成立は、石母田のいうように七世紀後半と見当をつけてよかろう。岡田精司によれば、律令的祭祀の形成過程と神祇官の成立過程はほぼ一致しており、その祭祀形態は『浄御原令』で完成の域に達した(34)。大祓の祝詞の詞章は、おおよそはその頃固まったものと見ておく。青木紀元は祝詞のなかで、(C)が一番古く（第一次成立）、(A)・(D)がこれに次ぎ（第二次成立）、(B)・(E)を平安期の成立（第三次成立）とし、(F)を除外して考えている[35]。しかし、別稿[36]で指摘したように、(B)・(C)・(E)は一連の構成である。このことは後述する。(D)のみやや不自然な重複になっているので、追加された可能性が認められる。(F)は当初からあると見るのが自然であろう。

国つ罪が天つ罪同様に独自の範疇を形成していることは、大林のいうとおりである。ただし、それは自然や禽獣のレヴェルに身をおとすこととは別の話である。生膚断ちと死膚断ちとは、流血による穢れをもたらす行為である。死穢とのかかわりを考えてもよい。具体的には動物を殺傷することである。本来、狩猟や漁撈を生業とする立場から見れば、穢れとしておとしめらるべきでない、当然の行為である。その行為に対して、国つ罪の範疇では神話的に負価を与えるのである。人間の殺傷まで拡大して考えれば、これは武人の戦闘と関連する。戸田芳実によれば[37]、「平安時代の武士は特殊な兵士材料にもとづく騎猟兵をその原型として国家の軍制改革の過程に登場し、王朝国家および諸国衙の軍事警察機構と不可分の関係をもつ職業的戦士身分として発展した」のであるが、「郡司百姓らが国府近辺に集住する国司郎等ら軍事集団を『屠膾之類』と呼んで蔑視したのは、直接には彼ら国司直属の武士たちが日常的に鹿狩・鷹狩・川狩など狩猟・漁撈などの殺生を業としているからであった」という。伊藤喜良の指摘にしたがえば[38]、戦乱を鎮圧した将軍が入京するときは宇治川、桂川、鴨川、淀川などで死穢を祓い流したが、これは『儀式』に「久しく戦場を経て、戮（りく）殺の裁、多きゆゑなり」とあるによるという。狩猟・漁撈と戦闘とをいきなり同一視するわけにはゆかぬが、それにもかかわらず、生膚断ちと死膚断ちは「戦士」（後代の武士をふくめて）を忌まわしいものとして扱う根拠となるのである。丸山静は一九八六年の草稿と推定される「小栗判官」[39]のなかで、こういっている。

　しかし、『オデュッセイア』という「戦死の帰還」を語る「叙事詩」は、それに先行するものとしての神話、G・デュメジルのいわゆる「戦士の罪」という神話をもっていたのではないか、そしてそこまで遡源すれば、主人公が元の姿を失うことは、たんなる戦術的レヴェルの出来事でなくて、神話そのものの「構造」的な、必然的な契機ということになる。（傍点丸山）

『オデュッセイア』は漂流・冒険の物語として成長するにつれ、「戦士の罪」という神話の核がはっきりしなくなり、そのために、「元の姿をとり返す」手段として、オデュッセウスしかできぬ特技を示す「弓取の段」が、必然性の弱いものとなっていった。丸山静はそう考える。丸山は説経の『をぐり』から、「だれかが勝手にこしらえた作品というようなものではなく、語り難いけれども、どうしても語り伝えられなければならないもの、私たちがとっくの昔に忘れてしまっているが、いまこそどうしても思い出さなければならないもの」をさぐり出そうとしたのであって(40)、そのなかで「戦士の罪」という不思議な観念にぶつかった。血まみれになって死と殺戮の世界から帰ってくる「戦士」は、小栗判官が「餓鬼阿弥」になったように、「元の姿」を失っている。彼らはその恐ろしい姿のまま、「元」の世界へのっそり入ってゆくことは許されない。そんなことをしたら、「元」の世界は目茶苦茶になってしまう。そこで、どうしても「元の姿」にもどるための手続きをおこなわねばならないのである。ところが、日本の古代王権は、はじめから「恐ろしいもの」を回避し、ひたすら「聖なるもの」を求めつづけた結果、「戦士の罪」をそのものとしてとらえようとせず、「ハックニシラススメラミコト」としての神武天皇の姿をも、丁重にかくしてしまった。そのために、王権は帰還する将兵を「元の姿」にもどすための神話や祭儀を用意できず、ただもう祓い清めるほかはない。かような王権にあっては、人間が生きてゆくために不可欠の生業も、集団的でありときに権力の発動でもある暴力も、ともに国つ罪として忌避されることになる。前者は自然のなかの生物という異質なものを人間生活のなかにとりこむことであり、後者は外敵という異質なものを想定し排除することであって、等置すべきでないが、日本の古代王権はそれを区分けする力を欠落させていった。大祓の祝詞から『儀式』巻十の「将軍、節刀を進す儀」にいたる神話・祭儀固有の歴史をたどりながら、私どもはそのことの重さを受けとめて、読み解かねばなるまい。

白人とこくみについては、さまざまな解釈がある。後述する『中臣祓訓解』は、中世の注釈の多義性を示す早い例であり、そのまま大祓の祝詞にあてはめることはできないが、そこに白人を「白癩」、こくみを「黒癩」とする解が記されているのは注目される。次田潤は諸説に目配りした上で、「推古天皇紀二十年の条に白癩の語があつて、之を『シラハダ』と訓んでゐるのは、和名抄の之良波太に相当し、又大祓詞の白人と意義が相通じるやうである。又胡久美を濃膿と解する事が出来るとすれば、これ亦黒癩と見る説に道理がある」という[41]。推古紀二十年（六一二）是歳条には、こう記されている。

是歳(ことし)、百済国(くだらのくに)より化来(おのづからにまうく)る者有り。其の面身(おもてむくろ)、皆斑白(まだら)なり。若(も)しくは白癩(しらはた)有る者か。其の人に異(け)なることを悪(にく)みて、海中(わたなか)の嶋に棄てむとす。

幸いにして、この渡来人は庭を作る技能を持っており、それを誇示し、かつは呪術的な脅迫をもおこなったため、「路子工(みちこのたくみ)」と世人に称せられるほどになった[42]。しかし、「白癩」を病むかと疑われただけで、いったんは海中の島にすてられそうになったという。「癩者」と呼ばれた人たちに対する、偏見にみちた差別が古代に見られたことの、早い例である。『令義解』[43]には「悪疾」のことを「白癩なり」と記す。「亦能(またよ)く傍(かたはら)の人に注染す。故(ゆゑ)に人と床を同じくすべからざるなり」ともいう。『令集解』[44]も「悪疾」は「病癩」だとし、「色類一に非ず」と記し、人は近づくのを欲しないという。感染を恐れたというが、伝染する病気は他にも多い。血の穢れという神話上の偏見によるところがあろう。仏教側から「先世の罪業」によって「白癩」「黒癩」になるのだとする「業病観」は、十二世紀の成立といわれる。(45)横井清は『今昔物語集』(46)巻二十の「比叡山ノ僧心懐、嫉妬ニ依リテ現報ヲ感ジタル語(コト)」を引きあいに出して、「癩者」を「穢＝不浄の認識」でとらえていると指摘した。「罹病の原因」と見られたのは「厳(イツクシキ)法会ヲ妨ゲ、我ガ身賤(イヤシ)クシテ、止事(ヤム)无(な)キ僧ヲ嫉妬セルニ依テ、現報ヲ新タニ感ゼル也」というところにあり、癩を病むのは「現世での報い」と評されたという。(47)「前世」であれ「現世」であれ、「癩業」は「罪業」の報いとされたのである。ただし、仏教側より押しつけられた偏見の枠組をはずしてみても、

而ル不(問カ)白癩(シラハダケ)ト云テ病付テ、祖(オヤ)ト契リシ乳母(メノト)モ、穢(キタ)ナムトテ不令寄(ヨラシメ)ズ。

とあるところに、「業病観」成立以前に見られた、穢れへの忌避を認めうる。この乳母は心懐が「現報」をえたことを嫌ったのではない。そのような穢れが国つ罪として、王権－国家の次元で制度化されている。白人とこくみについて、私はこのように考えつづけている。

8

大祓の祝詞の(C)の国つ罪について、さらに分析を進めたい。近親婚としては、己が母犯す罪、己が子犯す罪、母と子と犯す罪、子と母と犯す罪が挙げられている。兄妹婚ははじめから遠ざけられている。その理由はすでに述べた。母子婚は挙げられているものの、他の近親相姦と並べられており、その一番初めに位置づけられたというにとどまる。父子婚は大陸に由来する父系制の影響により、〝血〟の起源が父に求められる可能性が強まっていることを意味しようか。母と子と犯す罪、子と母と犯す罪とは、男が妻とその娘、妻とその母との相姦をなすことである。吉田孝が、「大祓の祝詞における夫と『妻の娘』、夫と『妻の母』との関係も、母系的紐帯の強さを示すと同時に、夫による訪婚（夫妻が別居していて夫が妻のもとに通う婚姻形態、いわゆる妻問婚）や妻方居住（夫が妻方の住処に一緒に住む形態）を前提とすると理解し易く、インセスト・タブーにも居住の原理が作用していた[48]」と想定したのは、祝詞にある程度現実が反映しているものと考えれば、ありえないことではない。母子婚と他の近親相姦とが並列されていることから見て、王権神話の構造にゆるみが生じており、それに応じて社会の実態が神話の構造をゆるがしていると見ることも可能だからである。しかしながら、それはあくまで一側面における可能性にとどまる。現実には他の性的に不道徳な行為のほうが、より多く生じえたはずである。つづけて吉田が、「とくに『妻の娘』は、明らかに自分の娘ではなく（もし自分の娘であれば『己が子犯せる罪』にあたる）、『妻の前夫の子』にあたるが、その間にインセスト・タブーが設けられているのは、母と子との結び付きのほうが、夫と妻との結び付きよりも強かったことを想定させ、母と（未婚の）子とからなる小集団が、社会のもっとも基礎的な単位であったことを推測させる。イロハ（生母）、イロセ・イロモ（同母兄弟姉妹）の『イロ』が生母・同腹を示すのに対して、それに相当する『同父』を示す日本語がないことも、そのことを裏付けるであろう」といっているのは、神話と現実の混同になりはしないかと思われる。神話的な〝血〟の流れは、すでに見たように、母系制に適合しやすいのであって、理念上その流れに不用意な混乱が生じ、母系の系譜が攪乱されることを示したものととらえておけばよく、それをただちに現実の生活の反映と見るべきではなかろう。もし、これを現実の反映と見なせば、古代人は母子相姦や獣婚を、王権‐国家が格別問題にせざるをえないほど、やたらにおこなっていたことになる。呆れるばかり、異様な社会というほかはない。歌垣にうかがいうるように、神話的幻想としても、古代人の性はもっと別な方向で解放されえたのではないか。要するに、四種の近親婚は血筋の乱れとして、神話的な範疇において挙げられたものと考えられる。そのなかで母子婚をとくに王権にひき寄せて物語る必要のないほど、王権は〝血〟の始原を屈従せしめる物語を意図的に創出していた。

畜犯す罪、昆虫の災、高つ神の災、高つ鳥の災については、いささか大胆に仮説を立てねばならない。畜犯す罪は仲哀記の示すように、馬婚や牛婚、鶏婚、犬婚など、文字通り獣姦のことと解される。昆虫の災は蛇や百足（蜈蚣）の害のことという。大殿祭の祝詞には左のごとくある。

此の敷き坐す大宮地は、底つ磐根の極み、下つ綱根、はふ虫の禍無く、高天の原は、青雲の靄く極み、天の血垂、飛ぶ鳥の禍無く、掘り堅めたる柱、桁、梁、戸、牖の錯ひ、動き鳴る事無く、引き結べる葛目の緩ひ、取り葺ける草の噪き無く、御床つひのさやぎ、夜めのいすすき、いづつしき事無く、平らけく安らけく護ひ奉る神の御名を白さく。

大殿祭の祝詞の場合、下つ綱根とは家屋の柱の下部で横木を結びつける綱と考えられる。そこに蛇や百足がいて害をなすのが、昆虫の災と解される。大祓の祝詞にいう高つ神の災は、落雷のことという。大殿祭の場合だけを見ると、飛ぶ鳥が空から血を落とすのが、高つ鳥の災ということになる。大祓の祝詞にいう高つ鳥の災には、このほかに鳥の不浄物でカマドが汚されることだとする解釈もある。こんなふうにいわれると、天つ罪の串刺しを水田に串を刺し、田にふみ入れた足を傷つけることだとするような、現実的で経験的な感覚にもとづく解釈を聞かされたのと同じ気がする。天の石屋戸神話は日蝕のお話なのだと説明されたのと似て、一見合理的に見えるものの、神話は現実の模写ではなく、祭儀の言語はそれにふさわしい読解が必要ではないかと考えたくなる。折口信夫は「這ふ虫の災は、幸福ではないが、神来臨の兆或は、降臨中の神あることを示すものらしい」といい、「高津鳥・高津神共に、外から触れ来つたものによつて穢れたのではない。霊的なものが来り臨むしるしである(49)」といっている。そこは折口流、例によって神秘化するのであろうと思いこむ前に、すなおにその辺から考えなおしてみたい。

折口は畜犯す罪については何もいっていないが、祝詞ではこれは四種の近親婚の罪と三種の災いを結ぶところに配置されている。つまり、相手が獣とはいえ、負性を帯びた性的交渉を持つわけだから、近親婚同様「罪」と称されるが、獣を蛇や百足、雷や鳥と同列に見れば、「災」と称しても不思議ではない。畜犯す罪が現実の異様な行為をさすのではなく、神話‐祭儀上の言語的表現だと考えれば、だれしも異類婚姻譚のいくつかを想起するであろう。大祓の祝詞はそれをおとしめたいい方で示したので、あるまじき性行為という極端な事例のほうを連想してしまうのだ。仲哀記の記事も、そのことを念頭において読まねばなるまい。あれも「国の大祓」のときの話なのである。伊勢以前の、古き王権の聖地とされた三輪山の神が雷であり蛇でもあり、人間の女と性的交渉を持ったという記紀の神話を想起してもよい。さらにいえば、ホヲリノミコトの妻は「八尋わに」つまり八尋の長さの鮫であったし、『日本霊異記』[50]によれば美濃国の大野郡の男と結ばれたのは「野干」(狐)であり、「其の相生ましめし子の名を岐都称と号く。亦其の子の姓を狐の直と負ほす」という念の入れようであった。いずれの場合も、異類としての神が人と婚姻する。[51]昆虫を蛇神におきかえれば、畜犯す罪と昆虫の災とは、内容的にも隣接する。神話の約束事では、蛇神は雷神なのであるから、高つ神の災とも等置しうるはずである。

先に見たように、高つ鳥の災は大殿祭の祝詞では「天の血垂、飛ぶ鳥の禍」とされている。天孫降臨に先立ち、「瑞穂の国」(「葦原の中つ国」)の荒ぶる神たちを鎮圧するため、アメノホヒやタケミクマを遣わしたが、いずれも「返り言」(報告)を怠った。「祟神を遷し却る」の祝詞では、

又遣はしし天若彦も、返り言申さずて、高つ鳥の殃に依りて、立ち処に身亡せにき。

とある。この部分は、後代『倭姫命世記』でもそのまま用いている。王権神話と直接対応した話なので、大祓の祝詞の(C)の「災」のなかでは、一番説明しやすい。神代紀第九段本文では、天上より派遣されながら、復命せぬアメワカヒコの様子を見るため、ナナシキギシという雉が改めて派遣された。アメワカヒコは雉を射殺したが、はるか天にまでとどい

たその矢が血に濡れているので、タカミムスヒが矢を投げ返した。「時に、天稚彦(あめわかひこ)、新嘗(にひなへ)して休臥(ねふ)せる時なり。矢に中(あた)りて立(たちどころ)に死ぬ」という。

　神の血を受ければ、その血筋の者は超人間的な能力を持ちうる。崇神紀によれば、天下に疫病が流行し、社会不安がたかまったとき、三輪山の神オホモノヌシとイクタマヨリビメの間にできた子オホタタネコは、オホモノヌシを祭り、国内を鎮めた。これは三輪山の神が人間の女のもとに通い、子を生ましめたという話と重なる。美濃国の男が狐と通じて生まれた子も、「強き力多(あまた)有り、走ること疾(はや)くして鳥の飛ぶが如し」といわれた。こうした神の血が、王権神話の秩序を逸脱して民間の家筋に伝わると、民間の家筋が神話的に王権を凌駕するようになるかも知れぬ。王権－国家の側からすれば、かような血の拡散は、抑圧されねばならない。異類神との通婚は、畜犯す罪をはじめ、昆虫の災や高つ神の災として、おとしめられ、祓い清められるのである。同時に、昆虫の災や高つ神の災、それにアメワカヒコと雉の死をかくした高つ鳥の災は、民間に神が不用意に来臨することをも意味したから、これまた忌避された。そのすぐれた能力を伝える家筋は、本来ならば尊敬され信頼されてよいところを、反対に忌避され不当にも差別される。鈴木重胤が『祝詞講義』のなかで、畜仆し蠱物為る罪について、「世に多く有る犬神、又は狐惑(キツネツカヒ)などの類を云なり」といっているのは、憑(つ)きもの筋の家に対する偏見を示したものである。憑きものは母から娘へ伝わると考えられているが(52)、これは母系制のおとしめられた形態と思われる。

大祓の国つ罪とは、流血の穢れ、血そのものの穢れ、血筋の乱れ、異類神の血筋の成立とその血筋の異能等に対して、これを排除し、抑制しようとするものと思われる。むろん、不当な偏見と差別はさまざまの時代と社会に認められるのであって、日本の古代に固有の現象ではない。しかしながら、それを王権の神話と祭式・儀礼において制度化してゆくのは、大祓の特徴といってよかろう。そして、天つ罪が〝稲〟の神話に対応しているように、国つ罪はいわば〝血〟の神話に対応していると考えられる。国郡制のもとで郷として位置づけられた共同体は、それが上から押しつけられた行政的区画であって、かならずしも集落の実態と一致するものではなかったとはいえ、一律に水田での稲作農耕を営むものと観念的に規定された。また戸籍によって掌握された戸は、その内に世帯共同体を抱え、分裂・葛藤を生じながら、家という観念を強めてゆく。かような共同体の在り方を神話的に妨害するのが天つ罪であり、家が強力になり、既存の秩序から逸脱するよう促すのが国つ罪である。天つ神が国つ神より優位であるように、天つ罪のほうが国つ罪よりも重大である。これは重胤のいうとおりである。〝血〟の神話による社会的関係としての家（家族）が、共同体の秩序から逸脱し、それより優位に立とうとするのを防ぐためには、既存の共同体をも、あらたな家をも超越した観念的中枢として王権を喚起し、その王権によって共同体を〝稲〟の神話で補強してやり、家の上位におくことが必要になる。そのため、王権は「現つ神」としてのホノニニギとして表象され、その国家は宇宙軸の上では「葦原の中つ国」であり、同時に〝稲〟の神話につらぬかれた「瑞穂の国」ともされる。〝稲〟の王権支配下の全共同体を統合した「瑞穂の国」は、狭義の大祓によって天つ罪を祓い清められて繁栄し、その下にあるべき家は国つ罪を祓い清められて、秩序のなかで安定せしめられる。それが大祓の基本的構造なのである。大嘗祭なくして大祓は成立しないし、大祓なくして大嘗祭は完結しない。

9

天つ罪と国つ罪が国中に出てきたとき、中臣(なかとみ)は何をなすべきか。大祓の祝詞の(C)は、次のようにいう。

かく出でば、天つ宮事を以ちて、大中臣天つ金木を本打ち切り、末打ち断ちて、千座の置き座に置き足らはして、天つ菅そを本苅り断ち、末苅り切りて、八針に取り辟きて、天つ祝詞の太祝詞事を宣れ。

「宣(の)れ」という以上、この命令は神もしくは「現つ神」としての天皇が発するものでなくてはならない。「天つ祝詞の太祝詞事」とは、中臣が宣している大祓の祝詞ではないという見解がある。現に中臣自身が大祓の祝詞を宣しておきながら、ほかならぬその祝詞のなかで自分に向かって「宣れ」というのは不自然だというのである。次田潤は「祓を行ふ時に簡単な神呪を唱へる事」だと解し、[53]金子武雄は「六月晦大祓の文は卜部氏の読むもの」とし、それと「天つ祝詞の太祝詞事」は別なのだという、驚くべき説を出した。[54]青木紀元は具体的に何の祝詞をさすというのでなく、「高天の原の方式に則る立派な祝詞を宣れよという広い意味である」とする。[55]いずれも、養老神祇令の「中臣、祓詞宣べ。卜部、解へ除くこと為よ」という簡潔な記述から、はずれている。中臣が宣るのは大祓の祝詞であり、「宣れ」と命ずるのは「皇親」カムロキやカムロミの神、もしくはその神意を体した「現つ神」であるべきだ。中臣が神とか身分の高い人に申すのではなく、高貴の人が「宣ふ」たことを、「こうおっしゃっておいでですよ」と中臣が取りつぐのでもない。中臣は神もしくは「現つ神」の宣るさまを演じているのである。いわば神聖な演劇で、中臣は神の役柄を演じ、現実のおのれ自身、つまり中臣に対しても、まさに「太祝詞事を宣れ」と命ずるという次第なのだ。あたかも舞台上に仮設されたデンマークの城で、けっしてデンマーク王室の関係者でも何でもない俳優がハムレットを演じるように（といっては、いささか極端な比喩になるが）、どこをどう眺めても朱雀門前の広場としかいいようのない空間で、「天つ宮を事以ちて」高天の原の風儀にのっとって、神話的空間を現出せしめ、そこで中臣は神として大祓の祝詞「天つ祝詞の太祝詞事を宣」るのだ(56)。しかし、神聖な演劇としての大祓は、純然たる芸能・芸術なのではない。それは未分化なままにある。王権‐国家の神話に裏打ちされた祭式‐儀礼でありつつ、神聖な演劇でもありえたといってよい。未分化を負(マイナス)の意味に限定すべきではない。それは重層性をも意味している。

これは(E)の末尾の原文「諸聞食止宣」を、どう訓むかということと関連する。(A)・(B)の末尾も同様である。「宣」を「ノル」と訓めば、神なり「現神」としての天皇なりが、聖なる意向を表明することになる。この場合は、中臣は神や「現つ神」になり切ったようにふるまうのである。「ノタマフ」と訓めば、君主をふくめ上位の者が下位の者にいい聞かせる、おっしゃるの意が強くなり、中臣が尊貴な人の意向を「こうおっしゃっていますよ」と伝宣する立場をとっていると見なしうる。それに応じて「聞食」を「キキタマヘヨ」と下二段活用命令形で訓めば、聞く者がその行為(聞く)を謙譲・卑下することになる。「キキタマヘ」と訓めば、親王以下の、中臣より上位にある人々を意識して、中臣がその人たちに尊敬の意をこめて伝宣したことになる。「キコシメセ」といえば、祭祀官僚としての中臣の立場が色濃くなる。神もしくは天皇が「キキタマヘヨ」というとき、「その言葉が卑者の言葉ではなくなり、天皇の宣ふ言葉として用ゐられ」るのであって、「卑者謙遜の実質的意味は脱落し去つて、ただその形態がもとのままで用ゐられた」と考えられる。[57]そこをもうすこしふみこんでいえば、相手をおとしめ、「承れ」と命ずる尊大表現ということになる。九条家本に施された古訓は「キ、タマヘヨ」とある。「キキタマヘヨトノル」とするのが本来であろう。「天つ宮事を以ちて」という儀礼の在り方に変化が生じ、地上での儀礼で祭祀官僚としての中臣が伝宣するのだという色彩が濃くなれば、聞く親王以下と宣する天皇にそれぞれ尊敬の意をこめて、「キコシメセトノタマフ」と訓むのが、かえって自然だということになる。

(C)と(E)とは対応しており、(C)を第一次の成立、(E)を第三次の成立と見る青木説には、したがいがたい。面倒ながら、もう一度祝詞の本文を読んでいただきたい。(C)に「かくのらば、天つ神は天の磐門を押し披きて、天の八重雲をいつのち別きにち別きて、聞こし食さむ」とあるのに応じて、(E)に「高天の原に耳振り立てて聞く物と、馬牽き立て」るのである。また、(C)に「国つ神は高山の末、短山の末に上り坐して、高山のいほり、短山のいほりを撥き別けて、聞こし食さむ」を受けて、(E)の「高山の末短山の末より」云々が、瑞穂の国より根の国へと罪が運ばれ、祓われてゆくさまをはっきり示す。(C)の「かく聞こし食してば、皇御孫の命の朝庭を始めて、天の下四方の国には罪と云ふ罪は在らじと」とあるのは、(E)の「かく失ひてば、天皇が朝庭に仕へ奉る官々の人等を始めて、天の下四方には、今日より始めて、罪と云ふ罪は在らじと」とつながる。天つ罪と国つ罪を祓い清めることを神が「聞こし食し」、それに応じて罪を大祓で「かく失」うことになるのである。「皇御孫の命の朝庭」はそのまま「天皇が朝庭」なのであり、そのことは神話的空間が地上に現じえたことを意味する。「天つ宮事を以ちて」中臣が「天つ祝詞の太祝詞事を宣」ることは、ここでも確認できる。このように(C)と(E)との対応関係を見てゆくと、(D)はなくもがなの感があり、やはり後補的であるとの印象を与える。(B)の「今年の六月の晦の大祓に、祓へ給ひ清め給ふ事を、諸聞き食へよと宣ふ」と、(E)の「今年の六月の晦の日の夕日の降ちの大祓に、祓へ給ひ清め給ふ事を、諸聞き食へよと宣ふ」とあるのも、みごとに対応している。まず「大祓で祓い清めるぞ」と宣し、最後に「祓い清めたぞ」と結ぶのである。〈(B)+(C)+(E)〉は一連の構成と考えられる。

(F)は儀礼の次第を述べたもので、〈(B)+(C)+(E)〉とくらべると、神話的空間性がやや弱くなる。しかし、祈年祭の祝詞の末尾に、

> 辞別きて、忌部の弱肩に太だすき取り挂けて、持ちゆまはり仕へ奉れる幣帛を、神主、祝部等受け賜はりて、事過たず捧げ持ちて奉れと宣ふ。

とあり、六月月次（十二月も）や大嘗祭（実際には新嘗祭のことをさすという[58]）の祝詞の末尾も同文である。これを祝詞の一部と見なしても、おかしくはない。これに対応する部分を

さかのぼって求めれば、(B)ではなく、やや神話的空間性を弱めた(A)ということになろう。

祈年祭の祝詞の冒頭に、

　集り侍る神主、祝部等、諸聞き食へよと宣ふ。

とあり、六月月次や大嘗祭の祝詞も同様である。(F)の卜部が祓つ物を「大川道に持ち退り出でて、祓へ却」るというのは、(E)の「高山の末短山の末より」以下、「持ちさすらひ失ひてむ」までと対応する。青木紀元は「罪が川→海→根の国・底の国と運ばれ失われると描く文章は、本来の祓えとは異なった新しい思想を持つ」という[59]。天武・持統朝をしも、あたらしいというならば、たしかにそうもいえるが、それならば、そもそも大祓自体があたらしいのだと考えたほうがよい。この点で、考古学の成果に学ぶべきところが多い。例えば金子裕之によれば[60]、「平城京跡で類例を増している祭場が、大祓の祓所である可能性と、これが平城京のみの特殊な現象ではなく、天武・持統朝の祭祀政策のなかから生まれ、長岡京をへて、平安京の七瀬祓へと展開する」という。祓つ物を川へ流すといっても、側溝が祓所（はらえど）となったり、礫と岩ばかりの河原（長岡京跡）であったりするから、「実際に水は流れていずとも、流すという意識に変りがない」とされる。祭祀具としての馬は、土馬・木製馬形・絵馬などがあり、行疫神の乗り物であったり、罪穢を負った人形を根の国へ運ぶものもあったりして、種類によって機能に差があるらしい。天つ神の耳の喩（たと）えとして引き出された馬とは違うようである。後述する御贖儀の祭具ではないか。(E)に見られるように、罪穢はセオリツヒメ、イブキトヌシ、ハヤサスラヒメの四神により運ばれる。四神中三神が女神と確認できる。セオリツヒメは川の神であり、祓の祭場跡と思われる遺跡出土の土馬などによらず、この神自身が「大海の原に持ち出で」る。ハヤアキツヒメは潮流の出会う場所で、「持ちかか呑」む、つまりガブガブ音を立てて呑むという。鳴戸の海の渦巻きを連想させる。罪穢は海中深くへ垂直に吸いこまれてゆくのである。『古事記』にはイザナキとイザナミが生んだ神のなかに、「次に、水戸(みなと)の神、名は速秋津日(はやあきつひ)古(こ)の神、次に、妹速秋津比売の神」と挙げている。「水戸」は河口とか舟のとまる港のことで、渦巻きではない。「この速秋津日子、速秋津比売の二はしらの神、河・海によりて持ち別きて」とあるように、河口を分担したのはハヤアキツヒコであって、ハヤアキツヒメのほうは海を分担する、渦巻きの神であった。ハヤサスラヒメは根の国底の国にあって、罪穢を持ちさすらい、消滅させる。それはスサノヲのような暴力性を体現してはいないが、アマテラスやホノニニギの世界へ浮上することを許されぬ女神であった。後代の道賢上人や甲賀三郎の冥界めぐりは、こうした王権の神話と祭儀の構造を転倒し、中世の神話的世界を形成してゆく。(61)いいかえると、中世神話の主人公たちは、根の国底の国の穢れや暴力を身に帯び、そうなることで世界をゆり動かし、国家とは異なるあらたな人の世(社会)

を造ってゆくのである。

注

（1）〈本居宣長全集〉（筑摩書房）による。

（2）西郷信綱『古事記注釈』一巻（平凡社、一九七五年）。

（3）桜井好朗「社寺縁起の世界」（『中世日本の王権・宗教・芸能』人文書院、一九八八年。初出は一九八六年）。

（4）クロード・レヴィ゠ストロース『人種と歴史』（荒川幾男訳。みすず書房、一九七〇年。原著は一九六一年）は、「未開人とは、何よりも未開人だと信じられた人間のことなのである」という。川田順造編『「未開」概念の再検討』Ⅱ（リブロポート、一九九一年）の諸家の討議からも、「未開」概念成立の困難さをうかがいうる。私自身は歴史叙述に設定される「未開」について、神話的思考に由来すると考えている。桜井好朗「歴史叙述における中世とは何か」（『空より参らむ』人文書院、一九八五年）参照。

（5）吉本隆明『共同幻想論』（河出書房新社、一九六八年）。

（6）西郷信綱「近親相姦と神話」（『古事記研究』未来社、一九七三年。初出は一九七〇年）。

（7）岡田精司「国生み神話について」（『古代王権の祭祀と神話』塙書房、一九七〇年。初出は一九五六年）。

（8）三浦佑之「〈語り〉その表現と構造」（土井清民編『古事記——王権と語り』〈日本文学研究資料新集〉一、有精堂、一九八六年。初出は一九八二年）。

（9）益田勝実「秘儀の島」（『秘儀の島』筑摩書房、一九七六年。初出は一九七一年）。

（10）古橋信孝「兄妹婚の伝承」（古代文学会編『伝承と変容』〈シリーズ・古代の文学〉五、武蔵野書院、一九八〇年）。改稿の上、『神話　物語の文芸史』（ぺりかん社、一九九二年）に収められたが、ここでは初出によって引用する。

（11）神野志隆光『古事記の世界観』（吉川弘文館、一九八六年）。

（12）西郷信綱『古事記の世界』（岩波書店、一九六七年）。

（13）折口信夫「古代生活の研究」（〈折口信夫全集〉新版、二巻、中央公論社、一九六五年。初出は一九二五年）。

（14）ブロニスロー・カスパー・マリノフスキー『西太平洋の遠洋航海者』（寺田和夫・増田義郎訳。〈世界の名著〉五九、中央公論社、一九六七年。原著は一九二二年）。

（15）山口昌男『文化人類学への招待』（岩波書店、一九八二年）。

（16）クロード・メイヤスー『家族制共同体の理論』（川田順造・原口武彦訳。筑摩書房、一九七七年）は、「一人の妻を求めることと、子孫を求めることとが混同されている」と指摘し、「親族は範疇としては、後者の場合にしかあてはまらない」といっている。私は「家族」という社会的関係を縦と横との二面から考えてみたい。

（17）須藤健一『母系社会の構造』（紀伊国屋書店、一九八九年）によれば、ミクロネシアのサタワル島では、子どもの生後一〜二週間以内におこなわれる命名には、「父親が責任をもっており、子どもの母親やそのリニージの人びとは口をはさむことができない」という。また、父親は航海術等の技術教育をふくめ、子どもが成人するまで育児や養育をおこなう。子どもが成人期を過ぎると、「父親はその子どもとの精神的つながりはあるものの、子どもにたいする社会的監督権、つまり権威を『他者』に譲る」。この「他者」は子どもの母方オジである。サタワル社会では「『血』は父と子どもとの血縁関係を、『肉』は個人と母系親族集団との出自関係を示している」が、巨視的にいえば「血」も「肉」も私のいう〝血〟の神話の範疇でとらえてよいと思う。

(18) ロビン・フォックス『親族と婚姻』(川中健二訳。思索社、一九七七年。原著は一九六七年)。

(19) 山口昌男『アフリカの神話的世界』(岩波書店、一九七一年)。

(20) 吉田孝「律令時代の氏族・家族・集落」(『律令国家と古代の社会』岩波書店、一九八三年。初出は一九七六年発表論文であるが、補記に明示されているように、大きく再構成)。

(21) 王権神話における専制君主の兄妹婚・母子婚の占有については、ジル・ドゥルーズ、フェリックス・ガタリ『アンチ・オイディプス』(市倉宏祐訳。河出書房新社、一九八六年。原著は一九七二年)の記述の一部に「私注」を加えるという形式によって、論及した。桜井好朗、前掲「社寺縁起の世界」参照。

(22) 三宅和朗「諸国大祓考」(黛弘道編『古代王権と祭儀』吉川弘文館、一九九〇年)。

(23) 主要なものとしては、桜井好朗「日本中世における熱狂」(前掲『中世日本の王権・宗教・芸能』。初出は一九八五年)、同「芸能史への視座」前掲書。初出は一九八五年)、同「大祓祝詞私釈」(菅孝行編『叢論日本天皇制』Ⅲ、柘植書房、一九八八年)、同「中世神道における注釈の言語」(『椙山女学園大学短期大学部二十周年記念論集』一九八九年)。
(24) 西郷信綱「神武天皇」(前掲『古事記研究』。初出は一九六七年)。
(25) 丸山静「馬頭観音」(『熊野考』せりか書房、一九八九年。初出は一九七〇年)。
(26) 天皇が陸海軍を統帥する近代に、神武天皇の再評価の機運がたかまったのは、偶然とは思われない。ただし、これは古代の王権神話とはかならずしも直結しない次元の問題であり、近代の国家神話として扱うべきであろう。近代の国家神話の構造分析は、あまりなされていないように思う。
(27) 金子武雄「『天津罪・国津罪』考」(『延喜式祝詞講』論註篇、武蔵野書院、一九五一年)。
(28) 宮地直一・山本信哉・河野省三編『大祓詞註釈大成』中巻(内外書籍、一九三八年)による。
(29) 同前。
(30) 〈本居宣長全集〉一〇巻(筑摩書房、一九六八年)。
(31) 石母田正「古代法小史」(『日本古代国家論』第一部、岩波書店、一九七三年。初出は一九六二年)。
(32) 井上光貞「古典における罪と制裁」(『日本古代国家の研究』岩波書店、一九六五年。初出は一九六四年）。

(33) 大林太良「天津神・国津神と天津罪・国津罪」（『日本神話の構造』弘文堂、一九七五年。初出は一九七一年）。

(34) 岡田精司「律令的祭祀形態の成立」（前掲『古代王権の祭祀と神話』。同書初出）。

(35) 青木紀元「大祓の詞の構造と成立過程」（『祝詞古伝承の研究』国書刊行会、一九八五年）。

(36) 桜井好朗、前掲「大祓祝詞私釈」。

(37) 戸田芳実「国衙軍制の形成過程」（『初期中世社会史の研究』東京大学出版会、一九九一年。初出は一九七〇年）。

(38) 伊藤喜良「中世における天皇の呪的権威とは何か」（『歴史評論』四三七号、一九八六年）。

(39) 丸山静「小栗判官」（前掲『熊野考』）。

(40) 丸山静「失った姿の回復」（前掲書。初出は一九七八年）。

(41) 次田潤『祝詞新講』（明治書院、一九二七年）。

(42) 桜井好朗「庭に歴史を語らせる」（『is』二六号、一九八四年）。

(43) 〈新訂増補国史大系〉により訓み下す。

(44) 同前。

(45) 黒田日出男「中世民衆の皮膚感覚と恐怖」（『境界の中世　象徴の中世』東京大学出版会、一九八六年。初出は一九八二年）。

(46) 〈日本古典文学大系〉による。

(47) 横井清「中世民衆史における『癩者』と『不具』の問題」(『中世民衆の生活文化』東京大学出版会、一九七五年。初出は一九七四年)。

(48) 吉田孝、前掲「律令時代の氏族・家族・集落」。

(49) 折口信夫「道徳の発生」(〈折口信夫全集〉新版、一五巻、中央公論社、一九五五年。初出は一九四九年)。

(50) 〈日本古典文学大系〉による。

(51) 本書および注(23)に示した論述発表以前に、畜犯す罪について、平野孝国「罪の文化的意義」(『神道宗教』七五~七九合併号、一九七五年)が「異類婚」と関連させて論及していることを知った。同論文の該当箇所全文を左に引用する。

獣類女房の話も、昔話や語り物の世界では成立し、時としては鶴女房の如く、富を齎すこともあったが、その正体が知れた段階では、聞き手のあわれを誘いながらも、必ず別れなければならなかった。孝行な末娘が、親の頼みで、猿の嫁になっても、決して仕合せな生活を送る結末とはならない。所詮、猿は猿知恵として、異類の求婚を物笑いにしている。

豊玉姫が天津神の子を産む話も、鰐の姿を見られて恥じ恨み、海に帰ったという点だけは、異類婚的であるが、皇統直系のミコを生んで帰るのだから、全く別種である。ここでは結婚そのものを破戒視しているのでなく、妻の族霊信仰にまつわる禁忌を、宿命的前提として、今に伝えたものであろう。いずれにせよ、異類との交りは、呪われた結

果を生む、最も非人道的行為として、人からも忌まれた。神の悪み給う罪と考えたから
であろう。
問題はなぜ神話上の異類婚が「人からも忌まれ」て、「神の悪み給う罪」とされるように
なったかであろう。なお、平野孝国『神道世界の構造』（ぺりかん社、一九八八年）第二章
第五節は、同論文をもとに書きなおされたものであるが、引用部分は削除されている。なぜ
か。惜しまれる。

(52) 石塚尊俊『日本の憑きもの』（未来社、一九五九年）、吉田禎吾『日本の憑きもの』（中央公論社、一九七二年）。

(53) 次田潤、前掲『祝詞新講』。

(54) 金子武雄「六月晦大祓宣読者考」（前掲『延喜式祝詞講』論註篇）。

(55) 青木紀元「大祓の詞の『天津祝詞の太祝詞事』」（前掲『祝詞古伝承の研究』）。

(56) 桜井好朗「中世の王権神話」（『日本文学』三九巻三号、一九九〇年）。

(57) 三宅清「『申したまふ』について」（『祝詞宣命研究』私家版、一九七五年）。

(58) 次田潤、前掲『祝詞新講』。

(59) 青木紀元、前掲「大祓の詞の構造と成立過程」。

(60) 金子裕之「平城京と祭場」（『国立歴史民俗博物館研究報告』七集、本篇、一九八五年）。

(61) 桜井好朗『神々の変貌』（東京大学出版会、一九七六年）、同「しんとく丸の世界」（『中世日本文化の形成』東京大学出版会、一九八一年。初出は一九七九・八〇年）、同「小栗判官

の世界」（前掲『中世日本の王権・宗教・芸能』。初出は一九八五年）。

Ⅱ　儀礼国家の形成

住吉大社全景

能のシテが橋がかりから舞台へ進むように、住吉の神は海へつつっとふみ出す。その動作がそのままに社殿配置に表わされている。海のかなたに神は何を見たか。

（住吉大社提供）

一　儀礼国家の神話的位相（その一）

1

すでに見たように、養老神祇令の六月と十二月の晦の日の大祓の条文の前半には、「中臣、御祓麻上れ。東西の文部、祓の刀上りて、祓詞読め」とあった。その祓詞とは『延喜式』によれば、左のごとくである。

> 謹みて請ふ。皇天上帝、三極大君、日月星辰、八方諸神、司命司籍、左は東王父、右は西王母、五方五帝、四時四気。捧ぐるに禄人を以ちてし、禍災を除かむことを請ふ。捧ぐるに金刀を以ちてし、帝祚を延べむことを請ふ。呪に曰く、東は扶桑に至り、西は虞淵に至り、南は炎光に至り、北は弱水に至り、千城百国、精治万歳々々。

まず道教や陰陽道系の神名を列挙して、祈るのである。その際、金銀を塗った人形（禄人）を捧げて天皇の身におよぶ禍災を除き、金装横刀を捧げて帝位（帝祚）の長くなるよう願う。壬申の乱後陰陽寮が設けられており、記紀神話にもとづく祭儀とは別に、このような祭儀が採用され、大祓のなかでおこなわれた。その結果、「祓がたんなる穢の除去に止らず、瑞祥をことほぐ道教的陰陽道的行事」ともなった。[1] これはまったく中国風であり、呪文にあるように、天下が泰平で君主の治世が永遠であれとの祈りがおよぶのは、中国の想像上の四方の境界までである。したがって、「東は扶桑に至り」とあるごとく、日本はその境界の外という不都合なことになる。いいかえると、「瑞穂の国」に相当するのは中国で、日本は水平面におき変えられた根の国のごとき存在の一つと見なされてしまう。このような祓詞を、「東文忌寸部(やまとのふみのいみきべ)」阿知使主(あちのおみ)の子孫、「西文部(かふちのふみべ)」王仁(わに)の子孫といわれる渡来人系の人たちが読むのである。ずいぶん奇妙であり、見ようによっては滑稽でもあることを、ことの性格上まじめにおこなったわけである。「現つ神(あきつかみ)」としての天皇は、大嘗祭にお いて代々の新帝によって演じられ、その都度「皇孫(すめみま)」となって降臨するから、その意味で死ぬことはない。しかし、「現し身(うつしみ)」の天皇は、常人同様、限られた生命しか持っていないのだから、当然病み、かつ死ぬ。記紀はホノニニギがコノハナノサクヤビメと結ばれて以降、君主の生命が長くはなくなったと説くが、その対策を語っていない。そこで記紀神話の枠外の除災延命の法が、中国伝来の祭儀をもとにして、渡来系の人たちによっておこなわれることになった。

これは大祓という儀礼全体に、避けがたい亀裂を生じた。まず天皇の穢れを祓い、しかる後に親王以下の罪穢を祓い清めるという単純な話ではない。狭義の大祓で親王以下百官にいたるまでの人たちの「過ち犯しけむ雑々の罪」を「天つ罪」と「国つ罪」とに宣り分けて、根の国へと「祓へ却(や)」ったのは、皇孫ホノニニギとしての天皇の治める「瑞穂の国」の内が平安になり、その支配秩序が神話的に活性化するためである。すなわち、「我が皇御孫(すめみま)の命は豊葦原の水穂の国を、安国と平らけく知ろし食(め)せと、事依さし奉り」たる神意に応えて、「安国と平らけく知らし食さむ国中」より罪穢を排除し、「皇御孫の命の朝庭を始めて、天の下四方の国には、罪と云ふ罪は在らじ」という状態を回復するためである。そして大祓では、高天の原の神々の耳に達するように、そのことを報告するのである。身分の高低を問わず、個々の人間の禍災が除かれ、その生活が平安になったことを、高天の原に報告する必要はない。そんな報告を予測した神勅はどこにもないからである。これに対して、神祇令の記す大祓の前半は、そういうことと関係なく、天皇の個体「現し身」の安穏を祈願するためにのみおこなわれる。その祈願を聞いてくれるのは、高天の原の神とは異質の、異国伝来の神々であった。このように、大祓の後半と前半とは、王権の神話‐祭儀として異質であり、その間に断絶があった。それゆえ、前半の祭儀は別に道教や陰陽道と限らず、さまざまの信仰と習合した仏教（とくに密教）によっておこなわれる修法のかたちをとっても、支障はない。『日本書紀』天武天皇五年（六七六）八月十六日条には、次のごとき記事がある。

> 詔して曰はく、「四方に大解除せむ。用ゐむ物は、国別に国造輸せ。祓柱は馬一匹、布一常。以外は郡司、各刀一口、鹿皮一張、钁一口、刀子一口、鎌一口、矢一具、稲一束。且戸毎に、麻一条」とのたまふ。

この馬は生きており、「高原の原に耳振り立てて聞く物と、馬牽き立てて」の馬とは同列に論じがたい。さりとて、疫神を乗せていったり、災いをになって川に流されるというのも、不自然のように思うが、どちらかといえば、祓つ物としての役割りを演じさせられたものかと推察される。そう考える根拠は、天武十年（六八一）七月三十日条に「天下に令して、悉に大解除せしむ。此の時に当りて、国造等、各祓柱奴婢一口を出して解除す」とあるによる。神野清一は「清浄きわまりない大王（天武）を一方でつくり出すと同時に、罪穢をその一身に負う奴婢（賤民）という虚偽意識もまた生みだされる」という。(2)限りもなく清らかな「現つ神」が存在するためには、その対極に神話的に穢れを負わされる人たちがいなくてはならない。高天の原の対極に根の国が存在することと同様に、構造上そうならざるをえないのである。古代王権の神話的観念による身分的差別が、中世や近世の差別と異なるのは当然であるが、だからといって古代に差別が存在しないかのような幻想にとらわれるのは、批判さるべきであろう。奴婢が祓つ物でありうる以上、生きた馬が祓つ物とされてもおかしくはない。ただし、祝詞の馬との関係は、かならずしもあきらかではない。それはそれとして、天武天皇五年八月十七日、つまり馬を祓つ物とした四方の大祓の翌日、次のようなことがあった。

詔して曰く、「死刑、没官、三流は、並に一等降せ。徒罪より以下は、已発覚、未発覚、悉に赦せ。唯し既に配流されたるのみは、赦す例に在らず」とのたまふ。是の日に、諸国に詔して、放生たしむ。

青木紀元の指摘するように、大祓をおこなうことと、現実の社会生活上の犯罪人に対し刑罰を減免することと、さらに仏教的な慈悲行として山野河海に魚鳥を放ちやることとは、ひとつながりの国家的行事となる[3]。それぞれは次元を異にする別の行事であるが、王権神話を軸として、異質なものがそのままで共存しうるのである。見方によっては奇妙ともいえる共存は、記紀神話の枠組から逸脱している大祓前半の祭儀が、狭義の大祓から分離し、道教陰陽道と限らず、密教の修法と同列にあつかわれるようになっていったことと、関連している。先述のごとく、王権における一本の軸は、専制君主制にかなう構造として発現するが、それにもかかわらず、この軸は意外に脆弱なのであり、大祓自体の亀裂からも、それをうかがうことができよう。

『儀式』によると、大祓の前半は「御贖の儀」として「大祓の儀」と並記されている。『延喜式』も同様である。この段階で私どもはその内容を具体的にたどりうるようになるが、さらにくわしくは『西宮記』『北山抄』や、『江家次第』所収『清涼記』等によって補わねばならない。

六月と十二月の晦の御贖では、まず中臣が御麻を天皇に奉る。中臣の女がこれを取り次ぎ、天皇はこの麻で体を一撫でして卜部に授け、卜部は祓の所に向かう。次に東文部が横刀を奉る。このときに、祓詞を読む。つまり呪を唱えるものと思われる。刀に呪力を帯びさせるわけである。中臣の女がこれを取り次ぎ、天皇はこれを一吻きする。西文部の進退は東文部と同様である。次に宮主が荒世の御服を中臣に渡す。中臣の女がこれを受け、『儀式』や『延喜式』では、「御体を執り量ること、惣じて五度」とある。宮主は坩（壺）を中臣に渡し、中臣の女が取り次ぎ、天皇は口気を三度吹きこむ。宮主はこの坩に向けて呪文を唱え、卜部に授ける。和世の儀も、同様にしておこなわれる。『儀式』は「其の荒世は卜部に賜ひ、和世は宮主に賜」うとする。『延喜式』でも「其の荒服は卜部に賜ひ、和服は宮主に賜ふ」とある。衣服もしくはそれを象徴する布かと思われる。ただこれによって天皇の体を五度量るというのが、明瞭でない。着衣の上、寸法を量る所作をするのであろうか。『西宮記』[4]には「竹夜」つまり「竹の節」を祓った後、中臣の女がその竹を受け、「天皇起ちて女と御体を量る」とあるごとく、竹を寸法にしたがって折り、天皇の体を量る所作をする。「中臣の女、毎度取りて神官(祇脱カ)に示せ」とある。五度というのは、「先づ身を量れ。次に両肩より御足に至れ。次に左右の御手、胸中より指の末に至れ。次に左右の腰を量り、御足に至れ。次に左右の膝より、御足(爪)に至れ」とあるように、身長のほかは左右の寸法を量るので、九本の竹枝を用いる。これは『江家次第』に収める『清涼記』にも記されている。その順序は小坂真二の示すところにより、一目瞭然といえよう(5)。これはいわゆる「節折」の儀のことである。節折のほうが「御体を執り量ること、五度」という点では理解しやすい。しかしながら、着衣にその人の罪穢を移し、これを祓つ物とするという点では、『儀式』や『延喜式』の記事も、そのままですなおに読みたい。この辺を折口信夫は明快に説明してくれる(6)。

> 荒魂・和魂の対立は、天子及び、賀正事(ヨゴト)を奏する資格を持つ邑君の後身なる氏々の長上者にも見られる。而も二魂、各其姿を持つものとの考へから、荒魂の為の身、和魂の為の身に、二様の魂のよるべとしての御服(ミソ)を作つた。其二様の形体を荒世(アラヨ)・和世(ニゴヨ)——荒魂の身(ヨ)・和魂の身(ヨ)——と言ひ、御服を荒世の御服(ミソ)・和世の御服と称へた。而も荒世・和世の形体の寸尺を計つて、二魂の持つ穢れ・罪を移す竹をも、亦荒世・和世と言うた。二魂の形体の形代としての御服に対して、主上の寸尺を計る竹も、二魂の

先①量レ身、次自②③二両肩一至二御足一、次左右④⑤御手自二胸中一至二指末一、次量（自カ）⑥⑦二左右腰一至二御足一、次自⑧⑨二左右膝一至二御足一、

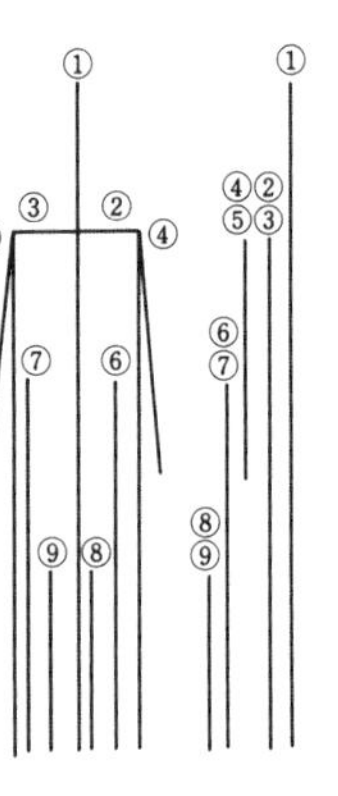

御贖の節折（小坂真二「禊祓儀礼と陰陽道」による）

形態其物の殻と考へられてゐるので、ある時代に、後者が陰陽道の側から、とり込まれた方式なることを示して居るのではないか。此が、夏冬の大祓に続いて行はれる主上の御贖（アガナ）ひなる節（ヨ）折（オリ）の式である。東西の文部（フビトベ）が参与することから見ても、固有の法式に、舶来の呪術の入り雑つて居ることは察せられる。（傍線折口）

御贖自体が当初から異質なものと容易に共存できる儀礼であった。まず荒世・和世の儀があり、平安期になって節折の儀が加えられたとするのが自然であろう。小坂真二は『儀式』段で節折の儀が付加されたと見るが、(7) これはもうちょっと時期を降らせたほうがよくはないか。小松馨は「『延喜式』撰進の翌年、醍醐天皇の延長六年（九二八）から『節折蔵人』という用語が初見する村上天皇の天慶九年（九四六）の間に成立した儀」と考え、村上天皇治世初期の著作と思われる『清涼記』に収録され、『西宮記』はそれを参照した

ものと推定している。[8] その辺が妥当ではなかろうか。もともと御贖の儀そのものが、「現つ神」であるホノニニギにはふさわしくない。それは「現し身」としての天皇のための儀礼であり、『儀式』に見るごとく、中宮や東宮に対しても、おこなわれえたのである。ただし、『儀式』や『延喜式』からは、中宮・東宮への横刀献上は確認できない。天皇に対するよりも、やや簡略化されたものであったかと思われる。王権神話にもとづく祭儀というより、王権を構成する高貴な人たち個人に対する儀礼へと横すべりしやすい。この儀礼は思想的のみならず、身分的にも拡散し、多様な身分における個人のための禊祓儀礼と同列におかれて、王権‐国家の次元からはずり落ちてゆく。

御贖において「中臣の女」が天皇に近侍し、祓つ物を天皇に直接渡すという重い役割をになっているのは、狭義の大祓の祝詞に見られるセオリツヒメ以下の女神と対比されるが、[9] 根の国に近いか、もしくは根の国にいるという祝詞の女神は、すでに王権神話の垂直軸の上に位置づけられており、そういう軸からはずれた「現し身」の天皇に近侍する「宮廷神女」とは区別すべきであろう。それに対して、「藤原氏の女の、水の神に縁のあった事」を説こうとして、聖水信仰を王権に近づけて理解した折口の考え方には、[10] 民間の神話と王権のそれとを不用意に結びつける危うさがある。

2

すでに見たように、御贖の儀は天皇だけでなく、中宮や東宮に対してもおこなわれた。それは高貴な人たち個人に対する儀礼であったが、天皇家の人ならばだれにでもおこなうわけでなく、やはり直接的に王権を構成するという立場が尊重された。いわば天皇の家という枠のなかで、王権を構成する者に限定し、限定された人についてのみ、個人の除災延命を願ったのである。平安中・後期の往生伝に見られるように、往生人は家とか王権とかの関係から脱却して往生を希求するのだが、彼らは仏土に向かおうとするとき、個人という社会的関係を基本とする。いいかえると、救済は貴賤を問わず、個人においてのみ可能なのである。焼身や入水の往生に貴賤が結縁（けちえん）を求めて雲集したというのは、貴賤の一人一人が個人として往生人との仏法上の関係をえたいと願ったからであって、そういう個人が集まり、結縁集団とでもいうべき共同体を一時的に作った。御贖の場合、まだそのような個人は現われていない。

岡田荘司によれば[11]、「太政官自体の内廷化によって、律令祭祀とは異なる平安祭祀は、天皇の出自にかかわる個人的信仰に基づいた祭祀という性格が濃くなっていく」（傍点桜井）という。ここから私どもは天皇の祭祀が天皇（王権）と出自（家）と個人という三つの社会的関係を抱えこみ、しかも全体として「公祭」化していったことを読みとりうる。それは「公」から「私」への単純な変動ではなかった。岡田にしたがうと、春日祭・平野祭は天皇外戚の氏神祭祀の系統にはあるが、天皇・皇太子の守護神的要素が強かった。承和以降、氏神祭祀の性格が顕著になり、これに呼応するかのように、藤原北家の大原野祭や、南家の率川祭が「公祭」になった。氏はもともと王権によって組織され、政治的性格が強いと見られていたが、そういう氏のなかから、私有制の展開とも関連しながら、〝血〟の神話に一段と適合するようにして、有力貴族の家（権門）があらたな国家体制において重要な役割りを果たすようになった。それにつれて、家の神の祭祀が重視され、公祭に加列されるにいたる。一方、令制下の陵墓への常幣に対し、平安初期には当代の天皇に縁故のある陵墓への別貢幣がおこなわれた。常幣の幣物は大蔵省が準備したが、別貢幣は内廷機関である内蔵寮から出され、その儀式も大内裏の朱雀門とは対照的に「内廷化の象徴的祭場」と見なしうる内裏の建礼門で執行されたという。問題は「公祭」化と「内廷」化がパラレルな関係を保って進行していったところにあり、そこで王権と家と個人とがどのように結びつき、あるいは背反していったかが問われねばならない。

この点に関していえば、御贖の儀と分離した大祓もまた変化した。朱雀門を祓所とする大祓はひきつづきおこなわれたが、三宅和朗によれば[12]、朱雀門でなく、内裏正門の建礼門でおこなわれる大祓が九世紀前半に始まる。建礼門前大祓は「天皇及び天皇が住まわれる内裏を祓う役割を担っていた」という。その代用として、八省院東廊大祓もおこなわれるようになった。また並木和子によると[13]、朱雀門での大祓は内蔵祓と官祓に分裂したらしい。前者は河臨祓と推測される。これには殿上人と蔵人所の人々が参加した。官祓としての大祓は参議が行事上卿（しょうけい）を勤めるようになり、「天皇が太政官上層部公卿を介さず、実務官人層と接触する」ことの表われであったとされる。他に律令制の官司機構の変動にともない、独立性を強めた諸官司は、諸司単位の祓をおこなったという。これはもはや大祓の枠外のこととしてよかろう。三宅は大祓の変化を儀礼空間の変動からとらえ、並木は儀礼を構成する参加者の在り方からたどっていった。朱雀門での恒例の大祓のほか、臨時の大祓があり、さらに祭場も構成員も「内廷」化していったことは、いずれの視角からもあきらかになったといえよう。

　平安期の大祓は「現つ神」の治める「瑞穂の国」から天つ罪と国つ罪とを祓い清め、そのことを高天の原の神に報告するものではない。「内廷」化を志向する大祓は、官人たちが「現し身」の個々の天皇に帰属して、一種の主従関係を結ぶという、地上的な儀礼の場と化してゆく。しかもそういう場で、天皇はその神秘性を保つために限りもなく清浄であらねばならない。たしかにそれも「公」的であるに違いないが、穢れを忌避し、清らかな「現し身」でありたいと願うだけなら、そういうことはすべての階層の個人に妥当するわけで、せっかくの神秘性は王権を支えがたくなる。そこで天皇は王権を構成する天皇の家に支えられなくてはならない。その家は他の権門が侵すことはできない権威を伝統的に保有する。しかしこれはどう考えても、背理としかいえまい。天皇は天皇の家に支えられ、天皇の家はほかならぬ天皇を擁することで天皇を支える力を持つ。そのような関係のなかでは、大祓を大嘗祭と対応せしめる神話的構造は見失われ、儀礼は荘重な粧いの背後で空回りし始める。そしてこの段階では、もともと神話的構造を欠落させていた御贖（節折）は、大祓から分離したものの、かえって変化した大祓が目ざすものを、端的に実現する儀礼となりうる。天皇が「現し身」の個人として登場するとき、これだけの歴史的な変動を、重い荷物のように背負っているはずである。中臣の女が天皇の身体を量り、竹を折ってその寸法を示す所作のかなたに、このように不思議な姿をした個人が見えてくる。

3

承和元年（八三四）十二月、最晩年の空海は仁明（にんみょう）天皇に宮中真言院の建立を乞うた。すでに大極殿で一月八日から七日間『金光明景勝王経』を講ずる御斎会がおこなわれていたが、これに対抗するようにして、真言院で後七日の修法をおこなおうとしたのである。『続遍照発揮性霊集』(14)巻九所収「宮中の真言院の正月の御修法の奏状」によれば、空海は「講じ奉る所の最勝王経、但其の文を読み空しく其の義を談ずれども、かつて法に依つて像を画き壇を結びて修行せず。甘露の義を演説することを聞くと雖も、恐らくは醍醐の味を嘗むることを闕かむ」と述べて、顕教の教義を霊妙な美酒に、密教の修法を美味なチーズに喩え、後者を重んじるよう説いた。そのために、「別に一室を荘厳し、諸の尊像を陳列し、供具を奠布して真言を持誦せむ」という。空海の上奏は勅許せられ、恒例とすることが決定した。以上の同文が『続日本後紀』承和元年十二月十九日条にある。時代は降るが、永治二年（一一四二）一月の後七日修法の次第が、『永治二年真言院御修法記』(15)に記されている。これは『覚禅抄』(16)後七日章と同文であり、後者によって訓読する。

十二日丙午未明、御衣机の前に香水桶を置く。机上に案く。小行事の所課なり。神泉の水を酌み浄桶に入れ、布を以て覆ふ。先例を知らずと雖も、承仕の申請くるに依り、布一段を下し給ひ了ぬと、云々。牛玉杖は机辺に倚せ立つ。永久五年記は桶の上に置く。伴僧の料は板敷に置く。成就院僧正両度後夜より加持せらる。永久五年、保安三年。三日九時なり。昔は八日暁より始修す。十四日初夜に結願の故なり。近来は代り(変)、八日初夜より之を行ず。よって十二日初夜より加持す。三日九時歟。
作法に云く。大阿闍梨御衣加持の後、香水桶の前に立ち、牛玉杖を捧ぐ。伴僧等床を下て地に立ち、同く杖を捧ぐ。阿闍梨発願の詞に云く。

至心発願　加持香水　得大霊験
護持聖王　消除不祥　玉体安穏
無辺御願　決定円満　宮内安穏
諸人快楽　天下法界　平等利益

五大願了りて、加持香水、大霊験を得と、云々。引音加持発願。
次に不動真言を誦して加持す。百遍許り。

一月八日に始まる後七日御修法は、十二・十三・十四日の三日間に天皇の御衣を九回加持する。これが三日九時である。九時というのは、六時のうち後夜・日中・初夜に修するからで、後代には十二日初夜から加持を始め、結願が十五日になったようである。神泉苑の水を香水桶に入れ、阿闍梨（修法の導師）が御衣を加持し、香水桶の前に立ち、牛王杖（加持杖）を捧げて発願の詞を述べ、五大願と不動呪を唱えて加持香水をおこなう。

後七日御修法をとりあげた山折哲雄は、「真言院儀礼はつまるところ不動明王と聖水を媒介とする玉体（御衣）加持の呪法であった」という。(17)「玉体安穏」は「護持聖王」のことでもあるから、天皇の「現し身」は仏教の理想的帝王である金輪聖王と重ねあわせてとらえられている。いわば天皇が人間としての身体を持った個人として現われるためには、仏教によって、この場合は後七日御修法によって、「護持」さるべき「聖王」であらねばならない。しかも、ほかならぬ天皇が「聖王」となる神話の構造は、あいまいである。君主だから「聖王」になるのだという短絡の域を出ない。

大嘗祭の卯（う）の日の神事は、王権を王権たらしめる神話的根拠を、秘儀によって逆説的に明示した。平安期にはその神事において明示された意味は祭儀の言語として読み解けぬようになり、そのため大嘗祭の秘儀と収穫を神に感謝する新嘗（にいなめ）との区別もはっきりしなくなっていった。後七日御修法では「玉体」を象徴する「御衣」の奥には、明示されるはずの意味がいっこうに浮かんでこない。「御衣」は一月八日亥剋（いのこく）に蔵人（くろうど）の手で真言院に運ばれ、行法あって加持される。行法の表白の詞に「御願の大意は、延齢益算の術専ら両部の妙薬に依り、撫民泰国の功只（ただ）五智の円珠に任す」とあり、延命を金剛・胎蔵両部、撫民安国を五智を示す宝珠に祈念し、「玉体安穏」と「万民豊楽、四海静謐」を実現しようとしている。しかし、このような行法を重ねても、結果としてすでに「玉体」であるものを「安穏」ならしめることにはなっても、「玉体」がなぜ「玉体」たりうるかという神話的な根拠までは語られない。

後七日御修法のクライマックスとなる、十二日以後の加持香水といえども、事情に変わりはない。すでに見たように、大嘗祭の卯の日の神事では廻立殿の沐浴(もくよく)で「天の羽衣」が着用されるが、山折哲雄はこれと後七日修法の御衣加持とをくらべ、ともに「聖水と呪衣にもとづく治療－賦活の儀礼」としてとらえた上で、「一方の御衣加持における外部霊（邪霊）の排除と、他方の天羽衣—沐浴における天皇霊の付着・沈静、という逆対応の関係」を指摘した。私は「天皇霊」という観念を重視しないが、それはさておき、この次第はあらたな天皇が地上を意味する廻立殿で「天の羽衣」を着て天つ神となり、高天の原に見立てられた正殿におもむくのだと考えている。これに比して、加持香水はすでに「玉体」であるものの象徴としての「御衣」に「聖水」を注ぐにとどまる。むろん、その水は神泉苑から汲んできたものであり、加持以前にある種の神話性を賦与されている。魏の文帝に同化したいと希求した嵯峨天皇は、「聖賢」を自負し、その魂を「中国的な山水と神仙の世界」へと飛翔させた。かようを想像的な世界は「天子にも許されない完璧な遊戯空間」である。(18) そういう空間が、かえって王権を支えたかとも推察される。王権を王権たらしめる根源的な空間、——あるいは神泉苑は束の間、あらたな高天(たかま)の原として幻想されうる可能性を有したかも知れない。しかし、『遍照発揮性霊集』巻一の「秋の日、神泉苑を観(み)る」を見る限り、空海の文飾は、

神泉に彳亍（たたずむ）として物候を観る
心神怳惚として帰ること能くせず
高台の神構（神の造作）は人力に非ず
池鏡泓澄（清く澄む）として日暉（日の光）を含む

とたたえるにとどまる。それはそうあるべきであろう。「律令制国家が制度としての身分秩序を設定し、そのヒエラルヒーを明示するものとして都市と王宮を建設し、それを儀礼という形式で可視化していくのに対し、空海は、十住心という意識の内奥へと到達する深化のヒエラルヒーを設定する」[19]と考えられるからである。空海にしてみれば、「深化のヒエラルヒー」は王権のそれを凌駕する。まさか、高天の原のアマテラスの光を、神泉苑の池水がたたえているというわけでもあるまい。まして、「中臣寿詞」[20]のいうごとき、「うつし国の水を天つ水と成し」たという、「皇御孫の尊の御膳つ水」とは縁遠い。崇道天皇・伊予親王たちの御霊による祟りをなだめるため、神泉苑で御霊会がおこなわれたのは、貞観五年（八六三）五月のことである。神泉苑で請雨経法が修せられたことの史料上の初見は、貞観十七年であり、請雨経法とともに五竜祭が併修された初見は、延喜十五年（九一五）六月である。[21]後七日修法始修より、はるかにおくれる。後七日御修法の加持香水に際して用いられる「聖水」は、さほど神話性を有していたとは思われない。

4

青木保は「国家は単なる権力手段によってだけでは国家としてまとまることはできない。それを裏づける宇宙論が要求される。この宇宙論の存在を人びとに絶えず知らしめることが重要な統治の要である。この場合、国家儀礼は、国家というものの本質を示すテキストになる」[22]という。むろん、政治的・社会的な諸条件によって、国家があたかも「権力手段」そのものであるかのように現じることもありえよう。逆に「権力手段」がそれほど肥大化せず、人民や地方の直接支配を弱め、先例や世襲に支えられた朝儀が尊重されることも生じうる。しかし、いずれの場合も、国家儀礼は「国家というものの本質を示すテキスト」でありつづける。国家の権力が弱まり、儀礼が国家支配の表面をおおうようなときに、国家を裏づけるコスモロジーもまた退化し、王権の神話的構造が解体の危機にさらされるであろう。そのとき、かえって国家を成立せしめる根拠が露出する。その意味でも、国家儀礼は「国家というものの本質を示すテキスト」なのである。後七日御修法はもはや「現つ神」でありにくくなった天皇が、かろうじて「現し身」のままに王権を体現しようとする儀礼ではない。それは、天皇の「現し身」を意味する「玉体」を「御衣」にすりかえてゆき、天皇の個人的な身体を形式化し観念化する。観念化するといっても、「現つ神」に見立てるのではなく、あくまで個人の身体を想定するわけであるが、しかもなお「現し身」の現実性・具体性は骨ぬきにされ、どの天皇にもあてはまるような「御衣」として表現されるのである。あたかも大祓において人民は「麻一条」におのれの罪穢を移しえたように。そして、そういう「玉体安穏」のために「御衣」に香水がそそがれる。もとはといえば、空海は密教の修法に王権を摂取し、修法が王権に支えられるものであることを示そうとした。「玉体安穏」の修法は、まず王権がこれを求めたのではなく、教団が必要としたのである。しかしながら、王権がいったん容認した修法は、儀礼国家を支えるものとなり、「国家というものの本質を示すテキスト」になってゆく。そこでは天皇は「御衣」として表象されることにより、「現し身」の身体性を稀薄化させたままで、個人という社会的関係を体現し、そうすることによって「公」的存在となる。かかる個人に、「私」はない。これは基本的には大元帥明王（曠野神。ふつう「帥」は訓まない）を本尊とする大元帥御修法でも同様であった。この修法は常暁によって伝えられ、正月八日より十四日まで「御衣」を加持した。とくに十二日からは、三日九時の加持香水があった。ここでも天皇は「御衣」として表象され、「私」なき「公」的な存在としての個人とされる。

　王権と仏教とが出会うとき、いつもそうなるわけではない。例えば足羽与志子の報告するスリランカの仏教国家においては[23]、王はいわゆる護法神に守護されるとともに、王自身が降雨の力を持ち、神話上の最初の患者として、みずから治療儀礼をおこなう。最初の王は社会契約にもとづいて選ばれ、職業や階層、経済システムを決めたという。また王は極端な残虐性や暴力行為に彩られ、獣婚や父殺し、近親相姦をおこなうと信ぜられる。そのような王は民衆が「自分達のある行為に正統性をえて自ら仏教徒であることを確認してゆくための、民衆のイデオロギー」でもありえたのであって、「民衆にとって『王』とは社会現象や自然現象について、その意味を理解するための媒介的な原言語であった」と考えることもできる。かような宇宙的ダイナミクスを構造化した仏教王権は、「王位と国土、王のあらゆる富を仏陀を象徴する仏歯や菩提樹、サンガや僧侶に一時的に与える儀礼行為」を、あえてなしうるのである。「この最大の喜捨の逆説は、富とそれを獲得するために行なった王の行為を『聖化』するものと理解され、それによって再生した国土と領民は一層繁栄し、再びより強力な王権が生まれる」と足羽はいっている。仏教コスモロジーに支えられた王権は、ほかならぬ自己自体を儀礼的に否定して見せることによって、王権はもとより、国家や人民に神話的な活力を賦与し、その「再生」を実現する。

日本における王権と仏教との関係は、やがて「王法仏法不二」と呼ばれる体制を生み出すことになるが、それは一人の「現し身」の人間が、政治的・軍事的もしくは神話的に卓越した能力を発揮し、「現し神」として神格化されてゆくのと、まさに逆のコースをたどる。そうなることで、その王権は「中世」を具現するものとなってゆく[24]。

5

「御衣」ではなく、天皇の「現し身」そのものが王権のなかで「公」的に現われることはなかったであろうか。受け身のかたちながら、それはありえた。「御体御卜」と呼ばれる儀礼が、六月と十二月の一日から十日までおこなわれた。そこでは天皇の身体が「平安」であるか否かが問われ、もし「凶」ということになれば、それは何の祟りなのか、さらに卜される。いま『宮主秘事口伝』によれば、まず次の十か条が卜われる。

土公の祟有るべしや。
水神の祟有るべしや。
行幸の祟有るべしや。
御膳の過ちの祟有るべしや。
竈神の祟有るべしや。
北辰の祟有るべしや。

鬼気の祟有るべしや。
御身の過ちの祟有るべしや。
神の祟有るべしや。
霊気の祟有るべしや。

土公神（どくじん）は季節によってその所在を移す遊行神で、それを犯すと祟りをなした。北辰（ほくしん）は北極星で、宇宙の最高神とも見られ、妙見菩薩（みょうけんぼさつ）とも仰がれた。道教・密教・陰陽道などの習合した信仰のなかで、重視され、かつ恐れられた。「御身の過ち」とあるのは、「現し身」の天皇の過ちによって、ほかならぬ「現し身」、に祟りが及ぶとするものである。ただし、さまざまな祟りは、かならずしも天皇と限らず、万人に及ぶはずであり、王権に固有のものとはいえない。注目すべきは「神の祟」である。「御体御卜の祟は、十条の内、二か条の祟りなり。一か条には神の祟なり。毎度にこれを卜す」と口伝にあるように、「神の祟」は毎度卜することになっている。もう一か条については、残りの九か条から卜合させるのであるが、「行幸の祟」と「御身の過ちの祟」とは、「此二か条をば、先例有りといへども、卜合すべからざるの由（よし）、家の口伝なり」とあるように、これまた除外されるようになり、結局七か条から一つということになる。さて、その「神の祟」については、次のように卜われる。

伊勢国に坐す太神宮の祟給ふか。
豊受宮の祟給ふか。
宮中に坐す神の祟給ふか。
京中に坐す神の祟給ふか。
五畿内に坐す神の祟給ふか。
七道に坐す神の祟給ふか。

まず伊勢神宮の祭神、内宮のアマテラスが祟っているのではないか、次に外宮のトヨウケが祟りをなすのではないかと問われるのである。斎藤英喜は「『玉体』に障りなす『祟』が、王権の始祖であり、それを守護すべき『坐二伊勢国一太神宮』とトすることを『定事』とするとは、やはり衝撃的である」という[25]。大嘗祭や大祓の系列のなかにあっては、アマテラスは「現つ神」ホノニニギを祝福し、これを守る。ホノニニギに祟るごとき、怒れるアマテラスという神格は、ちょっと想像しにくい。その意味で、御体御卜の次第は、私にとっても衝撃的である。しかしながら、アマテラスは「現つ神」に祟るのでなく、「現し身」の天皇に祟っているのだと考えなおせば、それはありうることといえよう。斎藤は「『玉体』への接触が、律令制〈国家〉といった〈共同性〉の内部に解消されえない天皇の禁忌の根幹であった」という。大嘗祭や大祓の系列からはずれた場合、「玉体」はいわば系列の裏側でアマテラスに侵され、そうなることでひそと禁忌に包まれる。それはけっして私的な在り方ではなく、隠微なかたちであれ、公的にそうなっているのである。「天皇は自らの始祖神である天照大神の祟りをその身に受けることを儀礼的に必要とした、ということだけが『口伝』されていた」というのは、その辺の事情をよく伝えている。それにしても、「玉体」に祟りをなすのが、道饗祭の祝詞にあるような、「根の国、底の国より麁び疎び来らむ物」であるならば、さして不思議ではないが、こともあろうにアマテラスであるのは、どういうことなのであろうか。この点について、斎藤英喜は「天皇の身体に災禍なす力を、天照大神というもっとも『由緒』ある神に封じることで、それが未知の不確定な領域に及んでしまうことを回避した」と説く[26]。正体の知れぬ、荒々しく服属しない神霊が、根の国からやってくるのでは面倒だ。神名があきらかになれば神格も定まり、それへの対応が容易である。その点、王権神話において、神名・神格のあきらかな神、つまり秩序化された神は好都合だ。そういう神のなかの神、王権の天上での始原たるアマテラスに、「天皇の身体に災禍なす力」を封じこめてしまえば、何より安心というわけである。それはそうに違いないが、それではせっかくのアマテラスの神格にひびが入ってしまい、頼みがいのある味方だと信じたものが、実は最強の敵だったという類の話になりかねない。

世界史的・人類史的に見た場合、そういう矛盾した力を持った神が、王権の始原として登場することは、しばしば見られる。その意味では、アマテラスは王権神話の構造のなかで普遍の光を放つにいたったということなのであろうか。違う、と私は思う。「現つ神」としての天皇に対する、アマテラスの神格は、いささかも変化しない。それとは別な次元で、「現し身」の天皇に対してのみ、アマテラスはこっそり、しかし公的に祟りをなす。それはあきらかに政治的な意図をこめた行為であった。本来ならば、「現つ神」である「天皇」の機能をアマテラスがおびやかせば、「葦原の中つ国」である人間の世界は荒廃してしまう。そこで「現つ神」を中心とする勢力が、何とか知恵をしぼってアマテラスの恐るべき力をかわし、この世界が繁栄するようにアマテラスの力を方向転換してもらう。そのためには、王はさまざまの苦難を、地獄の炎をくぐりぬけるようにして経験しなければならない。そのことを語り、演ずるのが、王権の神話であり祭儀であるはずである。くどくいうが、王権とは本来そのような構造を持つことで成立するのである。ところが、そのようなダイナミクスを故意に欠落させて、「天皇の身体に災禍なす力」はアマテラスに封じこめられてしまう。この封じこめの物語に相当するのが、伊勢神宮の創立の伝承であった。斎藤英喜は「皇祖神の鎮座する伊勢神宮とは、祟りなす天照大神を鎮めるために起源した」と考える。[27] むろん、伊勢神宮創立伝承はたんなる封じこめの物語にとどまらない。斎藤も論及しているように、そこからはみ出してしまうものを、ずっしりと抱えている。

そのことは後述するが、そういう恐るべき荒々しい力が王権の神話に入りこんでくるのを抑制することによって、かろうじて封じこめの物語が成立する。そこのところをきちんと見とどけないと、天皇個人の現実の身体に還元できぬ「玉体」や「御衣」の観念が、どうして独り歩きするようになるか、肝心な点がぼやけてしまう。天皇が尊貴であり、それゆえにその身体も神聖視され、ついにはその着衣さえ敬意を表されたのだというような常識的な説明は、実は何も語っていないに等しい。

注

（1）村山修一『日本陰陽道史総説』（塙書房、一九八一年）。

（2）神野清一「天武十年紀の天下大解除と祓柱奴婢について」（『歴史評論』三六六号、一九八〇年）。これをもとにした記述が、同『律令国家と賤民』（吉川弘文館、一九八六年）にある。

（3）青木紀元「大祓の成立と仏教」（『祝詞古伝承の研究』国書刊行会、一九八五年）。

（4）〈新訂増補故実叢書〉により訓み下す。

（5）小坂真二「禊祓儀礼と陰陽道」（『早稲田大学大学院文学科紀要別冊』三集、一九七七年）。

（6）折口信夫「小栗外伝」（〈折口信夫全集〉新版、二巻、中央公論社、一九六五年。初出は一九二七年）。

（7）小坂真二、前掲「禊祓儀礼と陰陽道」。

（8）小松馨「『清涼記』と『西宮記』の節折条について」（『大倉山論集』二四輯、一九八八年）。

（9）西田長男「神の堕獄の物語」（『日本神道研究』一巻、講談社、一九七八年。初出は一九五八年）。

（10）折口信夫「水の女」（〈折口信夫全集〉新版、二巻。初出は一九二七年）。

（11）岡田荘司「平安前期 神社祭祀の『公祭』化」（二十二社研究会編『平安時代の神社と祭祀』国書刊行会、一九八六年）。

（12）三宅和朗「古代大祓の基礎的研究」（『史学』五九巻一号、一九九〇年）。

（13）並木和子「大祓の構造と変遷」（『神道学』一四六・一四七合併号、一九九〇年）。

（14）訓読は〈日本古典文学大系〉による。

（15）〈続群書類従〉により訓み下す。

（16）〈大日本仏教全書〉により訓み下す。

（17）山折哲雄「後七日御修法と大嘗祭」（『宗教思想史の試み』弘文堂、一九九〇年。初出は一九八五年）。

（18）藤原正己「華餝と澹泊と」（千葉乗隆博士古稀記念会編『日本の社会と仏教』永田文昌堂、一九九〇年）。

（19）藤原正己「王宮と山巌と」（『南都仏教』五九号、一九八八年）。

（20）青木紀元編『祝詞』（桜楓社、一九七五年）による。

（21）速水侑『平安貴族社会と仏教』（吉川弘文館、一九七五年）。

(22) 青木保『儀礼の象徴性』(岩波書店、一九八四年)。

(23) 足羽与志子「『王』の不在と仏教国家」(松原正毅編『王権の位相』弘文堂、一九九一年)。

(24) 私は王の「自然的身体」と「政治的身体」という二元論によっているのではない。「御衣」はそのような単純化を拒んでいる。これに関連していえば、かのエルンスト・ハルトヴィヒ・カントーロヴィチ『王の二つの身体』(小林公訳。平凡社、一九九二年。原著は一九五七年)は、たんなる二元論的思考によって、王の「身体」の歴史をたどっているわけではないと思う。

(25) 斎藤英喜「玉躰と祟咎」(『日本文学』三八巻一号、一九八九年)。

(26) 斎藤英喜「大祓と御贖儀」(『論集・神と天皇』古代土曜会、一九九〇年)。

(27) 斎藤英喜「天皇紀と神託」(『日本文学』四〇巻三号、一九九一年)。

二　儀礼国家の神話的位相（その二）

1

私どもの前には解きがたい難問が待ち構え、立ちはだかっているように思われる。『古事記』と『日本書紀』の内容が、どのような史実をどこまで反映し、他方でどのような政治的意図によってねじ曲げられているか。それらの個々の記述は、それぞれどのような口承・書承の系譜にもとづいて成立しているか。あるいはまた、両書の内容はどのように違っており、独自の作品として完結すべく、どのように構成されているか。それらの問いに答えるべく、歴史学・文学・宗教学・神話学・文化人類学・民俗学から近年注目されている考古学まで、諸研究を見わたし、個々の記述を読み解いてゆくのは、途方もなく壮大な作業といってよい。それは緻密であらねばならないが、実証を積み重ね、論理を整え、これこそ真実よと思いこんだ途端、一片の資料の出現によって、真実が真実でなくなるかも知れない。その危うさに耐えながら、こうした作業を今日もまた進めてゆくのは、専門の研究者に任せよう。それは私にとって、荷が重過ぎる。私は自分なりのやり方で、記紀神話のなかの伊勢神宮創立伝承を再構成し、その分析を試みたい。

　私の方法は次の二点に集約することができる。第一にさまざまの記事を、物語の筋書きにとらわれて、見せかけの前後関係のなかでとらえないことである。史実や系譜の前後関係も相対的なものと考え、決定的なものとは見ないことにする。神話から物語としての歴史へ、物語としての歴史から史実を反映した歴史叙述へと流れる時間を、あえて無視する。そうすると、個々の記事は時間を捨象され、比喩的ないい方になるが、一種の共時的空間に閉じこめられる。構造主義の概念にかかわりなく、これを「構造化」といってもらってもよい。構造化された記事群は、プレス加工された一枚の合板のように、何もかも圧縮された、ひとまとまりの意味－物語空間として再構成されている。第二に構造化された記事群は、それ自体の内から、既存の前後関係や時間の流れとはまったく別な次元で、構造固有の時間性を開示する。いわば構造から時間が流れ始める。そのようなあらたな時間の流れにそくして、あらたな記事の前後関係が見えてくる。それを私はたどりたい。その流れを通常の歴史叙述によって隠蔽されていた、もう一つの歴史と称してはいけないだろうか。ごく限られた少数の人を除いては、みな顔を見合わせるばかりで、どこからも「それでよい」という声はかからないような気がする。それはそうであろう。いささか開きなおって申せば、学問は王権‐国家と同様に一元化された意味を真実とし、ああもいえるがこうもいえるというような多元的な解釈を、恣意としてきびしくしりぞけるからだ。私は自分の足場を撤去し、自分の論述の仕方自体を問いなおすような、宙吊りの状態におちいった心地がする。さりとて、引き返すことはできまい。

私流の〝固有時との対話〟を始めよう。まず『日本書紀』から物語の順にしたがって記事を抄出、配列する。その上で、私のいう構造から流れ出した時間にそくして順序をつけ、個々の記事に番号を付してそれを示す。

(1)〔神代紀上第八段、第六の一書〕スクナビコナと協力して国造りを進めたオホアナムチ(オホモノヌシ・オホクニヌシ)は、スクナビコナが常世(とこよ)の郷(くに)に去ったあと、「この国を治めうるのは、自分ひとりだ」と揚言した。そのとき、「神(あや)しき光」海を照らし近づいてくる者があり、「もし私がいなかったなら、お前はどうやって国を平定できたか」という。オホアナムチは「お前は何者か」と問うと、神は「吾は是汝(いまし)が幸魂(さきみたま) 奇魂(くしみたま)(幸福を与える神の霊魂、不思議な力を持つ霊魂)なり」と答える。オホアナムチが「そうだ。お前は私の幸魂奇魂だ。いまどこに住みたいか」というと、神は「日本国(やまとのくに)の三諸山(みもろやま)(三輪山)に住もうと思う」と答える。そこで宮をそこに造り、住まわせた。これが大三輪の神で、その子が甘茂君（かものきみ）、大三輪君、ヒメタタライスズヒメである。別の伝えでは、コトシロヌシは大きなサメの姿になって、摂津の三島のミゾクヒヒメ（タマクシヒメ）のもとに通い、ヒメタタライスズヒメを生んだ。生まれた子がカムヤマトイハレビコ（神武天皇）の后（きさき）である。

(4)〔崇神紀〕五年に国内に疫病が流行し、多くの人民が死んだ。

六年に人民は困窮流離し、背反する者もあり、天皇が徳をもって治めることが困難になった。そこで天皇は天神地祇を祭り、首を垂れて祈った。これより前のことだが、アマテラスとヤマトノオホクニタマ（倭大国魂）の二神を天皇の宮殿に祭った。「然（しか）うして其の神の勢（みいきほひ）を畏（おそ）りて、共に住みたまふに安からず」。そこでアマテラスをトヨスキイリビメに託（つ）けて、倭（やまと）（大和）の笠縫邑（かさぬいのむら）に祭り、ヤマトノオホクニタマをヌナキイリビメに託けて祭らせた。ところが、ヌナキイリビメは髪が落ち、体がやせてかがみこむ状態になり、祭ることができなかった。

七年二月に天皇は災いの原因をきわめようとして卜い（うらない）をおこなった。神はヤマトトトビモモソヒメ（倭迹迹日百襲姫命）に憑（つ）いて、「我を祭れば国は安らかになろう」と告げた。天皇が「そういわれるのは、何という神か」と尋ねると、「我は是倭国（やまとのくに）の域（さかひ）の内に所居（を）る神、名を大物主神（おほものぬしのかみ）と為（い）ふ」とのお告げがあった。神の教えのように祭ったが、霊験がない。そこで天皇は身を清め、夢の告げを乞うた。すると、「国の治らざるは、是吾が意ぞ。若し吾が児大田田根子を以て、吾を令祭りたまはば、立に平ぎなむ。亦海外の国有りて、自づからに帰伏ひなむ」との夢告があった。

同年八月にヤマトトハヤカムアサヂハラマクハシヒメ（ヤマトトトビモモソヒメと同一人物らしい）、穂積の臣の祖オホミクチ、イセノヲミ（麻績）の三人が一夜同じ夢を見た。これを聞いた天皇はオホタタネコを探させたところ、茅渟県（和泉）の陶邑にいた。天皇がオホタタネコに「お前はだれの子か」と尋ねると、「父をば大物主大神と曰す。母をば活玉依媛と曰す。陶津耳の女なり」と答えた。別伝では母はクシヒカタアマツヒカタタケチヌツミの女である。天皇はよろこび、物部連の祖イカガシコヲを「神班物者」（班幣する人）にしようと卜うと、吉しと出た。「便に（ついでに）他神を祭らむと卜ふに、吉からず」。

崇神天皇七年十一月にオホモノヌシを祭る神主にオホタタネコを任じ、これまた三人の夢告にしたがい、ヤマトノオホクニタマを祭る神主にイチシノナガヲチ（倭直の祖）を任じた。他神を祭ろうとして卜うと、吉しと出た。天神地祇の社、神田や神戸を定めた。そうすると、「疫病始めて息みて、国内漸に謐りぬ。五穀既に成りて、百姓饒ひぬ」。

(5)〔崇神紀〕八年十二月に天皇はオホタタネコに三輪の神を祭らせ、神の宮で宴をおこなった。「大田田根子は、今の三輪君等が始祖なり」。

(7)〔崇神紀〕十年九月に天皇の命をうかがう者があると童女が神のお告げを歌った。「天皇の姑倭迹迹日百襲姫命、聡明く叡智しくして、能く未然を識りたまへり」。歌の示す不吉な前兆を察知して、謀反のあることを教えた。それによって反乱を鎮圧できた。「是の後に、倭迹迹日百襲姫命、大物主神の妻と為る。然れども其の神常に昼は見えずして、夜のみ来す。倭迹迹姫命、夫に語りて曰はく、『君常に昼は見えたまはねば、分明に其の尊顔を視ること得ず。願はくは暫留りたまへ。明旦に、仰ぎて美麗しき威儀を観たてまつらむと欲ふ』といふ。大神対へて曰はく、『言理灼然（あきらか）なり。吾明旦に汝が櫛笥に入りて居らむ。願はくは吾が形にな驚きましそ』とのたまふ。爰に倭迹迹姫命、心の裏に密に異ぶ。明くるを待ちて櫛笥を見れば、遂に美麗しき小蛇有り。其の長さ大さ衣紐の如し。則ち驚きて叫啼ぶ。時に大神恥ぢて、忽に人の形と化りたまふ。其の妻に謂りて曰はく、『汝、忍びずして吾に羞せつ。吾還りて汝に羞せむ』とのたまふ。仍りて大虚を践みて、御諸山に登ります。爰に倭迹迹姫命仰ぎ見て、悔いて急居。則ち箸に陰を撞きて薨りましぬ。乃ち大市に葬りまつる。故、時人、其の墓を号けて、箸墓と謂ふ。是の墓は、日は人作り、夜は神作る。

故、大坂山の石を運びて造る。則ち山より墓に至るまでに、人民相踵ぎて、手逓伝（手渡し）にして運ぶ」。

(2)〔崇神紀〕四十八年一月に天皇はトヨキノミコト・イクメノミコトに向かっていずれを皇太子とするか、夢占いできめると告げた。兄のトヨキは「自ら御諸山に登りて東に向きて、八廻弄槍（槍を突き出す）し、八廻撃刀（刀を空に振る）す」という夢を見た。弟のイクメは「自ら御諸山の嶺に登りて、縄を四方にはへて、粟を食む雀を逐る」という夢を見た。天皇は「たしかに兄は東国を治めよう。弟はわが位をつげ」といった。

(6)〔垂仁紀〕二十五年一月にアマテラスをトヨスキイリビメから離して、ヤマトヒメ（倭姫。垂仁の女）に託けた。ヤマトヒメは「大神を鎮め坐させむ処を求めて」、大和の宇陀の筱幡にゆき、さらに近江・美濃へ廻って、その後伊勢にいった。そのとき、アマテラスはヤマトヒメに「是の神風の伊勢国は、常世の浪の重浪帰する国なり。傍国の可怜し国なり。是の国に居らむと欲ふ」と教えた。ヤマトヒメは大神の教えにしたがって、社を伊勢に建てた。斎宮を五十鈴のほとりに建て、磯宮といった。「天照大神の始めて天より降ります処なり」。
「一に云はく、天皇、倭姫命を以て御杖として、天照大神に貢奉りたまふ」。ヤマトヒメは磯城の厳橿に祭ったが、神の教えにしたがい、伊勢の渡遇宮に遷した。このとき、ヤマトノオホカミ（倭大神。倭大国魂）がオホミクチに憑いて、「太初の時に、期りて曰はく、『天照大神は、悉に天原を治さむ。皇御孫尊は、専に葦原中国の八十魂神を治さむ。我は親ら大地官（国魂・地主神）を治さむ』とのたまふ。言已に訖りぬ。然るに先皇御間城天皇（崇神天皇）、神祇を祭祀りたまふと雖も、微細しくは未だ其の源根を探りたまはずして、粗に枝葉に留めたまへり。故、其の天皇命短し。是を以て、今汝御孫尊（垂仁天皇をさす）、先皇の不及を悔いて慎み祭ひまつりたまはば、汝尊の寿命延長く、復天下太平がむ」と教えた。天皇は卜って、ヤマトノオホカミをヌナキワカヒメに祭らせたが、ヌナキワカヒメはやせ衰えて、祭ることができなかった。そこでナガヲチに祭らせたという。

(8)〔雄略紀〕七年七月に天皇はチヒサコベノスガルに「三諸岳の神の姿を見たい。お前は力持ちだから、つかまえてこい」と命じた。スガルは三諸岳に登り、大蛇をとらえて天皇に見せた。「天皇、斎戒したまはず。其の雷虺虺きて、目精赫赫く。天皇、畏みたまひて、目を蔽ひて見たまはずして、殿中に却入れたまひぬ。岳に放たしめたまふ。仍りて改めて名を賜ひて雷とす」。

(3)〔敏達紀〕十年閏二月に蝦夷が辺境で敵対した。天皇は蝦夷の首領アヤカスを連れてこさせて、殺そうとした。「是に綾糟等、懼然り恐懼みて、乃ち泊瀬の中流に下て、三諸岳に面ひて、水をすすり盟ひて曰さく、『臣等蝦夷、今より以後子子孫孫、清き明き心を用て、天闕に事へ奉らむ。臣等、若し盟に違はば、天地の諸の神及び天皇の霊、臣が種を絶滅えむ』とまうす」。

(1)・(2)・(3)の記事を、私は第Ⅰ群と称しておき、ひとまとまりにされた意味－物語空間から流れ出た時間＝歴史の第一段階を示すものと考えたい。

オホアナムチの「幸魂奇魂」は天下を造ったオホアナムチの自負をくじき、その威力を認めさせる。しかし、オホアナムチは自分の「幸魂奇魂」と合体しようとは考えず、即座に三輪山に鎮座させる。その子がヒメタタライスズヒメであり、物語上の架空の初代君主神武天皇の后となる。その婚姻により、三輪山の神は女系の側から古代王権を支え、その国家に幸いを与えるのである。『古事記』はやや言葉すくなにこの話を伝える。オホクニヌシがスクナビコナの去ったあと、協力してくれる神がいないか思案しているところへ、海のかなたからきた神が、「よくあが前を治めば（お祭りすれば）、あれよく共与に相作り成さむ」と告げ、そのためには「あは、倭の青垣の東の山の上にいつきまつれ」と教える。「こは、御諸山の上に坐す神ぞ」と『古事記』は述べている。いずれにせよ、ホノニニギが高天の原から降臨するに先立って、あるいは物語の表面的な時間の流れをカッコに入れていえば天孫降臨とはまったく別に、王権を王権たらしめる神話的な力が、女系の側から発現するわけである。

(2)は皇位が三輪山の神の意志によって決定するという話である。兄のトヨキは神武天皇のように東に向かって武威を示す夢を見るが、それでは東国を治める程度の軍事力を持つに過ぎないと見なされてしまう。弟のイクメ（垂仁）は四方に向かい、「粟を食む雀」を追い払う夢を見る。四方の国を治める力を持つことを示したわけだが、その四方の国は「瑞穂の国」にほかならない。「粟」を『日本古典文学大系』はアワ（「あは」）と訓む。五穀の一つで畑で栽培される。これをソク（ゾク）と訓めば米もアワもふくめた五穀の実の総称ともなり、穀皮（モミガラ）のまだついたままのモミと解することもできよう。その場合、水田稲作農耕との対応がいっそうはっきりする。ただし、養老賦役令義倉条に「若し稲は二斗、大麦一斗五升、小麦二斗、大豆二斗、小豆一斗を、各粟一斗に当てよ」とあり、稲と粟とは区別されている。いずれにしても、三輪の神は神武のごとき武力を象徴するトヨキより、ホノニニギのごとく穀物の稔るのを助けるイクメを、次の天皇として選んだのである。

(3)では蝦夷の首長が叛意のないことを、三輪山に向かって誓う。その三輪山には、天神地祇とともに「天皇霊」なるものが鎮座していた。「天皇霊」という言葉は比較的あたらしいものであろうが、それは天皇家の祖神とはいいにくい。もし「天皇霊」を祖神とすれば、祖神はオオモノヌシであり、オオクニヌシでもあり、三輪山にいらっしゃるのだということになり、伊勢の神宮に祭られたアマテラスや、かの「幸魂奇魂」とは別に降臨し、「現つ神」として君臨するホノニニギの影がうすくなってしまう。岡田精司は「三輪山の神は天皇家の本来の氏神とか、守り神ではどうもなさそうです」といい、しかも「三輪山が王権を象徴するような神の山であった」と語っている。[1] 要するに、三輪山の「天皇霊」とは、天皇に忠誠を誓うときに登場する神霊であり、王権を擁護し、安泰ならしめる神であるのだが、その名から考えても、他の諸神と違って天皇（歴史的な時期からいえば、当然「大王（おほきみ）」と称することになる）との関係がきわめて親密な神話的存在であったと見なしうる。

(1)・(2)・(3)を通じていえることは、三輪山の神が王権を王権たらしめる重大な機能を持っているということであり、第Ⅰ群はアマテラスやホノニニギの神話によっておおいかくされてきた王権の始原をめぐる物語と解することができる。仮りに神武天皇に始まる九代の天皇[2]の物語を、「原‐大和王朝」の歴史を語るものと想定すると、崇神以後は「三輪王朝」と呼ぶのが適当であろう。「三輪系王権」と呼んでもよい。三輪山麓の古墳はこの地に王権が存在したことを推定せしめるし、神武が「始馭天下之天皇（はつくにしらすすめらみこと）」（紀）と呼ばれたように、崇神も「御肇国天皇（はつくにしらすすめらみこと）」（紀）と称されていることも、有力な根拠となる。ただし、私は史実としての三輪の王権について述べようとしているのではない。あくまで物語の次元で、三輪山もしくはその山に鎮座する神を神話的な始原とし、その神威によって王権が成立するという観念に包まれ、崇神が「初めて国を統治した天皇」として登場したことを重視して、これ以後を「三輪王朝」とカッコを付して呼ぶのである。その意味で、第Ⅰ群は、三輪王朝の始原発現の物語なのである。

2

話をつづける。第Ⅱ群は⑷・⑸と、さらに⑹によって構成される。⑷は伊勢神宮創祀にかかわる伝承である。崇神天皇五年から六年へかけて、疫病が流行し、天下が乱れ、荒廃した。その原因は神の祭り方にあった。すなわち、アマテラスとヤマトノオホクニタマを天皇の宮殿の内に祭ったことが、そもそも問題だったというのである。「然して其の神の勢を畏りて、共に住みたまふに安からず」について、「ところが、神々は、それぞれの威勢を遠慮されて、ともに住みたもうことを我慢なさらなかった」と訳されている。[3] 後述するように、実質的にはそういうことなのだが、文意としては神の勢いに対し敬いつつしみ、同時に恐怖も感じて、神と同じ宮殿に住むことに心安らかでいられなかったのは、天皇ではなかろうか。(4) 神代紀第九段の第二の一書には、アマテラスがオシホミミに「吾が児、此の宝鏡を視まさむこと、当に吾を視るがごとくすべし。与に床を同くし殿を共にして、斎鏡とすべし」といい、結局オシホミミに代わって、ホノニニギが降臨したとある。アマテラスと天皇が「共に住みたまふ」としても、何の支障もないはずである。問題は二神を同じ宮殿に祭ったところにあった。その意味では、先に示した訳は、いちおう正しいといってもよい。ただし、神の威勢は祟りとなって、天皇の治める天下に災いをもたらす。神の怒りは天皇に向けられているといってよい。怒ったのは、マヤトノオホクニタマのほうである。アマテラスの神勅にそむいて、この神を笠縫邑に祭ったトヨスキイリビメに異常はなく、これに反して、ヤマトノオホクニタマを祭ったヌナキイリビメは体が衰弱し、神を祭ることができなかった。オホクニタマは怒りを鎮めず、祭られることを拒否したのである。このとき、オホクニタマに味方したのが、三輪山のオホモノヌシであった。三輪の神はその子オホタタネコによって祭られることを望んだ。オホモノヌシもまた、祭り方に不満があったというわけである。

ヤマトノオホクニタマは大和一国の始原をなす神である。「三輪王朝」の始原をなす神オホモノヌシも、「我は是倭国の域の内に所居る神」と名乗り、大和国の内にいる神であることを強調する。土着神の連帯とでもいおうか、王朝の始原である神が、いまや大和の国魂の神と同じ立場にあり、アマテラスといっしょに祭られたくないというオホクニタマを支援する。オホクニタマはアマテラスと離れ、倭直の祖ナガヲチに祭られて、ようやく怒りを鎮めた。注目すべきは、オホモノヌシが自分を祭れば「亦海外の国有りて、自づからに帰伏ひなむ」といっていることで、これはついでにいってみたまでというのではなく、オホクニタマとも異なるこの神の微妙な立場を示すものと考えられる。それと呼応して、オホタタネコは和泉の陶邑からやってくる。『古事記』には、河内の美努の村とある。

この話から崇神天皇治世年代を消去してみると、「三輪王朝」の始原をなす神は、それにふさわしい祭られ方をしてもらえないので、それを不満に思い、同じように不満を抱いていた大和国の国魂の神と協同して、アマテラスを宮殿の外へ遷すよう、王権に圧力をかけたことになる。その背景として、王権はもはや三輪山の神を王権の始原としては重んじなくなり、大和国を軽んじて、その国魂の怒りを招いたという事情があったのではなかろうか。そのような王権は、あらたな始原として、アマテラスに相当する日の神を想定するとともに、大和より〝西〟に権力の拠点をおき、さらにはるか〝西〟の「海外の国」を強く意識するものであったと推測される。一方、「三輪王朝」の始原であったオホモノヌシは、大和の国魂を支援しながら、他方で〝西〟から神を祭る者を迎え、〝西〟なる異国をも射程に収めようとする。それによって、あらたな王朝と結ばれたいと企図したのである。

いきなり実証することは困難であろうが、「陶邑の首長も半島よりの技術渡来人と考える方がより妥当なのではなかろうか[5]」とする推定は、物語をたどる上では見逃せない。あらたな王朝とは、むろん神功皇后とその子応神天皇の物語に始まる「河内王朝」(もしくは「河内系王権」)でなければならない。このことは後述する。

(5)は三輪の神の祭儀がオホタタネコによって、あらたにおこなわれたことを語る。オホタタネコを「今の三輪君等が始祖」とするのは、祭祀者の始原を示すもので、祭儀の起源譚にふさわしい。崇神紀八年四月に「高橋邑の人活日を以て、大神の掌酒とす」とある。同年十二月のこの祭儀に「活日自ら神酒を挙げて、天皇に献る」とあり、神酒を管掌するイクヒは、この酒を天皇に献じ、王権と三輪の神との関係を設定しなおした。これに対し、天皇は、

此の神酒は　我が神酒ならず　倭成す　大物主の　醸みし神酒　幾久　幾久

とうたい、この関係を受容した。「倭成す」といういい方には、神を王権の始原として遇するのでなく、「倭国の域の内に所居る神」として位置づけようとする意図をうかがいうる。そして、倭の国を造成した神は、酒造りの神として祭られる。古橋信孝[6]は沖縄の石垣の平得で豊年祭にうたわれる、大阿母御嶽のウミシャグ(大神酒)という歌謡に注目し、「ウミシャグは村落共同体の繁栄を感謝・祈願するもので、村落の各家が神酒をもらう」

という。これに対して、三輪の歌謡のほうは「共同体の側が神酒を天皇に献上することになってしまう」と指摘している。この祭儀は共同体の服属儀礼というより、もっと共同体の立場が退化し、王権に包みこまれてしまったものと思われ、古橋は「いただくことから差し上げることへの逆倒は村落の〈共同性〉を揺るがすものであったはずだ。それがそっくり国家に淩(さら)われて、村落もそれを受け容れているのが古代国家なのである」と考える。[7]

神功皇后紀摂政十三年には神功が皇太子ホムタワケ（応神）にサカホカヒして、

　此の御酒は　吾が御酒ならず　神酒(くし)の司(かみ)　常世に坐(いま)す　いはたたす　少御神(すくなみかみ)の　豊寿(ほ)き　寿き廻(もと)ほし　神寿き　寿き狂ほし　奉り来し御酒そ　あさず飲(を)せ（残さずお飲みなさい）　ささ

とうたったとある。この歌謡はオホモノヌシとともに国造りをしたスクナビコナが常世の国へ去ったという物語とも、対応している。この歌は「河内王朝」の王位（皇位）決定にかかわるところがあるが、崇神紀の歌謡のほうは、すでに三輪の神が王権を王権たらしめる始原の力を弱めていることを、うかがわしめる。常世の国で石像のように立っているスクナビコナが、憑依して「寿き廻ほし」、「寿き狂ほし」というしぐさを示すというのは、王を王たらしめるにふさわしいが、崇神紀のほうは、そのような迫力を欠く。

(6)は伊勢神宮の起源伝承である。ヤマトヒメは「大神を鎮め坐させむ処を求めて」、大和の宇陀、近江、そしてことさらに「東（ひむがしのかた）」とされた美濃を遍歴して、伊勢に入った。垂仁紀は伊勢に入ってからの次第をくわしくはふれぬが、延暦二十三年（八〇四）の成立とされる『皇太神宮儀式帳』では、伊勢入国後の径路をとくにくわしく記す。西田長男によれば、「実はこの『儀式帳』の伝えは、垂仁紀のそれとともども、神社の縁起には必ずといってもよいぐらいにみえている、いわゆる祭神の遍歴譚・遊行譚・霊行譚のたぐいに入れしめられるべきものにほかならない」という。(8)『皇太神宮儀式帳』はなぜアマテラスが大和を出て、遍歴の末に伊勢の五十鈴川のほとりに鎮座するようになったのか、その理由を記さない。(6)の本文も同様であるが、しかし(6)に(4)を重ねあわせて読めば、アマテラスが三輪の神や大和の国魂の神に追われるようにして、五十鈴川の地にたどりついたことが明白になる。大和の土着の神の怒りにより、アマテラスは流浪したともいえるのである。この地にいたって、アマテラスは「是の神風の伊勢国は、常世の浪の重浪帰する国なり」といって、「是の国に居らむと欲ふ」とヤマトヒメに告げた。神功紀の歌謡を想起するならば、ここで「天上」や「高天の原」でなく、「常世」がひきあいに出されたことは、なかなか意味深い。三輪の神が王権の始原として、王権に神話的な活力を与えなくなり、あるいはすくなくともその機能を弱めるにつれて、「河内王朝」は「常世」の神スクナビコナの威力を求めようとした。大和を追われたアマテラスも、「常世の浪の重浪帰する国」

にいたり、そこから王権の始原たるべき力を発揮しようとするのである。「傍国の可怜し国」というのは、ただこの国をほめているのではない。王権の始原の鎮まる国としては、大和から見て〝東〟の脇の国になるが、という意味がこめられている。そこに大和から伊勢へ遷されたことへの怒りがこめられているといってはいい過ぎになるかも知れぬが、微妙な神意をのぞかせたものとはいえよう。それは通常の祭神遍歴譚とは異なる。

垂仁紀(6)は伊勢の地を「天照大神の始めて天より降ります処なり」とする。これは「常世」とかならずしも照応しないし、それ以上に天照降臨とも矛盾する。アマテラスは「現つ神」ホノニニギに「瑞穂の国」(「葦原の中つ国」)の支配を委任したのであり、みずから天降る必要はない。アマテラスが天降りをしては、せっかく天降ったホノニニギの立場はなくなってしまう。これは王権の始原の聖地を、あらたに伊勢に設定することから生じた、付会であろう。厳密にいえば、伊勢に祭られるアマテラスは、天孫降臨を命じたアマテラスではなく、王権の始原としての三輪の神に代わる日の神であった。そうもいえるのである。(6)には「一に云く」として、別伝が記されている。本文のみを重視する権威主義にとらわれずにいえば、いや権威主義的にいっても、むしろ官撰史書にことさらに別伝が記されていることのほうを、かえって重視すべきだと思われるが、そこには崇神が「源根」を知らなかったため、短命であったとある。もとはアマテラスが伊勢に祭られたとき、大和の国魂が神託していうには、「太初のときにアマテラスは『天原』を治め、ホノニニギは『葦原の中つ国』を治め、私は『大地官』（国魂）を治めようとの約束があった」と告げたことをさしている。崇神紀によれば、天皇の享年百二十。短命とはいえない。崇神天皇の年齢の記事とは別な次元で、カエサルのものはカエサルに、国家の中心たるべき大和の国の神のものは大和の神に、といいたいのであろう。その神意が軽んじられるとき、大和の神は天皇に祟り、その命を奪う、というわけだ。(9) しかしながら、見方を変えてみると、大和から遠ざけられて「傍国」に移った、あらたな王権の始原のほうは、祟らなかったであろうか。あらたな始原への恐れもまた、ありえたのではあるまいか。御体御卜で、「伊勢国に坐す太神宮の祟給ふか」という問いかけがなされたのは、偶然とは思われない。

第Ⅱ群(4)・(5)・(6)の分析を通じて、私どもは「三輪王朝」の神話的な始原の弱体化と「河内王朝」の〝東〟を志向しての、あらたな始原の設定を、新旧勢力の交代といったきれいごとではすまされぬ対立・葛藤のなかでとらえた。

第Ⅲ群を構成するのは、(7)・(8)である。(7)で「聡明く叡智しくして、能く未然を識りたまへり」といわれたヤマトトトビモモソヒメは、夫であるオホモノヌシの正体を知ろうとして、禁忌を犯すという失態を演ずる。オホモノヌシは「常に昼は見えずして、夜のみ来す」のであって、大嘗祭について述べたとき確認したように、神は夜来臨すると考えられた。「神の妻」となったモモソヒメは、こんな大切なことを失念し、夫の顔を見たいと、はなはだ人間の妻らしいことをいう。妻問い婚として見るならば、ごく自然の人間的な心情である。しかし、モモソヒメの場合、それではすまされない。「神の妻」である巫女(みこ)が人間化してゆくと、夫たる神も妙に人間くさくなる。妻の要請に対し、神はもっともなことだと答える。ただし、「自分の姿を見ても驚かないでくれよ」というが、妻は小蛇となった神の姿を見て、驚き叫(さけ)んでしまう。そのとき、「大神恥じて」人の姿となり、「汝、忍びずして吾に羞(はぢみ)せつ」、私に恥をかかせたなといって、三輪山に帰っていった。神は神威を示すかわりに、おのれの正体を恥じ入るばかりである。神が姿を消し、人間の世界との関係を断てば、「神の妻」も消滅する。モモソヒメは死に、その「箸墓(はしのみはか)」は「日は人作り、夜は神作る」のだとある。改めてモモソヒメの失念したことが何であったか、念を押すようにして確認される。その墓は大市(おおち)にある。(6)では大市に大和の国魂が祭られたとある。かつての王権の始原であった神は、大和の土着の神とつながるようにして地方色を強め、人間くさい言動を反復して、たんなる神人通婚伝承の世界へ融けこんでゆく。

(8)では三輪山の神は天皇の命令を受けたチヒサコベノスガルによってとらえられてしまう。神は雷となって天皇を恐れさせるが、もはや「三輪王朝」の始原としての機能は、まったく見られない。『古事記』にも、オホタタネコが三輪の神を祭り、天下が平安になったという話や、三輪の神がイクタマヨリビメのもとに通い、ヒメが妊娠したという話が収められている。それらは「三輪王朝」の王権神話が成立する前の古態を示すというよりは、王権神話が退化し、たんなる神人通婚の説話になってゆく過程を示していると考えられる。

3

それにしても、〝東〟へ押し出された王権の始原は、ほんとうに天皇に祟ったであろうか。正確にいえば、天皇に祟るという関係を神話的な構造として実現されていたか。

まず『古事記』を見ると、仲哀天皇は筑紫に赴き、クマソを討とうとしたが、皇后（神功皇后、オキナガタラシヒメ）に神が憑依した。神は「西の方に国あり」と教え、その国を天皇に授けようと告げた。しかし、天皇は「西の方を見れば、国土は見えず」といい、神託を信じなかった。神は怒って「いましは一道に向ひませ」、まっすぐ死の国へゆけといい、天皇は絶命する。さらに神は皇后の腹のなかにいる子が国を治めると告げ、神の名を尋ねられて、「こは天照大神の御心ぞ。また底箇の男、中箇の男、上箇の男の三柱の大神ぞ。今まことにその国を求めむと思ほさば、天つ神地つ祇、また山の神、また河海のもろもろの神に、ことごと幣帛を奉り、わが御魂を、船の上に坐せて、真木の灰を瓠に納れ、また、箸またひらでを多に作りて、みなみな大き海に散らし浮けて度りますべし」と答えた。神功皇后は新羅を討ち、帰国して胎中の子（応神天皇）を生んだ。いうまでもなく、筑紫から見れば、新羅は海の北にある。しかし、〝西〟へ進めと神は告げた。神から見て、新羅は「西の国」であった。この場合の神とは、まず〝東〟にある「天照大神の御心」であった。同時に摂津にあって、〝西〟の難波の海に面していた住吉（古訓はスミノエ）の大神でもあった。住吉の三神の名が、ソコツツノヲ・ナカツツノヲ・ウハツツノヲであるのは、「津之男」の上に「底つ」（底の）・「中つ」・「上つ」を配したものとする解釈に、私はしたがう。『古事記』はこの三神の誕生について、「水底に滌きたまふ時に成りませる神の名は、底津綿津見の神。次に底箇之男の命。中に滌きたまふ時に成りませる神の名は、中津綿津見の神。次に、中箇之男の命。水の上に滌きたまふ時に成りませる神の名は、上津綿津見の神。次に上箇之男の命」というふうに説明している。海を底のほうと中層と水面のほうとに分け、それぞれを津（港）の神に想定したものであろう。これらの神の意志にそむいて、〝西〟へ進撃しなかった天皇は、神の怒り（祟りといってよい）を身に受けて、たちどころに死ぬ。そこから「河内王朝」の起源の物語が始まるのである。

『日本書紀』でも、仲哀天皇はクマソを討つよりも、海彼の「津に向へる国」（新羅）を服属せしめよとの神意にしたがわず、やがて死ぬ。「即ち知りぬ、神の言を用ゐたまはずして、早く崩りましぬることを」とあるように、天皇の死は「神の言」にそむいた結果である。神功皇后が神の名を尋ねると、神は「神風の伊勢国の百伝ふ度逢県の拆鈴五十鈴宮に所居す神、名は撞賢木厳之御魂天疎向津媛命」と名乗り、さらに別な名を教え、重ねて問われると、「有ること無きこと知らず」とぼかす。そこをしつこく問いつめると、神は住吉三神の名を示し、それ以上は「いるかいないか判らん」と答えた。伊勢の五十鈴にいるという、威力にみちた魂アマサカルムカツヒメは、『日本思想大系』の頭注にあるように、アマテラスの「荒魂」としてよい。もうすこしふみこんでいえば、「津に向へる国」を征服すべく、住吉三神とともに乗り出した、王権のあらたな始原と解することができよう。仲哀天皇はそのたたりを身に受けたのである。神意にしたがった神功皇后は、「朕、西、財の国を求めむと欲す」といい、「既にして皇后、則ち神の教の験有ることを識しめして、更に神祇を祭り祀りて、躬ら西を征ちたまはむと欲」して、橿日（香椎）の浦で髪を解き海に臨んで、「吾、神祇の教を被け、皇祖の霊を頼りて、滄海を浮渉りて、躬ら西を征たむとす」という。物語のなかの「河内王朝」は、あきらかに住吉三神とともに〝西〟の新羅に向かっている。〝西〟へ進むためには、「三輪王朝」の始原をさしおき、その〝東〟に「皇祖」アマテラス（もしくはそれに相当する神）を設定し、その神威に守られなければならない。〝東〟と〝西〟は神話の範疇ではこのように構造化される。[10]

これに対応して、新羅の国王は「吾聞く、東に神国有り。日本(やまと)と謂(い)ふ」といい、服属して「今より以後(のち)は、永く西蕃(にしのとなり)と称(い)ひつつ、朝貢(みつきたてまつること)絶たじ」と誓う。むろん、史実の反映ではない。神話の構造のなかで、〝西〟の異国の王は〝東〟の「神国」に向かい、こういわなくてはならないのである。こうして、「河内王朝」の王権神話の構造が成立した。だがそうなると、構造からはずされる「三輪王朝」の始原は、心やすらかではない。皇后が海を渡ろうとしたとき、兵が集まらなかった。皇后は「必ず神の心(みこころ)ならむ」といって、筑紫に「大三輪社を立てて、刀矛(たちほこ)を奉」ったところ、軍勢が集まった。この「神の心」はアマテラスや住吉のそれではありえない。吾輩のことをお忘れなく、と三輪の神は警告したのであった。

4

胎中天皇ともいわれる応神は、きわめて巫女的な神功皇后のはからいで即位し、「河内王朝」の始祖となる。応神を嬰児として降臨したホノニニギに、神功を女神アマテラスに重ねあわせてみることは容易であろう。しかし、神功はアマテラスほど重視されず、住吉三神も航海神・軍神ではあっても、王権の始原としては三輪の神ほどにも構造化されていない。

『住吉大社神代記』[11]は「天平三年七月五日」という日付にもかかわらず、平安前期の成立とされるが、記紀にもとづいた記述が認められ、古伝を忠実に伝えるところがあった。神功皇后摂政前紀の別伝によれば、神功皇后に憑いた神は仲哀天皇に向かって、「表筒雄・中筒雄・底筒雄」と名乗り、さらに「吾が名は、向匱男聞襲大歴五御魂速狭騰尊なり」と告げた。天皇は「聞き悪き事言ひ坐す婦人か。何ぞ速狭騰と言ふ」といって、皇后を叱った。神は胎中の子がよい国をうるだろうと教え、「是の夜に、天皇、忽に病発りて崩りまし」たという。ムカヒツヲモオソホフイツノミタマは、『日本古典文学大系』の補注によると、「向ひ津をも押し覆ふ」つまり新羅の港まで勢力を及ぼす「厳の御魂」であり、ハヤサアガリのサは神稲、アガリは死ぬことだといわれる。「聞き悪き事言ひ坐す婦人か」という言葉は、天皇と皇后が実質的に敵対関係にあり、仲哀によって表象される古き王権が、胎中の子にとって代わられること、神功があらたな王権を成立せしめることを語っている。この別伝を『住吉大社神代記』は「或記に曰く」として引いているが、天皇死去の記述につづけて、「是に皇后、大神と密事あり。俗に夫婦の密事を通はすと曰ふ」と記す。神は巫女としての神功と夫婦になったというのである。神と巫女の関係としてそのこと自体は、むしろ自然であろう。このほうが本来の形態ではなかろうか。つまり、「河内王朝」

の始祖応神は住吉の神を父とし、その巫女（神功）を母として生まれたというわけである。
もとより、神と巫女の間に敵対関係はない。『住吉大社神代記』は、こうも記す。

御神殿

第一宮表筒男

第二宮中筒男

第三宮底筒男

右の三前は、三軍に令ちたまふ大明神。亦の御名は、向匱男聞襲大歴五御魂。速狭騰尊。又、速逆騰尊とまをす。

第四宮姫神の宮。御名気息帯長足姫皇后の宮。奉斎祀る神主、津守宿禰の氏人は、元手搓見足尼の後なり。

（中略）

斎垣の内の四至東を限る□道。南を限る墨の江。西を限る海棹の及ぶ限り。北を限る住道郷。

凡そ大神の宮、九箇処に所在り。

当国住吉大社四前　西成郡座摩社二前　菟原郡社三前

（中略）

大唐図一処　住吉大神社二前

新羅国一処　住吉荒魂三前

第一宮から第三宮まで、神殿は縦に一列に並び、難波の海〝西〟を目ざす。これを三神というのは、かならずしも的確でない。『古事記』にはサルダビコが貝に手をはさまれ、海に溺れたとき、底に沈んだときの名はソコドクミタマ、その息が水中で泡立つときの名はツブタツミタマ、泡が水面ではじけるときの名はアワサクミタマというのだと記されている。港の神が海底から水面へ姿を見せる動作がそのまま三神の名となり、その動作は水平化され、〝西〟へ向かって海に進む。神域の四至の内、東・南・北の境界は社殿に近い。しかし、西のみは「海棹の及ぶ限り」とある。それゆえ、神ははるかに〝西〟へ、〝西〟へと海を進む。その果てに、荒魂としての住吉神は「津に向へる国」新羅に祭られる。『古事記』には「御杖もちて、新羅の国王（こにきし）の門（かど）に衝き立てて、すなわち墨の江の大神の荒御魂もちて、国守らす神として祭り鎮め」たとあり、『書紀』には「矛（みほこ）を以て、新羅の王の門に樹（た）て、後葉（のちのよ）の印としたまふ」たとある。この神は津守氏の氏神なんぞではない。「河内王朝」の始原としての神である。すでに指摘されているように、津守氏の氏神は大海（おおわたつみ）神社である。[12] 第四宮は住吉の神の神殿の列の脇にある。それは「姫神」であり、本来「住吉三神に奉仕する巫女の神格化したもの」といわれる。[13] つまり、「住吉の大神というのは一直線に海に向かっているのに、これはその脇になっている。巫女のお籠りの場所が神格化されてこういう形になった」というわけで、この姫神が神功皇后とされたのは『住吉大社神代記』編集のときと考えられている。[14] しかし、住吉の神が「河内王朝」の始原として物語に収められた段階で、姫神は神功皇后とされてもおかしくはない。それが社殿配置の上で脇役のような扱いになっているのは、伊勢のアマテラス（もしくはアマテラスになってゆく日神）への遠慮があったものと見ておきたい。住吉の神がいったんは自分のことを「天照大神の御心」だと名乗ってみたり、「五十鈴宮に所居す神」アマサカルムカツヒメだと称したりしているのは、いかにも不自然である。しかし、「河内王朝」としては、かの〝東〟から〝西〟への軸にこだわらねばならず、アマテラスとの折合いをつける必要があった。その結果、神功皇后の神格化が弱められることになる。祭儀において神功（オキナガタラシヒメ）が応神の母神として重い地位を与えられるのは、応神と習合した八幡信仰が成立してからのことであった。本来「河内王朝」の始原たるべき神功をさしおいて、アマテラスは仲哀天皇に祟り、天皇を死にいたらしめ、「河内王朝」の成立を背後から促進する。怒れる神アマテラスはこのような仕事をした。

しかしながら、この怒れる神が流血とかかわることは、周到に避けられた。神功の胎中にあった応神は、戦わずして新羅国王を帰服させたことになっているし、帰国して麛坂(かごさかの)王(みこ)・忍熊王(おしくまのみこ)を神功に擁せられて討ったときは、あらかじめアマテラスが「我が荒魂をば、皇后(おほみもと)に近く(ちかつ)べからず」と告げたとされている（神功摂政前紀）。「河内王朝」の王権神話のかなたに、私どもはまたしてもあの一本の軸を望見することになる。

5

八十島祭について、かんたんに述べておきたい。よく知られているように、八十島祭の文献上の初見は文徳天皇の嘉祥三年（八五〇）九月八日である。『日本文徳天皇実録』(15)に「宮主正六位下卜部雄貞、神琴師正六位上菅生朝臣末継、典侍正五位下藤原朝臣泉子、御巫無位榎本連浄子等をして、摂津国に向ひ、八十島を祭らしむ」（傍点桜井）とあるのがそれである。『延喜式』には「八十島祭御巫、生島巫、ならびに史一人、御琴弾一人、神部二人、及び内侍一人、内蔵属一人、舎人二人、難波の津に赴て祭る」とあり、宮主のほか、巫女・女官が参加し、神琴をひく者の出席もとくに記されている。『江家次第』(16)には「典侍一人を以て使となす。多くは御乳母を用う」とあり、勅使は天皇の乳母とされたようである。難波の津において、一行は海に向かって「西面」し、「神祇官御琴を弾き、女官（内侍）御衣筥を披き、これを振る」という。乳母（勅使）は「御衣」を振り、神霊を付着させたものと思われる。禊を修し、「祭物を以て海に投ず」とあって、これで難波津の八十島祭は終わり、一同帰京するが、帰路は江口の遊女も随行し、纏頭を与えられるのが例になっていた。乳母は参内し「御衣」を返すのである。『延喜式』によると、祭儀に際しては「匏十柄」があらかじめ用意された。

阪下圭八が明確に述べているように、八十島祭は神功皇后の物語と深くかかわっている[17]。神琴を弾くのは、神が憑依するよう乞うためであり、八十島祭に限らないが、記紀ともに新羅征討の託宣を下す神が出現する決定的場面で、琴の弾奏にこだわっているのは見逃せない。恐らくは匏をふくめて、祭物を海に投じたというのも、神が神功に告げた祭り方を想起せしめる。そして、何よりも天皇の乳母が「西面」し、海に向かって「御衣」を振り、島々国々の霊を付着させるしぐさをするところに、神功皇后の力で応神が生まれ、「河内王朝」の始祖として出現する物語を読みとりうる。阪下は「新羅もまた島の八十島にあみこまれてくる」と解釈している。直木孝次郎は「八十島祭とともに新しい王朝がはじまった」と考えられるという[18]。当初にことわっておいたように、私は史実を問わない。八十島祭は物語のなかの「河内王朝」の始原のさまを演じる、聖なるドラマであった。ただし、それはホノニニギの降臨を演じる大嘗祭の秘儀とは、はっきり区別さるべきである。それは大嘗祭とは別種の、神聖な君主が誕生するための、もう一つの聖なるドラマであった。王朝がふたたび大和に拠点をおくようになると、〝東〟のアマテラスの重さは増す。これに対して、住吉の立場は津守の氏神や難波辺の地方神ともいえず、さりとて王権の始原といいたてもならず、といった微妙なものにならざるをえない。記紀の記述からも、そのことはうかがいうる。そして、大嘗祭の秘儀が確立すると、八十島祭は「秘儀」とは別の意味で、ひそとおこなわれるようになる。記録することもはばかられた。『文徳実録』初見の事実は、そのような屈折を言外に語っているのではあるまいか。『住吉大社神代記』が八十島祭に言及していないのは、神社側から積極的にそこまでふみこむのを、時期尚早として、どこかではばかる気持がはたらいたためと思われる。

八十島祭の「御衣」は、「玉体安穏」の祈禱の対象とされた「御衣」ではない。この点について、早く岡田精司が「〈御衣〉は天皇の体を包むものであるから、玉体を象徴するものとして用いられたのであろうが、唯それだけではなく、もっと深い宗教的意味があるらしい」と考え、折口説を援用して、女官が「御衣」の筥を振るのは、「治世の初めに当って新帝の身体に〈大八洲之霊〉を付着せしめ、全国土の支配者としての資格を呪術的に保証しようとしたもの」と説いている(19)。したがうべきであるが、岡田が初期の八十島祭に天皇自身が祭場に赴いたと考えているのは疑問を残す。闇に包まれた大嘗宮の秘儀では、あらたな天皇がマトコオフスマにおおわれて、嬰児ホノニニギを演じることは可能であった。それは「新帝」が「王朝」始原に回帰し、神話的な「始祖」を演じることを意味する。「河内王朝」の「始祖」は、たんに生島・足島(たるしま)の神霊を付着させて「大八洲(おほやしま)」を治める力を身に帯びるというだけでなく、始原にふさわしく、海辺で母神の胎中にあったり、乳呑児であったりする応神として表象される。「新帝」はそれを演じなくてはならない。しかし、参列者の注視するなかで、成人の「新帝」はかようなしぐさをおこないえたであろうか。「始祖」としての「新帝」は、当初から「御衣」として表象されたと思う。かかる「御衣」は大嘗祭で現じるホノニニギとは両立しにくい。しかし、一方では「明神(あらみかみ)と御大(おほ)八洲(やしまのくにし)らす天皇(すべら)」となるためには、大嘗宮の秘儀を重んじながらも、それとは別な意味でひそとおこなう「秘儀」がなくてはならなかった。後者の「秘儀」では、「御衣」は水平の軸上に〝西〟を向いて構造化される。かような「御衣」が文献上に初めて出現するのは、垂直の軸の物語としての王権神話とその祭儀が、大きく変動する段階に入ってからである。それはすでに見たような、「御衣」が「私」なき「公」的な個人としての天皇を表象する時代のことであった。その意味では、八十島祭の「御衣」もまた、平安期に入ってからの、儀礼国家の神話的位相を示していたのである。

注

（1）岡田精司『神社の古代史』（大阪書籍、一九八五年）。

（2）代と世とは区別すべきであろうが、ここは通例にしたがう。

（3）『日本書紀』〈日本の名著〉中央公論社、一九七一年）、これをもとにした井上光貞監訳『日本書紀』上（中央公論社、一九八七年）。

（4）伝承の系譜が異なる可能性があるので断定はできないが、『古語拾遺』に「磯城瑞垣朝（崇神）に至りて、漸に神威を畏まりて、同殿に安からず。故に更に斎部氏をして、石凝姥神の裔天目一箇神の裔二の氏を率て、更に鏡を鋳、剣を造らしめて、以て護の御璽とす。是れ今、践祚の日、献る所の神璽の鏡・剣なり。仍て倭の笠縫邑に就りて、殊に磯城神籬を立てて、天照大神、及び草薙剣を遷し奉り、皇女豊鍬入姫命をして斎ひ奉らしむ」（訓読は〈新撰日本古典文庫〉現代思潮社刊による）とあり、天皇が「神威」を恐れたものと解しうる。

（5）佐々木幹雄「三輪君氏と三輪山祭祀」（『日本歴史』四二九号、一九八四年）。

（6）平得のウミシャグを抄出しておく。

此ぬ神酒　給うらりだそう	この神酒をいただいたのは
大阿母ぬ　神元ぬ　大神酒	大阿母（嶽）の神元の大神酒を
給うらりだゆう	いただきましたよ
みゆさいぬ　御神酒　はやしばどぅ	ミユサイ（粟か）の御神酒を囃せば
世ばなうりぃ	世は稔る
うやぎみゆさ　なゆ　はやしばどぅ	富裕のミユサ（粟酒）をなお囃せば
世ばなうりぃ	世は稔る

〈南島歌謡大成〉四巻（角川書店、一九七九年）による。

（7）古橋信孝「古代の酒の神謡から」（『古代歌謡』〈日本文学研究資料叢書〉有精堂、一九八五年。初出は一九八二年）。

（8）西田長男「伊勢神宮の摷祀（そう）」（『日本神道史研究』八巻、講談社、一九七八年。初出は一九六七年）。

（9）斎藤英喜は「ここには二つの歴史が存在してしまう」と見て、「『起源』はけっして固定されたものではなかった」といっている。斎藤「天皇紀と神託」（『日本文学』四〇巻三号、一九九一年）参照。

（10）〝東〟と〝西〟の神話的な水平軸について、西郷信綱『古事記の世界』（岩波書店、一九六七年）は、伊勢と出雲の関係としてとらえ、「伊勢神宮の創立と出雲大社の創立とは、やはり同じ過程の、宇宙軸の東西における二元的対向であった」とする。倉塚曄子「胎中天皇の神話」（『古代の女』平凡社、一九八六年。初出は一九八二年）は、「記紀で韓国が一貫して西方とされているのは、地理的方位ではなく、東西を宇宙軸とする神話的方位をもって話がすすめられているからである」と説いた。『宋書』倭国伝に収める倭王武の上表文には「渡りて海北を平ぐること九十五国」（訓読は〈岩波文庫〉による）とあり、『懐風藻』序に「神后坎（かん）を征し、品（ほん）帝乾（けん）に乗じたまふに至りて」訓読は〈日本古典文学大系〉による）とある。後者にいう「神后」は神功皇后、「坎」は易にいう正北方の卦（け）、「品帝」は誉田（ほんだ）帝（応神）である。新羅が筑紫の北方にあるという地理上の認識はあったが、神話的な方位としては

〝西〟とされたのである。

(11) 田中卓『住吉大社神代記』(住吉大社神代記刊行会、一九五一年)の原本写真版、及び訓読文による。『平安遺文』古文書編、補遺続、補一、住吉大社司解も、いわゆる『住吉大社神代記』である。

(12) 岡田精司、前掲『神社の古代史』。

(13) 岡田精司「古代王権と太陽神」(『古代王権の祭祀と神話』塙書房、一九七〇年。初出は一九七〇年)。

(14) 岡田精司、前掲『神社の古代史』。

(15) 〈新訂増補国史大系〉により訓み下す。

(16) 〈新訂増補故実叢書〉により訓み下す。

(17) 阪下圭八「神功皇后伝説の形成」(『文学』三七巻四号、一九六九年)。

(18) 直木孝次郎「応神王朝論序説」(『日本古代の氏族と天皇』塙書房、一九六四年。初出も同様)。

(19) 岡田精司「即位儀礼としての八十島祭」(前掲『古代王権の祭祀と神話』。初出は一九五八年)。

Ⅲ　注釈における中世の発現

伊勢参詣曼荼羅（部分）

外宮高倉山の天の岩戸。舞っているのはアメノウズメ役の巫女。岩戸をあけてアマテラスが出現しようとしているようである。向かって左手では参詣人を相手に下級神官が博奕をしており開放的な雰囲気が伝わってくる。

（神宮徴古館農業館提供）

一　即位灌頂と神器

1

すでに見たように、「御衣」は天皇の「現し身」としての「玉体」をかならずしも表象しない。それは「玉体」の身体性を稀薄化させ、「私」ならぬ個人としての在り方を示しながら、「公」的存在であろうとする。それは王権の始原たるアマテラスの祟りさえ受けるものとして、構造化されているのである。その点で、「御衣」は「現つ神」としてのホノニニギではありえない。他方では神功皇后の物語や八十島祭において、「御衣」はアマテラスの祟りから遠ざけられ、「河内王朝」の始原としての、別種のホノニニギでありえた。そして、天孫降臨神話のホノニニギが嬰児であったように、この場合の「御衣」は胎中の児であったり、乳呑児であったりした。王権の神話と祭儀のなかで、幼童神はかような姿でおのれの歴史を造っていった。

宝亀元年（七七〇）に光仁が即位し、天皇の血筋は天武系から天智系に代わった。日本の王権は律令国家の形式と対応するようにして、「天命思想」を中国から導入し、記紀神話と異なる角度から、その支配体制を正当化するイデオロギーたらしめた。これはいちおう政治思想的なイデオロギーといってよかろう。しかしながら、しばしば指摘されてきたように、その「天命思想」には「易姓革命」の論理が脱けていた。天命を受けた天子が徳を欠くならば、天命が革まり、王朝は代わり、他姓の者が天子となる。「天命思想」が必然的に喚起する、このような論理を、日本の王権は排除する。早川庄八によれば、[1]「天武系の諸天皇が意識する天命思想は、本来の天命思想から乖離したものとなってしまっていたのであり、それは天武直系を擁護し絶対化する論理として機能していた」という。天智系では桓武は二度、文徳は一度、天帝を祀り天命を謝したが、これとても「天智を宗祖とし、光仁を始祖とする天智系の血すじの天皇を、むしろ擁護し権威づける」ものであり、「本来の天命思想にたちかえっての、皇統一種を否定する論理とはなりえなかった」のである。そして、天智系の皇統が安定し、「『賢人の良き佐け』によって公卿を含む太政官機構を領導」する道が開かれると、「もはや天皇は成人でなくともよくなる」という事態が生じた。古代王権は天皇制として安定し、その証として、「幼主」（幼帝・幼童天皇）を可能ならしめる。摂関家や院のような権門が実権を掌握し、思いのままに国政を左右しようとして、「幼主」が擁立されたと考えるのは、副次的かつ現象的な事情を重く見過ぎることになろう。

そうはいっても、王統（皇統）が安定したからといって、それだけでは、天皇が幼童でなくてはならぬということにはならない。「易姓革命」の論理を排除すれば、「幼主」個々の人格にかかわりなく、「天子」たりうるわけだが、そうなると、政治的・思想的イデオロギーとしての「天命思想」も変質せざるをえない。記紀神話から逸脱し、本来の「天命思想」ともずれを生じた天皇は、いかにして王権を体現しうるのであろうか。

2

平安期における儀礼国家の形成は、王権－国家の重要な機能として年中行事を成立せしめ、社会の上層に季節的な美意識を共有しようとする王臣共同体を作り、そこから〝王朝文学〟と称せられるにふさわしい作品群を生み出してゆくのだが[2]、その年中行事の最初、元日の鶏明（午前二時）に始まるのが、天皇の元旦四方拝であった。晦日（みそか）の追儺（ついな）が終わると、掃部（かもり）の役人が清涼殿（せいりょうでん）の東庭に屏風をめぐらし、天皇のための座三所を設ける。寅（とら）の一刻（午前三時）に黄櫨（こうろ）の袍（ほう）を着した天皇は、笏（しゃく）を持って屏風のなかに入り、まず北を向き、

「属星」の名を唱え再拝する。次に天地と四方を拝し、さらに「二陵」を拝する。『内裏儀式』(3)によると、その次第は次のようであった。

天皇笏を端して北に向かひ、属する星の名字を称へ、当年の属星の名は禄存、字は禄会、これ北斗第三の星なり、再拝し呪して曰く、賊寇之中過度我身、毒魔之中過度我身、危厄之中過度我身、毒気之中過度我身、五兵口舌之中過度我身、五危六害之中過度我身、百病除愈所欲従心急々如律令。次に北に向かひ、天を再拝し、西北に向かひ、地を再拝し、次を以て四方を拝す。次に笏を端して遥かに二陵に向かひ、両段再拝す。

「属星」は各人の生年の干支を北斗七星に配分したもので、「本命星」ともいう。『江家次第』によれば、次のようである。

子年　貪狼星字司希神子　丑・亥　巨門星字貞文子
寅・戌　禄存星字禄会子　卯・酉　文曲星字徹恵子
辰・申　廉貞星字衛不隣子　巳・未　武曲星字賓大恵子
午年　破軍星字持大景子

これと別に「当年属星」といって、その年によって変わる、一年限りの属星もあり、「年星」とも呼んだ。これは九執（九曜星）をあてる。『内裏儀式』にいう「当年属星」は、九執でなく北斗七星の禄存星をあてているから、「年星」とは考えられない。所功は「おそらく延暦五年丙寅生まれの嵯峨天皇を指していることになろう」と推定する。これは所が『内裏儀式』の成立下限を嵯峨天皇の弘仁九年（八一八）とし、元旦四方拝の成立を弘仁年間に求めていることと関連する。[4]天皇の本命星とすべきは一字頂輪王、すなわち北極星（北辰）と考えられる。[5]北斗七星を本命星としたのでは、天子固有とはいえない。『建武年中行事』には、

まづ北辰を拝する座にて、二拝、属星の名をとなふ

とある。天子が北斗七星を本命星として拝んでいるうちに、北辰と北斗七星の区別がつかなくなってしまったらしい。また、天皇が唱える呪句も、「我身」の無事を祈るもので、これまた天子固有とはいいにくい。すでに属星を拝する儀において、天皇は個人としての「我身」の立場を明示していた。この点は元旦四方拝の特質が変化したのでなく、当初からそうなっていたと考えられる。[6]

天地を拝する儀について、『北山抄』[7]は、

また皇天上帝は北に在り、仍て天子北に向ひて天を拝す。庶人天地を拝せず。また一人（いちじん）（天皇）の儀に異なるべし。仍て尋常の例に任せて、乾坤に向ひて拝するのみ。

という。乾坤（いぬいさる）（けんこん）には天地の意がある。庶人は西北・西南の方位を拝するが、それで天地を拝することにもなるのだという、かくされた意味がこめられていたのであろう。ここでは天

子と庶人とは、はっきり区別されているように見受けられる。しかし、これも『江家次第』になると、「庶人の儀」として、「北に向かひて属星を拝す。乾に向かひて天を拝し、坤に向かひて地を拝す」とされており、庶人もまた天地を拝するものと、明示されるようになった。王権の儀礼が民間にひろまってゆく一つの事例であり、民俗が王権の基礎にあるはずだという予断に再考を迫る。「一人の儀」はそのものとして貫徹せず、拡散するのである。

「二陵」を拝するというのは、天皇の父母の陵を拝するという意である。これは四度拝するのであり、「両段再拝」と称する。『北山抄』には、

本朝の風、四度神を拝す。これを両段再拝と謂ふ。本これ再拝なり。しかるに三宝（ここは僧侶）及び庶人と異なるため、四度拝す。仍て両段と称するなり。

とある。天皇は父母の陵を「両段再拝」する。そこに「庶人と異なる」天皇の儀礼の特質を求めることができよう。しかもそれは父母の陵を拝するという、天皇の家を前提としていた。むろん、「御父母現存の時、この御拝無きか」とあるように、父母生存のときは、この儀礼はない。しかし、そのことはさして重要でない。天子の父母の陵を拝む儀礼が年中行事の冒頭にあり、元旦の夜もあけやらぬとき、まずもっておこなわれるべきだとされたことを重視すべきであろう。元旦四方拝において、天皇は「現つ神」とはへだたった個

人として現われながら、同時にほかならぬ天皇の家に帰属するゆえに、この儀礼をおこないうることを示そうとする。それをあきらかにするのが、「二陵」への「両段再拝」なのである。ところが、『江家次第』の段階になると、「庶人の儀」としておこなわれる元旦四方拝においても、

墳墓両段再拝

とあるように、父母の墓に向かって両段再拝することは、王権を王権たらしめる所作ではなくなる。

元旦四方拝が「玉体安穏」の修法と異なるのは、第一に天皇自身が清涼殿の東庭に出て、「我身」の「安穏」を祈るところにある。この場合、「玉体」に代わる「御衣」は用いられない。その必要がないからである。第二に「御衣」を用いる修法と異なり、ここには「幼主」と結びつくような装置も所作もないことである。「二陵」を拝する座を設けるのは、天皇が子として親を拝する所作のためであるが、『北山抄』に「幼主は座を設けて拝せず」とあるように、幼童天皇を重んじる風は見られない。

大嘗祭の秘儀は「庶人」へ向けて拡散しない。「庶人」が「現つ神」となって、王権を掌握することは、きびしく排除されねばならないのだ。しかし、元旦四方拝は「庶人」へ向けて拡散する。年中行事としてのこの儀礼には、王権を王権たらしめる神話的構造が弱

いからである。その点では、「御衣」を用いる祭式儀礼のほうが、より強度な王権の神話的構造を持っているといえよう。むろん、元旦四方拝において、「一人の儀」として「北に向かひて天を拝す」る所作は、「皇天上帝は北に在り」という観念に依拠しているし、天武系皇統が断絶したあと、桓武や文徳が中国にならって郊祀をおこない、天智系皇統を復活した光仁を「昊天上帝」(天帝)に配祀したことも見逃せない。桓武・文徳の「三度の祭天の儀は、皇統一種の範囲内で王統が天武系から天智系に代ったことの正統性を、天下に誇示する儀式であった」といわれる。「皇統一種の範囲内」だけで「天命」が下るのであり、「矮小化された天命思想」にとどまる。(8) いいかえると、「易姓革命」をおこす「天命」を下しえぬほどに、「昊天上帝」も「矮小化」されている。元旦四方拝が「庶人」へ向けて拡散していったのは、当然であろう。

かような状況のなかで、王権はいかにして王権たりうるか。政治的・思想的イデオロギーとしては、ほとんど「荒唐無稽」としかいいようのない混沌のなかから、その神話的構造はゆらゆらと浮かんでくる。構造自体が「くらげなすただよへる」かのように思われる。「昊天上帝」は「天つ神」の主宰神とすりかえられる。「天命」と「神勅」とは混同される。「天子」はそのまま「皇孫」と重ねあわされる。そのとき、「幼主」は王権神話の次元での「幼童神」として聖化されうる。すくなくとも、聖化される、絶好のチャンスが生じたとはいえよう。ホノニニギがマトコオフスマにおおわれたように、「幼主」は「御衣」に包まれ、やがて王権のためのあらたな物語をささやきかける。それは記紀神話と天命思想のイデオロギーの差異を超えて、王権神話の構造のなかで、初めて見えてくる出来事なのである。そして、「御衣」において、王権は個人として現象する。個々の天皇の人格を超えた、いわば抽象的な個人という社会的関係を具現する。後七日の御修法の対象が天皇の「現し身」であったか、「御衣」であったか、かえりみれば、さしたる問題ではないかも知れぬ。容易に「御衣」におきかええたこと自体を、まずもって問題にすべきであろう。

3

伊勢市倉田山の緑蔭にひそと建つ神宮文庫に、

此の太神に付し、弘法大師十余巻の尺を作り給へり。此記をば無題記と名づく。一期の御作の縁の内に入れ給はずして、別録に記さるる故に、無題記と云ふなり。三宝院の嫡々及び御室(おむろ)の御前にのみ在り。今に至るまで、世間に流布せざる書なり。

と記された、中世の神道書がある。『天照大神口決』(9)と名づけられている。「口決(くけつ)」(口訣)とは口伝えさるべき秘伝・奥義である。それが書きとめられると、これも「口決」と呼ばれる。同書は鎌倉末期の成立かと考えられており、時代はかなり降るが、私はそこから王権のための物語がささやかれるのに、耳を傾けようと思う。神宮に仕える子良と呼ばれる童女が、「朝夕の御饌を取り続ぎ備る時、天照大神の秘法を修行すること有り」といわれるが、まずは「秘法」について、その由来を説く「摂籙の縁起」の部分を読もう。

大師太神の秘記に云はく。深法をば物忌の子良修行すべしと、云々。子良と云ふは物忌が子孫なり。昔大和姫の皇女より此の秘法を伝へて、今に至るまで、御饌の度に法味を備ふ。此の天照大神を遷して下野の松岡の明神と云ふ。本地吒天（吒枳尼天）なり。此れより鹿島の大明神と現ず。春日と現ずるなり。此の鹿島、吒天と現われて、大織冠（中臣鎌足）生れ給ひぬ。初めこれを奪ひ取りて、四方を廻りて仰きに寝ねて、腹上にして、「自尊佐理均（き）在位、七歳作座冠天子」、此くの如く誦して親に還す時、今の太神の秘法と、藤にて巻きたる鎌一つを加へて、親に還して言はく、「汝、此を以て天子の師範に登るべし」と。其の後、蘇我の大臣と云ふ悪人あり。此の鎌（子）を以て、蘇我の大臣の頭を切りて、天下を平らげて、大臣の位に登り、法を以ては天使に授け上る。御即位と云ふは、此れより始る秘法なり。藤巻の鎌を以て昇進する故に、鎌とも云ふ。藤にて巻きたる故に、藤原の氏を給ふなり。殊に奈良法師（ここは氏寺興福寺の僧）此の大事を知るべき事なれども、真言に非ざれば知らざる故に、一向無沙汰なり。然れども、弘法大師南面（円カ）堂の内に春日の本地不空羂索を安置し、其の下に一言主の御前とて祝給へり。此れ吒天なり。其の旁に踏まずの石とて有り。春日の社にも此の石あり。興福寺にも石立てて有り。猿沢の池に春日の御神木、皆是天照太神の深秘の法門なり。図形口伝の如く知るべし。

弘法大師と天照大神の授けた「秘記」なるものがあり、アマテラスを伊勢に遷したヤマトヒメがこれを伝えたと称する「荒唐無稽」な物語である。『神代秘決』[10]にも同じ内容の記述がある。政治的・思想的イデオロギーの次元でこれらを読めば、混乱するばかりであろう。まずは、神話の構造という次元に移して、読み解かねばなるまい。

『天照大神口決』によれば、ダキニ天はアマテラス（下野にては松岡明神）の本地であり、鹿島・春日の明神と現じた。『神代秘決』になると、この関係は一気に拡大する。

四に本地を明かにすれば、下総国松岡の大明神は、本地は是吒天なり。是鹿島大明神の本社等の情（聖カ）霊なり。鹿島は今の春日大明神なり。其の本地を尋ぬれば、是天照太神の外宮なり。明かに知る、大職（織）冠及び吒天は、天照太神の変身なり。故に春日の大明神と顕はれ、接録（摂籙）（摂政・関白）を護り給ふなり。

ダキニ天は松岡の明神の本地だといったとき、アマテラスの本地であることは予測されている。これは鹿島の聖霊であり、春日と等置される。その本地はアマテラスの「外宮」

だという。伊勢の外宮の祭神は豊受大神であるが、ここは春日をアマテラスの「外宮」視したものであろうか。そして、鎌足も彼を腹上に乗せて呪句を授けたダキニ天も、ともにアマテラスの「変身」とされ、結局すべては同一の神格と考えられるのである。さらに、

　此の吒天を以て稲荷大明神と名づけ、東寺の鎮守と為し給ふ。

とあるように、吒天は稲荷神であり、東寺の鎮守神でもあった。アマテラス＝ダキニ天であることによって、王権の天上での始原は、摂関家にとっての天上の始原に擬すべき氏神（鹿島・春日）やその地上での始原に擬すべき始祖的人物（鎌足）と同じ神話的機能を有する神格であり、それゆえに王権を王権たらしめるだけでなく、王権を助ける摂関家をも擁護する。同時に王権の始原はダキニ天として、密教の拠点をも守るというわけである。このような「荒唐無稽」な関係が成立しえたのは、狐霊と習合したダキニ天が登場し、幼童を腹上に乗せた所作のせいであった。この奇怪な出来事に中世王権の神話的な核心がかくされている。

　幼童の誕生はぼかしてある。『天照大神口決』は鹿島明神がダキニ天として現じ、大織冠が生まれたとあり、ひょっとすると、鎌足の父は鹿島明神＝ダキニ天ではないかと、ほのめかすにとどまる。『神代秘決』はあるときある女が一人の子を生んだとあるばかりで、そっけない。摂関家にとっての始祖的人物が登場するのだから、神話的に重い意味を帯び

た父と母とがまず出現してよいはずなのに、政治的・思想的イデオロギーの次元ではそれをはばからざるをえぬ事情があったのではあるまいか。これを神話的な構造の次元に移してみると、父は狐霊＝ダキニ天であり、母はそれを祭る巫女（みこ）であったと考えられる。その子鎌足は、王権‐国家を否定する力の象徴としての入鹿（いるか）を討つ。入鹿がなぜ討たれねばならぬのか、「悪人」であるからだとしかいいようがない。しかし、どのように「悪人」であったか、何の説明もないのだから、入鹿は神話の構造上そのような機能を割りあてられているのだとしかいえまい。見方を変えれば、鎌足は生まれたときから、本人の意志にかかわりなく、王権‐国家を否定するものを制圧する役割をになっている。常人にはとてもそんな役割りを果たすことはできそうにない。この世ならぬものの力が必要となる。そういう異常な力を幼童に授けたのが、父としての狐霊＝ダキニ天であり、その〝血〟を受けることで、幼童（鎌足）は父から授かった鎌によって入鹿を討ちえたのである。鎌によって人の首を切るという奇妙な話は、はるか大祓の祝詞の「焼鎌の敏鎌」と呼応し、これを継承した六字河臨法の伝承（後述）ともつながろう。いかにダキニ天と習合しているとはいえ、ただの狐がそこいらの赤ん坊に、剣や弓矢でなく、人を謀殺するのに適しているとはいえぬ鎌なんぞを授け、よりによって入鹿を討たしめるであろうか。そればかりか、ここには異類婚としての神と巫女の関係が構造化されている。そして、それこそは大祓（おおはらえ）の祝詞（のりと）における国つ罪の一つ、「畜犯す罪」にほかならなかった。中臣の家の神話の大きな流れを見る思いがする。それは神話の構造において必然であり、しかも摂関家の先祖が狐などとは、イデオロギーの上では絶対に語られてはならぬ物語であった。

「摂録（籙）の縁起」は国つ罪である異類婚を核心にすえることによって成立した。それは王権神話の秩序のなかで、差別され、排除さるべき神話的な罪を負う。しかも、そのような罪を負うことで、神の〝血〟は摂関の〝家〟に流れこみ、天子の師の位に立つよう促しつづける。大祓によって清められねばならぬ罪穢にまみれることで、摂関家は天子をしのぐほどの神話的活力を帯びる。すんなりと儀礼国家の王臣共同体に収まりきらぬ危うさを抱えることで、その〝家〟は繁栄するのだが、既存の神話的秩序に従属し、その危うさを秘匿しようとする限り、繁栄の原動力となった〝血〟の流れをおおいかくさねばならず、ついに王権を凌駕できない。そうした摂関家自体の背理を、政権の政治的な構造としてとらえてゆくと、「平安中‐末期の貴族政治において、国政の中心は決して摂関家政所や院庁にあったのではなく、基本的には太政官を中心とする従前の政治機構・組織によって政治が運営されたと判断するより外ないであろう。そしてその運用の主導権を事実上掌握していたのが、摂関であり、上皇であったのである[11]」ということになるのではなかろうか。「運用の主導権を事実上掌握」することは、かならずしも王権の特徴とはいえない。その

「運用」が全社会的規模で妥当すべき、神話的もしくは観念的な根拠となることこそ、王権に期待される。

それにしても、きわどい話である。狐霊＝ダキニ天は嬰児＝鎌足に「天子の師範」「天子の師位」となる力を与える。古代王権の神話と祭儀において、王権の天上の始原＝アマテラスは、王権の地上での始原＝ホノニニギに神勅を与え、嬰児のまま降臨せしめる。ダキニ天は藤原氏の氏神である春日・鹿島と一体なのだから、いわば摂関家の天上の始原に擬することができる。そして、この天上での始原は、嬰児である鎌足を摂関家の地上での始原たらしめる。さすがに天上界から降臨するという話には仕立ててないが、構造上はほとんど同型の話といってよかろう。そのことはダキニ天がアマテラスの「変身」だとされていることから推定できる。それはかくされた一種の〝天孫降臨〟なのである。けっして語られてはならぬ〝天孫降臨〟の変形譚を成立させるために、ダキニ天は多義的に表象されねばならなかった。つまり、何にでもなりえたのである。しかし、王権の始原に相当する神が多義的になることは、クラストルのいう「一」であることとは逆の方位を向くことを意味する。そのような神を核心にすえた王権神話の構造は弱体化し、それに見合った祭儀は何を演じるのか、はっきりしなくなってしまう。だからといって、何ごともおこなわれなかったのだ、と断定することはできない。

『後三条天皇御即位記』(12)によれば、治暦四年（一〇六八）七月二十一日、狭義の即位の礼で高御座に登壇するに際して、後三条天皇は前例のないしぐさを演じた。

未一点、震儀出御。関白左大臣、左の御手を扶け、内大臣、右の御手を扶く。烏舄を著せしめ給ふ。内府の説に云はく。件の舄、前例は赤舄を著し給ふと、云々。然れども、主上長元の御記（後朱雀天皇即位記）を尋ね、著せしめ給ふなり。また（内府の説）高御座に著き御します間、脱ぎ給ふべしと、云々。然れども、脱ぎ給はず。履緒有るに依る。また三条院即位の時、小安殿より笏を端し歩行すと、云々。今度然らず。主上、此の間手を結ぶ。大日如来の印の如く拳印を持す。

赤い靴でなく、黒い靴をはいたとあるのは、源師房のいう「前例」にはそむくが、別な「前例」があった。緒のある靴をはいたため、高御座へ登るときも脱がなかったというのも、やむをえまい。三条天皇即位のとき、大極殿の後房から出発し、高御座へ登壇する間、「笏を端し」て歩いていったとあるのは、当然の「前例」であった。しかるに、後三条天皇は金剛界大日如来の印である智拳印を結んだため、笏を持たなかったというのである。「前例」のない、異様な所作といわねばならない。辻善之助は「智拳印の如しとあるのみで、実際にその印を結び給ひしや否や明かでない」として、「蓋し高御座に着御の時、空手に在すのが都合悪いために、智拳印の如く指を結ばれたのであらう。天皇は早くから密乗をうけてゐらせられたから、着御の時の御手の置場を考へられて、偶々大日如来は宇宙の本体であるといふに依つて、その印を結ばれるのがふさはしいところから、之を結ばれたのであらうか」と考え、「当座の御考へ」による所作に過ぎないと見ている。[13]辻の見解に対し、上川通夫は「概ね妥当な見解と言える」と評し、これを支持している。[14]辻がこのように述べたのは、第二次大戦中のことで、戦局が激化し、日本軍の敗色が濃くなった段階であり、軍事力・工業力の劣勢化に反比例して、神話的な国体イデオロギーが極度に強調された時期であったから、天皇即位の核心に密教が食いこんでいたことを断言するにいたらず、「大日如来は宇宙の本体」だとする考えにしたがったものとほのめかすにとどめざるをえなかったかとも思われるが、いずれにせよ、即位礼では天皇は笏を持つのが当然であり、その「前例」をあえて無視したことが重要なのである。手持ち無沙汰で印を結んでみたのではなかろう。そして、天皇が笏を持たず、印を結ぶという異様な所作を始めたとき、かの大日如来も、「宇宙の本体」とはいうものの、同時に既成の宗教的イデオロギーの枠に収まりきらぬ何ものかに変じようとしていたのではあるまいか。

4

昔、インドで国王の即位や立太子のとき、四大海の水なるものをその頂に注いだ。日本で即位灌頂がおこなわれるようになるのは、平安後期以降と考えられるが、即位儀礼として定着するのは、もうすこし時代を降ってから、鎌倉～南北朝期あたりと見られている。上川通夫によれば、即位灌頂の確実な初見は鎌倉後期の伏見天皇即位のときであり、平安後期にはまだ理念・言説のみにとどまり、恒例化するのは南北朝合一直前の後小松天皇からであるという(15)。これは文献史料による実証をやや狭い範囲でおこなった感がある。天永二年（一一一一）をさして降らぬころの成立とされる三善為康の『拾遺往生伝』(16)巻中の浄蔵伝には、宇多法皇について、

> 所謂亭子の禅定法皇は、昔は四海の灌頂を受けて、日域の王たり。後は三密の灌頂を受けて、月輪の、主たり。

といっている。「日域」は日本のことで、大日とか日輪を直接意味するわけではないが、「月輪」はあきらかに月輪観と直結する。四海の灌頂は四海領承法ともいわれた即位灌頂の修法を意味し、三密の灌頂は宇多上皇が東寺で灌頂したことを語っている。〈日本思想

大系〉の頭注のいうとおりであろう。これをしも、筆舌の上のこととのみ評すべきか。よしんば、そうあろうとも、平安後期の即位灌頂の帯びる意味は重いと見る。櫛田良洪が「もとより寛平法皇がこの四海灌頂に浴せられたという意味ではあつてもそれを史実として認め様というのではない。然し平安末期には神祇灌頂として即位灌頂の四海領掌の灌頂があつた事実だけは認めて差支えない(17)」といっていることのほうが、より的確だとは思われる。

即位灌頂というと、一部の研究者を除いては、多くの人々から、中世の得体の知れぬ秘儀か呪術のように見られてきたが、文学・宗教・歴史の諸領域で、王権の中世的な特徴を示す密教的儀礼として、それにふさわしい評価が与えられるようになった。かえりみれば当然のこととはいえ、そこにいたるまでの貢献をなした業績を逸することはできない(18)。即位灌頂とはまず摂籙の臣が新帝に印明(いんみょう)を授ける。印は印契(いんげい)・印相(いんぞう)のことで、仏・菩薩や諸尊の悟りの内容を象徴する。手によってさまざまの象徴の仕方があり、持物を用いることもある。明は明呪(みょうしゅ)であり、無明を断ち、悟りをうるための呪句である。真言ともいい、陀羅尼(だらに)ともいう。新帝は狭義の即位の礼のとき、手には授けられた印を結び、口のなかで声には出さぬまま明を唱え、高御座に登るものとされる。これによって、即位灌頂が成就すると考えられた。これを裏づける神話的な伝承とそれを実修する密教的な作法によって、東密（真言宗系）の東寺即位法と台密（天台宗系）の天台即位法に大別される。すでに見た『天照大神口決』や『神代秘決』の記事は、東寺即位法にかかわる。

鎌倉末期、醍醐三宝院では憲淳の弟子隆勝と道順とが法流の正嫡を争い、前者は持明院統、後者は大覚寺統についた。『鼻帰書』[19]（ビキショ・ハナカエリショ・ハナカエシショと訓みは一定していない）の伝えるところによれば、道順はひそかに伊勢山田外宮世義寺の治部律師のもとにあり、小野流の大事を律師に伝えた。「其の中に今の御即位の辰狐の法を、是天子の大事、当宮最初より今に至て秘法なり、毎日御饌の次に子良修する法なりと云ひて、律師に授け畢んぬ」とある。のちに智円律師が伊勢に来て治部律師の坊に宿をとったとき、智円は広沢流の大事を治部律師に授けた。治部律師は喜悦し、かの「即位の大事」を智円に伝えた。師が弟子になり、弟子が師になったというわけである。その際、治部律師は「先師」道順の言葉を、こう伝えた。

> 此の法に二義有り。一義には前に大覚寺殿御不審の如く、明なくして印の様なる物有り。是は天照太神より昔の教へより前の相伝なり。印の様なりと云へども、印に非ず。只此辰狐の帰する時の約束なり。右の手を以て左の肩に覆ひ、左の手を以て右肩を覆ふ。次に下に向けて右手首を上にも（ママ）、左の手首を下にして、合掌して中へ返して、塔婆印なり。最初には合掌するなり。委は此の法を伝へし切紙の如し。二つには大師御

将来には、前の印の様なる物をはたらかさずして、最初に唵（をん）と云ふ時合掌して、右の手を左の肩にかくる時はダキニと云ひ、左の手を右の肩にかくる時はキヤチと云ひ、左右の手を右を上に左を下に、下へ向くる時にはキヤカと云ひ、内へ返す時はネイエイソワカと云ふ。是則ち前の太神宮相伝の印に真言を大師切宛て給ひたるなり。但し大師の相伝一流には、印三つ有り。其の三つと云ふは、一番には智拳印にセンダマカロシヤダム（ウン）と云ふ忿怒（ふんぬ）（忿怒王、ここは不動明王）の明ばかり授けたり。第二には前の左右の肩にかくる印なり。第三は外五古の印にヲンダキニキヤチキヤカネイエイソワカ、三つの法を授けたり。

是を宮庁にて授け給ふ時に、辰狐を二つ金銀にて作りて左右に立て、四海の水を取りて御鬚（ひげ）をかき、内宮のは竹の文、外宮のは円の文なり。是を冠文にしたるを着して、位につき給ふなり。此の次第は前の太神御相伝も今の大師御相伝も同じ事なり。（傍点桜井）

治部の律師は神宮の子良が唱える明のないことを知り、はて大師の切り宛てたという真言との関係はどうなるのか、たしかめたいと思った。そこで、かつて子良であった姪（めい）を呼んだ。

是を呼び寄せて、汝は御饌の時此の如くせしかと問ふ。時に姪の云はく、長官是を知り給ふ歟と云ふ時に、律師の云はく、是真言の中の相伝なりと云ふ。時に姪に問ひて云はく、汝御内に是を修せし時は、口には何事をか唱へしと問ふ。姪云はく、口に別して云ふ事なし、只蹲踞して、を〻〳〵と三度口に云ひて、外に別事なきなりと云ふ。[20]

東寺即位法には二義ある。一つは神話的な太古、アマテラスよりの相伝と考えられるもので、辰狐とかかわる。これは印のみで、明がなかった。弘法大師はこれに真言をあてた。のちに大師相伝の一流（東密）では三印二明ということになった。三印二明については、『鼻帰書』だけでは、はっきりしない。『神代秘決』で補って、後述する。伊勢神宮でこの即位法を修するとき、辰狐像二体を用いる。辰狐はダキニと重ねあわせて理解してよい。その冠の文は、内宮の像には竹、外宮の像には円と定まっていた。[21]「四海の水」なるものを用いて、狐の鬚を描いたというのは、即位灌頂の意をこめたものであろう。大師はアマテラス伝授の法に真言をあてたというが、しかし子良の証言では、ただ「を〻〳〵」と三度口に出すだけのことで、実際に真言を唱えることはなかったと思われる。治部律師が伝えたのは、このような修法であった。

『神代秘決』東寺御即位品では、「太神の深意より出づる大法」を「本法」とし、これに大師が切り配ったと伝える真言を、「四海領掌の明」ともいい、「吒天の明」ともいう。東寺即位法の本尊はダキニ天とされたから、「吒天の明」は格別尊重されねばならず、「太神の深意より出づる大法」と結びつけようとしたものと思われる。むろん、史実としての空海の事績とは関係のない、後代の伝承である。神宮の子良は、そこまで密教側の事情に深入りせず、ただ「をう〳〵」というばかりであったが、ともかくも、これで「印明共具足」することになった。弘法大師はさらに印明を加えたという。

> 四海領掌の一法に二法を加へ、当時（今は）三印二明なり。其の三印二明は、一に金剛薩埵（さった）、外五古印なり。曩謨三満駄縛曰羅戦荼摩訶盧社駄吽（ナウマクサンマンダバザラセンダマカロシャダウン）。二に智拳印、先の四海領掌の明を用う。是吒天の明なり。已上（いじやう）は大師の加法なり。先の四海領掌の法に加へ、三印二明なり。

外五古印に不動明王の慈救（じく）呪をあて、智拳印に「吒天の明」をあてた。これで二印二明ということになる。「太神の深意より出づる大法」はもともと明がなく、子良も唱えるわけではないから、大師の切り配った「吒天の明」は、大師加法としての智拳印のほうに廻す。したがって、「大法」は一印のみで明がないことになり、合わせて三印二明になる。いささかわずらわしいが、三印二明の数え方から、ダキニを王権の始原と直結しようとする動きと、そこまではふみこまずに、神宮の作法を守ろうとする動きとの葛藤を垣間見ることができよう。

もともと「太神の深意より出づる大法」は、密教とも即位灌頂ともかかわりなく、むろん真言をともなわぬかたちで、朝夕外宮の御饌殿でおこなわれた神事である。平安初期の外宮の儀式を記した『止由気宮儀式帳』(22)によれば、

二所の太神の朝の御饌夕の御饌供へ奉る行事

の「供膳物」として、次のように書かれている。

天照坐皇太神の御前に。御水四毛比、御飯二八具、御塩四杯、御贄等。
等由気太神の御前に。御水四毛比、御飯二八具、御塩四杯、御贄等。
相殿の神参前に。御水六毛比、御飯三八具、御塩六杯、御贄等。

「毛比」（盌）は水を盛る器である。「二八」は十六、「三八」は二十四。神饌の供進は物忌（子良）がおこなう。毎日二度の神饌は外宮御饌殿で供進された。アマテラスへの神饌もここでおこなうのである。山本ひろ子は「御饌殿での神饌供進のさ中に辰狐法が修せられた」ことを強調するが(23)、これは密教の側で古来の神事に辰狐法をおしかぶせ、即位灌頂と結びつけた言説なのであって、かかる言説におおわれながら、子良の作法はかならずしもこれに同化してはいなかったと思う。

　奈良市菩提山町の正暦寺に伝わる『伊勢曼荼羅』二幅は鎌倉期の作と見られるが、これについて西山克は注目すべき読解を試みた(24)。西山によれば、外宮の画面には参道沿いに巨大な常緑針葉樹（五百枝杉）、内宮の画面にも同じく巨大な広葉樹が描かれており、いず

れも二の鳥居の内にあるという。中世には二の鳥居は「威儀をただださない無秩序な仏法の、個別的な侵入」を食い止めるという意味を帯びたランドマークであった。ただし、「念珠・本尊・経巻を持つ一般男女と異なって、僧尼、それも威儀をただした僧尼の念珠が二の鳥居の内部から排除されていなかった」こともたしかで、三の鳥居までは入るのを許されたようである。そして外宮の五百杉に、雲に乗って影向する黄衣の僧が描かれており、西山はこれを弘法大師と推定する。見方を変えれば、弘法大師はかなりきわどい境界に影向したことになる。また、内宮の巨木と参道をへだてたところに「狐狼館」と注記された社殿が描かれている。子良館である。この文字注記は絵画の制作から若干おくれて真言系修験の徒によりおこなわれたと推測されており、子良を「狐狼」と書いたのは、彼女たちが朝夕の御饌供進に祭して辰狐法を修したことによるものであったという。教わるところ多いが、いささか私見を加えれば、仏法が聖域を侵犯するものとして排除されつつも、なお三の鳥居までは進むこともできるという危うい場所に、日本での真言の始祖＝始原である大師が姿を現わすことと、古来の作法が辰狐法として密教的な即位儀礼に編入されようとする危険にさらされた子良の館が、同様に危うい場所に位置づけられ、かつ「狐狼館」とまで注記されたこととは、重ねあわせて理解できると思う。そこから、けっしてすんなりと両立できぬものの葛藤を読みとることができよう。神仏習合を排する近代の国家神道を批判するのはよいが、それとは別に、中世ならば中世の神仏習合自体の抱えている葛藤・対立をしかと見すえておく必要がある。

さて、葛藤のなかで、「太神の深意より出づる大法」は語りつづける。

口伝に云はく、左肩に懸くるは、女(め)の吒祇尼(だきに)、(梵字)アビラウンケン、台(胎)蔵界なり。次(つぎ)に右肩に懸くるは、男の吒祇尼、縛曰羅駄都鑁(バザラダドバン)、金剛界なり。故に御即位の時、金銀を以て男女の吒天を作り、帝王の左右に立つるなり。即ち師子殿の作法是なり。

「師子殿」はシシデンであり、内裏正殿たる「紫宸殿(ししいでん)」を意味するのではないか。新帝の左右に立てられる辰狐＝ダキニの像は、女は胎蔵界大日如来の真言、男は金剛界大日の真言をあてられ、それぞれ内宮・外宮を表象する。天皇が「現つ神」としてではなく、あたらしい君主として即位する決定的な場面で、王権の始原であり摂関家の始原でもありえた狐霊は、伊勢神宮と密教とを同時に体現し、即位を成立せしめる。これが東寺即位法における王権神話の構造であった。

山本ひろ子のいうように、「即位灌頂は、紛れもなく異類の灌頂」（傍点山本）であった。そこでは「人獣交渉史はひとつのクライマックスを迎えた」のである。そのとき、アマテラスは「天皇家の祖神という神格ではなく、神祇灌頂という、密教の師資相承に習った血脈の鼻祖」ともいえる。[25]『鼻帰書』の「鼻」字の意味は、そのように理解すべきであろう。

血脈（けちみゃく）は師から弟子へ仏法が受けつがれてゆくことである。むろん、アマテラスはたんなる「血脈の鼻祖」になってしまうわけではなく、依然として多義的に現われる。上川通夫がアマテラスの多義性に目配りしながらも、「即位灌頂の実修形態は、大日如来の擬態であって、天皇は、釈尊の使者でも仏の分身でもない、大日如来に変身したのである」といい、補足するようにして、「即位灌頂をも実修する天皇については、天照を始原にする伝統的観念に加えて、中世的密教の論理による、大日如来としての本地顕現、と理解されたのではなかろうか」（傍点桜井）といっているのは[26]、傍点部のような条件付きながら、宗教的イデオロギーの次元において、中世の王権神話をやや単純化してしまったように思われる。つきつめていえば、即位灌頂に現われる始原は、ダキニ＝狐霊とされることによって、アマテラスにも大日如来にも、ダキニ天そのものにも還元しようのない、わけのわからぬカオスそのものとして現じたのであって、その構造上の機能をとらえることが、何よりも重要であろう。

5

天台即位法では、狐よりも、いわゆる菊慈童が主役となる。慈童説話は『鷲林拾葉集（しゅうりんしゅうようしゅう）』

『法華経直談抄』『天地神祇審鎮要記』[27]等にも収められているが、ここでは神宮文庫の『天台方御即位法』によって、摘記しておく。

周の穆王が八頭の霊馬に乗り、十万里の山河を一気に飛び越えて中天竺の舎衛国にゆくと、霊山で釈尊が法華の説法をしていた。釈尊が「我に治国の法有り、汝受持せんと欲するや否や」と問うと、王は「願はくは、信受奉行して、理民安国の功徳を施さん」と答えた。「爾の時世尊（ここは釈迦）漢語を以ちて、四要品の中の八句の偈を穆王に授け給ふ。今の法華の中に経律の法門ありと云ふ。深秘の文、是なり。王震旦（中国）に帰りて、深く心底に秘して、世に伝へず」。穆王は慈童という童児を寵愛した。この童があやまって王の枕の上を越えた。死罪になるべきところ、酈県という深山へ流されることになった。「彼の山は帝城を去ること三百里、山深くして鳥だにも鳴かず、雲瞑くして虎狼充満せり。此の山に入るもの、生きて帰ると云ふことなし。王慈童を哀れみ思食して、彼の八句の内に普門品（『法華経』観世音菩薩門品）にある二句の偈をひそかに慈童に授け給ひて、毎日に十方を一礼して、此の文を一遍唱へよとぞ仰せられける」。慈童は毎朝これを唱え、備忘のため菊の葉にこの偈を記しておいた。菊の葉の露が谷水に流れ入ると、天の甘露のような霊水となった。慈童には天人が花を捧げ、鬼神も奉仕し、虎狼の恐れもなかった。谷水を飲んだ人々も不老不死の長寿を保った。慈童は仙人となる。八百余歳を経ても、「彼の慈童、少年の皃有りて衰老の姿なし。魏の文帝の時、彭祖と名を改めて、此の術を文帝に授け奉る」。帝はこれを受け、菊花の盃を伝え万歳の寿をなし、重陽の宴のおこりとなった。「其の後より、皇太子、位（帝位）を天にうけさせ給ふ時、此の文を受持し給ふなり」。これによって、普門品を当途王経というのだ。「此の文、我朝に伝はりて、代々の聖主御即位の日、必ず受持し給ふ。若し幼主の君の践祚の時、摂政先づ習ひ受けて、御治世の始めに君に授け奉る。此の八句の偈、三国伝来して理世安民の治略、除災与楽の要術なり。此の八句の偈をば、天台の即位の法とも云ひ、四海領掌の法とも申すなり」。

王権の天上での始原＝アマテラスに相当するのは、釈迦であろう。王権の地上での始原＝ホノニニギに相当するのが、穆王である。アマテラスがまさに王権を王権たらしめるためにホノニニギに授けた神勅は、ここでは『法華経』の四要品の八句の偈ということになる。構造上はそのようにとらえて差し支えない。中国では、もともと穆王伝承では穆王の会見の相手は西王母であり、それが釈尊に改変されたのは、「道教的王権から仏教王権への変遷とパラレルになっている」とされ、変遷の所産を日本中世の即位灌頂は継承したようである[28]。摂関家の地上での始原＝嬰児としての鎌足は、先述のごとくホノニニギをも連想せしめたが、ここでは永久に幼童でありつづけようとする慈童＝彭祖と等置されうる。慈童こそ摂関家のあらたな始原にほかならない。そして彭祖は八句の偈を魏の文帝に授ける。この文帝に相当するのが即位灌頂を修する天皇なのである。この場合の天皇は幼童であることを必要としていない。

　慈童＝彭祖が「天子の師位」（『神代秘決』東寺即位法）につき、王権を成立せしめる力を体得するためには、穆王の枕をまたぐという禁忌を犯さねばならなかった。いいかえれば、王権の神聖性を侵犯する必要があった。これは恐るべきことであった。侵犯された王権はもはや神聖でありえず、その神話的根拠を見失う。「罪科浅からず」とされたのは当然であろう。それゆえ、慈童は死と荒廃を表象する「深山」へ追いやられる。「此の山に入るもの、生きて帰ると云ふことなし」という空間へ入りこむ。そこは日本古代王権の神話と祭儀が忌避した「死穢」の世界であった。しかし、慈童はその世界へ入ることによって、初めて不老不死の仙人となり、神話的な生命力を身につけることができた。もし、この恐ろしい世界へ入らなかったならば、彼は異常な能力をうることなぞできず、むなしく老い、やがて死んだであろう。異常な力を持てば、彼は世俗のすべてに優越し、王権をも凌駕しうるはずである。「理世安民の治略、除災与楽の要術」としての八句の偈を持ちつづけるのは慈童なのであり、けっして文帝ではない。文帝は結果として現実の君主になっているに過ぎず、おのれを君主たらしめる神話的装置を持っていないのである。「死穢」の世界へ送られた慈童＝彭祖は「根の国底の国より麁び疎び来む物」のごとく、王権の秩序を転倒する神話的な始原として、酈県の「深山」から再登場することもできた。しかし、そのような恐るべき「再登場」を未然に抑止したのは、これまた八句の偈の力であった。この偈は構造上アマテラスやホノニニギに相当する釈尊や穆王によって相伝され、「深山」の慈童を「荒魂」でなく、めでたい「和魂」のごとき神話的存在たらしめる。ほかならぬ慈童自身に王権を凌駕する力を与えた偈は、かえって慈童に王権を凌駕することを許さず、文帝に偈を授けるよう促す。かような偈は『法華経』そのものから遊離し、即位灌頂においての伝統的王権を維持すべく、構造化されている。物語られた偈は、暴威をふるうスサノヲのように、カオスそのものとして現じることのないよう、慈童の神話的な力を封じこめる。摂関家の神話的始原をも封じこめたのだといってよい。摂関家の始原にあらたな王権を成立せしめうる力を与えながら、同時にたくみにそれを抑制し、伝統的王権を王権たらしめる。これが天台即位法における王権神話の構造であった。そこに露呈する矛盾と葛藤は、東寺即位法にくらべて、さほど激しいようには見受けられない。

『天台方御即位法』が「四海領掌の印明」について説くところを引用すれば、次のごとくである。思うところあって、原文による。

智拳印　　方便品
十方仏土中　唯有一乗法
合蓮華　　安楽行品
観一切法　空如実相
八葉印　　寿量品
仏語実不虚　如医善方便
仏　部　　普門品
慈眼視衆生　福聚海無量
　是ヲハ八句ノ文ト云
又一説ニ四句ノ文ト云時ハ
慈眼視衆生　福聚海無量
心念不空過　能滅諸有苦
　印名ハ如レ前云々（明）

『法華経』(29)方便品（ほん）には、「十方仏土中。唯有一乗法。無二亦無三。除仏方便説」とある。

つまり、

十方（じっぽう）の仏土の中には、唯、一乗の法のみありて二も無く、亦、三も無し　仏の方便の説をば除く。

から抽出したのが、即位法の呪句である。訳は次のとおりである。

仏たちが手段として幾つかの乗物を約束する場合を除いて、乗物は実に唯ひとつであり、

第二の乗物はなく、第三のものも決してこの世にはない。

安楽行品には「観一切法空。如実相。不顚倒。不動。不退。不転。如虚空。無所有性。一切語言道断。不生。不出。不起。無名。無相。実無所有。無量。無辺。無礙。無障」とあり、世尊（永遠に教えを説く仏）が文殊師利（マンジュ＝シュリー）に語った言葉の一部である。以下のごとくに訓む。

一切法（すべて存在するもの）は、空なり、如実の相なり、顚倒ならず、動ぜず、退せず、転ぜず、虚空の如くにして所有の性無く、一切の語言の道断え（説明することも言葉によって表現することもできず）、生ぜず、出でず、起らず、名無く、相無く、実に所有無く、無量・無辺・無礙・無障なりと観ぜよ

即位法の呪句は、この傍線部を抽出したもので、本来の訓みとはそぐわぬものとなっている。原意に近づければ、「一切の法は空にして如実の相と観ぜよ」とでも訓みえようか。

如来寿量品も、厄介である。ここは世尊の説く偈からの引用で、「汝等有智者。勿於此

生疑。当断令永尽。仏語実不虚。如医善方便。為治狂子故。実在而言死。無能説虚妄」とある。すなわち、次のように訓む。

汝等よ、智有る者は、これにおいて疑を生ずること勿れ。
当に断じて永く尽きしむべし　仏の語は実にして虚しからざること
医の善き方便をもって　狂子を治せんがための故に
実にはあれども、しかも死すと言うに、能く虚妄なりと説くもの無きが如し。

即位法の呪句は、この傍線部を抽出したもので、やはり本来の訓みとはずれが生じている。強いて訓めば、「仏の語は実にして虚しからず、医の善き方便の如し」とでも訓むことになろうか。念のため、訳を示す。

賢き人々よ、この点について疑うではない。疑う心をのこらず捨てよ。
余はこの真実の言葉を語る。余の言葉は未だ曾て偽りではないのだ。
手段を用いることの巧みなかの医者が、精神の顚倒した息子たちのために、
生きているにもかかわらず、死んだと言ったとしても、判断力のある人はかの医者を
嘘つきと非難しないであろう。

そして、かの普門品には観世音菩薩（アヴァローキテーシュヴァラ）についての偈に、「具一切功徳。慈眼視衆生。福聚海無量。是故応頂礼」とある。ここは次のように訓む。

一切の功徳を具して　慈眼を以て衆生を視す
福の聚れる海は無量なり　この故に応に頂礼すべし

傍線部が即位法の呪句である。これも「具一切功徳。慈眼視衆生」であっても、おかしくはない。訳も示す。

すべての徳を完成させ、世に存在するすべての者に慈悲の眼を持ち、
徳の化身であり、徳の大海であるアヴァローキテーシュヴァラを礼拝せよ。

「四句の文」の第三句と第四句は、この普門品の句より前にあり、「我為汝略説。聞名及見身。心念不空過。能滅諸有苦」より引く。

われ汝が為めに略して説かん　名を聞き及び身を見て
心に念じて空しく過さざれば　能く諸有苦を滅せん

傍線部が呪句とされる。これはとくに不自然とは思われない。これらの呪句により、天台即位法は神話的な衝撃力を否定され、おだやかな宗教的イデオロギーに包まれる。また、これらの呪句が真に王権を成立せしめる固有の意味を帯びているとも思われない(30)。

6

天台即位法が王権の成立に深くかかわるとしたら、注目すべきは慈円の夢想を記した『毘逝別』(31)であろう。これは慈円が承元三年（一二〇九）に灌頂の奥義を述べたものであるが、そのなかに建仁三年（一二〇三）に慈円が見たという夢とその解釈が記されている。(32)

> 建仁三年六月二十二日の暁の夢に云はく。国王の御宝物、神璽・宝剣の神璽は玉女なり。この玉女は妻后の体なり。王、自性清浄の玉女の体に入り、交会（性交）せしめ給へば、能所（動作の主体と客体）ともに罪無きか。このゆゑに神璽は清浄の玉なりと、夢想の中に覚知し訖んぬ。その後、この夢覚むるか、いまだ覚めざるかの間、このことを様々に思ひ連ぬるなり。不動の刀鞘印すなはちこれなり。刀は宝剣なり。王の体なり。鞘は神璽なり。后の体なり。この交会の義を以ちて、この印を成就するか。不動もはら（専）王たるべき本尊か。

刀は天皇の神器としての剣であり、天皇の体を示す。鞘は神器の神璽であり、皇后の体を示す。それが性的に交会することにより、不動明王の印の一つである刀鞘印が象徴的に成就する。王権を成立せしめるのは不動明王ではなかろうか。慈円はそう考えた。

また思惟して云はく。神璽は仏眼仏母（諸仏の母ともいう仏。仏眼部母）の玉女なり。金輪聖王（金輪を感得し、須弥山の四方、全世界を治める聖なる王）は一字金輪（一字仏頂輪。大日の説いた真言の一字の人格化）なり。この金輪仏頂、また仏眼に交会したまふ義か。この宝剣はすなはち金輪聖王なり。これに依り仏眼法の壇に智剣を置くか。

性的な解釈はさらにひろがる。神璽は仏眼仏母であり、玉女である。宝剣は金輪聖王であり、一字金輪である。両者が交会するという意味が刀鞘印の解釈に重なり、仏眼仏母の修法の壇に智剣をおくのは、この交会を示すものと考えられる。

内侍所また神鏡と云ふは、この両種の中より生まれしめ給ふ天子なり。これすなはち天照大神の御体なり。これすなはち大日如来なり。大日如来、利生のため、一字金輪の形に現ぜしめ給ふ。

神璽と宝剣の交会から神鏡が生まれるという、奇妙な幻想である。意味に意味が重なりあった聖婚により、鏡でもある天子が生まれるのである。この部分を鏡から剣と璽が生まれたのだとする解釈があるが、したがいがたい。さて、その天子はそのまま大日如来であり、一字金輪でもある。神器と神器の性交から天子としての神器が生まれ、それに台密の説く諸仏が重ねあわされる。これは多義的なままに、あらたな王の誕生を語ろうとする。

また世間の国王の即位とて、高御倉（座）に付かしめ給ふ儀式には、すなはちこの大日所変

> の金輪王の義をまねび給ひて、智拳印を結ばしめ給ふなどは、云ひ伝へたるなり。

王の誕生とは、すなわち即位灌頂の成就である。のちに慈円は「帝王即位の時、智拳印を結び、高御座に就く由、匡房卿記に一筆書く」とも指摘している。先述したように、「御衣」は「私」なき「公」的な個人としての天皇を表象した。いま、即位灌頂で誕生する新帝は、「現し身」とかかわりなく、嬰児として降臨したホノニニギと同じように、嬰児もしくは幼童としての神格を賦与される。いったんは「御衣」にまで抽象化され、「私」なき個人として表象された天皇は、その抽象性を生かしながら、もはや個人ではありえぬ、いわば王権そのものの体現者として、聖婚によって生まれるのである。その聖婚は王法仏法不二の枠組のなかで、王権神話の語る神器の結合が、密教の仏・諸尊の結合でもあるという、意味に意味が重なりあい、きわめて屈折した物語としてのみ成立する。そこはもろもろの意味が「一」に回帰せしめられず、拡散し重層化した奇妙なエロスの世界であったらしい。

台密では『瑜祇経』を尊重したのは五大院安然であったが、慈円はそれによりながら、仏眼仏母と一字金輪（一字仏頂輪）を並べて尊崇した。[33] 鎌倉末期の成立とされる澄豪の『瑜祇経聴聞抄』[34]は、馬の性器を意味する「馬陰蔵の三摩地（悟り）」について、こう説く。

> 馬陰を以ちて譬となすことは、今の愛染（愛染明王）の日輪に住し、すなはち日天子

と同体なり。日天子は八馬に乗るゆゑに、馬陰の譬、便あるか。

これは天台即位法にいう、穆王の乗った「八疋の天馬」を連想せしめる。

またさて（愛染明王を）日輪の中に三足の烏有るを持せしめて作ること有り。この日輪は国王なり。すなはち人皇なり。国王に赤烏という御名あり。この赤は日輪なり。烏は日輪の中の烏なり。天照大神をば日天子と習ふ。すなはち日輪なり。国王また天照大神の末葉なり。ゆゑに赤烏と云ふなり。穴太の秘伝に云はく。八幡は月天子、天照大神は日天子、賀茂は星宿なり。関白請の時は赤烏を持せしむるなり。関白は国王の後見にて、国王を手ににぎつて天下を執行すべきゆゑに、日輪を持せしむる秘事なり。

日輪＝赤烏＝アマテラス＝日天子＝国王であるという。関白を請けるとき、「国王を手ににぎつて天下を執行」するものであるから、赤烏＝日輪を手に持つ。それは後三条天皇即位に際し、「関白左大臣、左の御手を扶け」たことを、ただちに連想せしめる。そして、愛染明王もまた手に日輪＝赤烏＝国王を持つ。そうとすれば、関白はとりもなおさず愛染明王と同体ということになる。その愛染明王は日輪に住み、日天子と同体というのだから、天台即位法のかくされたエロスのかなたで、意味に意味を重ねつつ、摂関家と国王を同一視するというかたちで、王権への侵犯がひそかにおこなわれたかも知れない。この点はまだ確証できないので、可能性として指摘するにとどめておく。

『瑜祇経聴聞抄』には、愛染明王が手に「人頭」を持っており、これは「人玉」であり、「人黄」というのだと述べてある。ダキニがこれを食うと、その人は死ぬ。「然る間、人玉を持せしむるなり。これを持せしめて、かの陀吉尼の難を払ふなり」と説くのである。愛染明王や関白の持つ象徴的な「日輪」は、同時に「人皇」でもあった。山本ひろ子の指摘するとおり、「人皇は人黄に重ね合わせられてもいる」(傍点山本)といえよう。[35]「人黄」を食うダキニの難は払わなければならない。ここではまだ、ダキニは王権を成立せしめるために、積極的な役割りを果たしているとは見なしがたい。[36]

天台では南北朝期に光宗が教学・口伝をまとめ、『渓嵐拾葉集』[37]を撰述した。同書巻二十一「愛染王法」には、「御抄に云はく、愛染王はすなはち吒枳王なりと」とあり、摂関家自体の王権化のための神話的始原ともなるべき愛染明王がダキニ天にほかならぬとの解釈が紹介されている。同書巻六「山王の御事」には、

> 凡そ天照太神とは日神にて坐す上に、日輪の形にて天の岩戸に籠り給ふものなり。また云はく。相伝に云はく、天照太神天下り給ひて後、天の岩戸へ籠り給ふと云ふは、辰狐の形にて籠り給ふなり。諸の畜獣の中に、辰狐は身より光明を放つ神ゆゑに、その形を現し給へるなりと、云々。

とある。アマテラス＝日神は、辰狐の姿で天の岩戸のなかにあった。辰狐はダキニ天と同一視される。同書巻三十九「吒枳尼天秘決」には、「天子即位灌頂の時、吒天の法を以ちて国王に授け奉ること、鎌足の大臣の因縁より起これり」とあり、さらに「高倉の岩屋にこのこと有り」として、外宮高倉山の岩屋でこれにちなむ神事があったと伝える。こうして、天台即位法にもダキニ天が入りこんでいった[38]。

『渓嵐拾葉集』巻十七「金輪法の事」には、次のような口伝が記されている。

> 内宮は金剛界、外宮は胎蔵界、七所の別宮は蘇悉地（妙なる完成。天台では胎・金合一とし、仏眼仏母が本尊）なり。かの太神宮の神事の様、悉くこれ秘事灌頂の作法なり。凡そ我が国に三種の異宝有り。所謂、一には神璽、二には宝剣、三には内侍所なり。此の三種は三子・尊形・三昧耶の三なり。そのゆゑは、神の璽は国の指図なり。これは尊形なり。宝剣とは三昧耶形（仏菩薩等がその本誓を表示する所持物）なり。内侍所鏡とは種子（諸尊を表象する梵字）なり。これらは皆以ちて我国の種子・尊形・三昧耶と習ふなり。一国土の衆生、皆曼荼羅界会の聖を表はすなり。国に五畿七道有り。五畿とは胎蔵の五大法界を表はす。七道とは悉地の七識和合を表はす。都に九重有り。金界（金剛界）の九を表はす。天子即位の時、四海領掌の印を結び、金輪王の位に居し給ふなり。ゆゑに金輪の法を以ちて四海統領灌頂と名づくること、深く思ひ合はす

べし。

〝意味の織物〟といってよいかも知れない。台密の描く即位灌頂は、天皇家のさまざまな神器のなかから、「三種の異宝」を抽出し、これに多義的な解釈を与えることによって成就する。ひそかに用意されたかも知れぬ、摂関家による伝統的王権への侵犯は、天皇家の神器のなかから「三種」を示し、これを「我国の種子・尊形・三昧耶」だとすることで、抑制される。摂関家はかような神器を持っていない。

7

神器の群れは中世の神話の海を漂う。北畠親房の『元元集』(39)は、神器伝授篇でまずこう説く。

> 凡そわが国の諸方に殊なる所以は、神国を以ちてなり。神国の霊異有る所以は、宝器を以ちてなり。これゆゑに天地開闢以来、神器霊物往々以ちて存し、天瓊矛に始まり三種の神璽に至るまで、出づる処の縁起たいてい先篇に見ゆ。愚蒙を撃たんがため、重ねて以ちてこれを広むるのみ。

日本を「神国」たらしめるのは、「宝器」であり、その「宝器」は「三種の神璽」と限らない。なお、ここにいう「神璽」は三種のなかの一種ではない(40)。いわゆる「三種の神器」そのものをさしている。それらの出典は『元元集』の先行する諸篇で記したが、啓蒙のために重ねて説こうというのである。その「宝器」とは次のごとくである。

天瓊矛。平国矛（くにをたひらげしほこ）。五十鈴（いすず）。三才三面鏡。十種瑞宝。八咫鏡（やたのかがみ）。八坂瓊曲玉（やさかにのまがたま）。草薙剣（くさなぎのつるぎ）。

このなかの「十種瑞宝」とは、『先代旧事本紀』(41)にいう「天璽瑞宝十種（あまつしるしのみづたから）」のことである。その伝授について、親房は「古来の異説」の存在を考慮した態度をとっている。記紀にはイザナキとイザナミが天浮橋（あまのうきはし）に立ち、天瓊矛をもって海をかきさぐったとき、矛のさきよりしたたる潮が凝り固まり、オノゴロ島が成ったとある。たしかにその天瓊矛でありながら、『元元集』神器伝授篇の「天瓊矛」は、別な意味をもかくしている。すなわち、記紀や『旧事本紀』と並べて、『大和葛城宝山記』『天口事書』『大宗秘府』『神宮秘文』『仙宮秘文』『天地麗気府録』『倭姫命世記』等を引用し、天瓊矛に対する中世的解釈の群れ、それこそ伊藤正義のいう〝中世日本紀〟と総称さるべきテキスト群を、かなり丹念に記述している。いま、『大和葛城宝山記』(42)のなかから、『元元集』が引用している箇所の一部分だけを、左に示す。

> それ水はすなはち道の源、流れて万物の父母（ぶも）となる。ゆゑに森羅（数限りなく並びつらねる）万象を長養（ちやうやう）す。まさに知る、天地開闢の曩（むかし）、水変じて天地と為（な）りてより以降（このかた）、

高天の海原に独化れる霊物在り、その形葦牙の如くして、その名を知らず。その時、霊物の中よりして神聖化生す。名づけて天神といふ。また大梵天王と名づけ、また尸棄大梵天王と称す。天帝の代におよびて、霊物を名づけて天瓊玉戈と称す。また金剛の宝杵と名づく。神人の財と為し、地神の代に至りて、天御量柱、国御量柱と謂ふ。これによりて、大日本の州の中央に興てて、名づけて常住慈悲心王の柱と為す。これすなはち正覚正智の宝に坐すなり。ゆゑに心の柱と名づくるなり。天地人民、東西南北、日月星辰、山川草木、ただこれ天瓊玉戈の応変、不二平等の妙体（真の実体）なり。法起王（法起菩薩。役小角の本地とも）宣はく、心の柱はこれ独古（独鈷杵）の三昧耶形、金剛の宝杵にして、所謂独一法身の智剣なり。

このあとに、「ゆゑに大悲の徳海の水気変じて、独古の形と化る」云々とあるが、『元元集』は略している。『宝山記』は初めにヴェーダにいうヴィシュヌ（違細）神を「常住慈悲神王」とし、その臍から生まれたブラフマンを「梵天王」としているが、さらに「伝に曰はく」として、

> 劫初に神聖在り、常住慈悲神王と名づけ、法語に尸棄大梵天王と曰ひ、神語に天御中主尊と名づく、大梵天宮にいます。[43]

と述べる。注もあわせ考えると、「常住慈悲神王」は「梵天王」であることになってしま

う。同時にこの神は『古事記』の最初に出てくるアメノミナカヌシと見なされ、『日本書紀』で最初に出てくる「葦牙（あしかび）」（クニノトコタチ）でもあった。「霊物の中よりして神聖生ず」とある「霊物」と「神聖」は、基本的には同じと考えてよかろう。そうすると、この多義的な神こそ、「天瓊玉戈」（「アメノトホコ」は神道訓）だということになる。それは密教の法具である金剛杵、とくに独鈷とされ、「独一法身の智剣」として煩悩を断ち、もともと神聖な物指（ものさし）の意であった「天御量柱」、転じて「国御量柱」とも呼ばれ、「常住慈悲心王の柱」として「大日本の州の中央に」そびえる。葛城の金剛山がこれである。そして、それこそはインドと日本に共通する神話的始原の聖地ということにもなるのである。さらに「天瓊玉戈」は伊勢神宮正殿床下に建てられた「心の御柱」ともなる。『元元集』神器伝授篇にいう「天瓊矛」は、けっして記紀に還元され、「一」なる大きな意味を語るのではない。それは意味に意味が折り重なり、あるいは意味から意味へと漂ってゆくものとして現われる。これをイデオロギーの次元でとらえれば、「荒唐無稽」というほかはなく、何を説こうとするのか、考えてみても、迷妄を深くするばかりのように思われる。しかし、構造の次元では、後述の「三種の神器」同様、ある方位を示している。

「三種の神器」の一つとされる八咫鏡もまた、記紀や『旧事本紀』に語られた意味を帯びつつ、同時にこれと異質な〝中世日本紀〟的な意味もこめられている。それらのどれか一つ、と限定するわけにはゆかないのだ。一例として、『元元集』の引用する『仙宮秘文』のなかの、前半を示しておく。

神鏡は諸法を併せて清きを移す鏡と謂ふ。ゆゑに三世にわたりて、つねに十方に遍ねく、以ちて改変せず。凡そ鏡はこれ三身具足せり。その形を見れば、応身の体なり。その影をうかがえば、化身の相なり。その空を観ずれば、法身の理なり。虚空と等しく、一切世間の中にて不出、不入、不失、不壊を現はす。

三種の仏身は鏡において欠くるところなく、現われる。それは不生にして不滅なのだ。同様に、八坂瓊曲玉も草薙剣も、大なり小なり、〝中世日本紀〟的な意味を与えられ、中世神話の海を漂ってゆく。そのなかで、「三種の神器」はとくに重視される。

已上、これを三種の宝物と謂ふ。天照太神、皇孫尊に伝ふる神財なり。惟ふにそれ国家始業より以来、神宝瑞器、その類まことに多し、天瓊矛を以ちてその根元と為すといへども、事すでに幽妙なり。得て量るべからず。三種の宝物に至りては、正しくこれ伝国の神璽にして、物の比すべき方なし。

天皇家をめぐる神器のなかから、なぜ「三種の宝物」のみが抽出され、「伝国の神璽」とされるのか。神器の「根元」をなす天瓊矛があるにもかかわらず、である。天降るホノニニギに対し、アマテラスが玉・鏡・剣を与えたという古代王権神話は、それだけでは中世王権を支える「伝国の神璽」のための物語たりえない。

凡その神器の天下に在るは、三辰の天上に在るに異ならず。鏡はすなはち日の精なり。玉はすなはち月の精なり。剣はすなはち星の精なり。

このようにいってみたところで、「三種の神器」こそ中世の王権を王権たらしめるのだ、という根拠はいっこうあきらかにはならない。そこで親房は、『元元集』神国要道篇において、古代王権神話の天孫降臨の物語を引きあいに出しながら、『神皇実録』『神皇系図』『天口事書』が創作したアメノミナカヌシやアマテラスの誓言（神勅）なるものを用いて、「三句の要道」を作りあげる。

皇祖天照太神、手に三種の宝器を持ち、口に三句の要道を伝ふ。日と月とともに懸りて、天と地とともに朽ちざるものなり。瓊玉を伝ふるは、その身を修め克く妙ならしめんと欲ふなり。宝鏡を伝ふるは、その心を正し克く明ならしめんと欲ふなり。神剣を伝ふるは、その知を致し克く断ぜしめんと欲ふなり。

このようにして、「三種の神器」はある種の徳目と結びつけられる。神器を王権の神話的始原たらしめようとしても、肝心の神器がなぜ王権の始原たりうるか、うまく構造化できず、そこを宗教的・思想的なイデオロギーから引っぱり出された徳目で補おうとするのである。徳目自体は神話的とはいえない。徳目のりっぱさに目を奪われていると、中世の王権－国家神話の構造の危機を見逃すことになる。ひいてはイデオロギーの差を超えて、現代に生きる我々を、それぞれの歴史の位相においてとらえている、かの国家の構造を見すえることもできなくなろう。国家への〝忠誠〟とか〝反逆〟とかを問うのではない。〝忠誠〟も〝反逆〟もひとしなみに包みこんでいながら、それを覚らせぬ国家の構造こそ、まずもって問わるべきであろう(44)。

　ここにいたって、北畠親房は『元元集』から『神皇正統記』へと飛翔する。『神皇正統記』そのものを論ずるためには、阿刀本から流布本への推移をたどらなければなるまい。しかし、本書の目的はそこにはない。先を急ごう。親房の政治的・思想的な意図をさぐるだけなら、それは南朝の擁護といってよいし、後代の南北正閏論にかかわりなく、親房にあっては、そもそも北朝の存在自体が認められていないのである。この点ははっきりしている。しかし、親房は著述を重ねる過程で、その意図とは別に、中世王権神話の構造の危機そのものを表現してゆく。

　中世王権神話を創出するためには、かの「一」と呼ばれるものを目ざさねばならない。『神皇正統記』(45)はほとんど「一」と呼ばれるにふさわしい、疑問をさしはさむ余地のない断言によって始まる。

　大日本(おほやまと)者(は)神国(かみのくに)也。天祖(あまつみおや)はじめて基(もとゐ)をひらき、日神(ひのかみ)ながく統を伝給ふ。

しかし、この断言もまた多義的であった。「神国」も、「天祖」（クニノトコタチをさす）も、「日神」が「統を伝へた」ということも、それぞれ中世の神話的世界をくぐりぬけており、けっして古代そのままの意味を語ってはいなかった[46]。それにもかかわらず、「一」と呼べるものは志向されつづける。

抑、神道のことはたやすくあらはさずと云ことあれば、根元をしらざれば猥しき始ともなりぬべし。

意味が拡散し、重層化するのは、言語的表現の秩序を乱す。たえず「根元」に帰り、いちはやく「猥しき始」を抑圧しなくてはならない。その意味で、文学はいつの世にも「猥しき始」をひめていたし、そういう「始」（発生）を欠落させた文学は、皮相的にどんなに人の心をゆさぶり、いかに大量に商品化されようとも、文学でなくてもよいものに変質している。作者の意図に関係なく、「根元」と切れて、漂うべきものが表現として成立することこそ、折口信夫のいい方をまねると、〝文学の発生〟にほかならない。

日本紀・旧事本紀・古語拾遺等にのせざらん事は、末学の輩ひとへに信用しがたかるべし。彼書の中、猶一決せざること多し。況異書にを（お）きては正とすべからず。

『神皇正統記』は「根元」に帰ろうとする。しかし、これこそ「根元」と思ったものも、「猶一決せざること多」いのである。おまけに、「正」とすべからざる「異書」は無視できない。というより、初めから「異書」の世界にどっぷり浸かっている。『神皇正統記』はその志に反して、漂いゆく言述なのだ。

『日本書紀』第九段第二の一書は、アマテラスがオシホミミに宝鏡を授け、神勅を授けたと記す。ところが、『神皇正統記』は鏡とともに鏡についての神勅が、オシホミミの子ホノニニギに与えられたと記している。そのあとに、『元元集』で「三句の要道」としてまとめられた誓言が、改めてアマテラスの神勅として示されている。

　此鏡の如に分明なるをもて、天下に照臨し給へ。八坂瓊のひろがれるが如く曲妙をもて、天下をしろしめせ。神剣をひきさげては、不順るものをたい(ひ)らげ給。

実はこの神勅の言葉は、『日本書紀』にあることはある。ただし、それは筑紫の豪族五十迹手が仲哀天皇に奏した言葉であり、アマテラスとは関係ない。第二次大戦前、山田孝雄はこの神勅ならざる「神勅」をどう解釈すべきか苦しみ、「思ふに、これは五十迹手がはじめていひ出した事ではなくて、太古からかやうに伝へて来たものが、五十迹手の語としてそこに登録せられたものであらう。それ故に中古以来の神道家の説は虚構ではあるまいと思はれ、撰者もそれを正しいと信じたわけであらう」と述べた(47)。しかし、これはやはり無理な解釈であり、この「神勅」は中世神道の創作として理解すべきである。もし親房が『神皇正統記』で、左のごとく、この「神勅」を重視しなかったら、中世神道家の妄説といった程度のことで、見過ごされたかも知れない。

> 此三種につきたる神勅は、正く国をたもちますべき道なるべし。鏡は一物をたくはへず。私の心なくして、万象をてらすに是非善悪のすがたにあらはれずと云ことなし。其すがたにしたがひて感応するを徳とす。これ正直の本源なり。玉は柔和善順を徳とす。慈悲の本源也。剣は剛利決断を徳とす。智恵の本源也。此三徳を翕受ずしては、天の下のをさまらんことまことにかたかるべし。神勅あきらかにして、詞つゞまやかに（簡略に）むねひろし。あまさへ神器にあらはれ給へり。いとかたじけなき事をや。中にも鏡を本とし、宗廟の正体とあふがれ給。鏡は明をかたちとせり。心性（「人の心」と解するが、「鏡の心」か）あきらかなれば、慈悲決断は其中にあり。又正しく御影をうつし給しかば、ふかき御心（アマテラスの心）をとゞめ給けんかし。

伊勢神宮の内宮に祭られたアマテラスの正体は鏡であり、それは「三種の神器」の徳を集約する。すなわち、「正直」と「慈悲」と「智恵」こそ、天下を治めるための不可欠の徳目なのである。「国をたもちますべき道」を示す、アマテラスの「神勅」なるものは、「神器」に引き寄せて、そのことを説くために「虚構」せられたのである。

考えてみれば、四海領掌法の「八句の偈」にいう「観一切法」とは「智恵」、「仏語実不虚」とは「正直」、「慈眼視衆生」とは「慈悲」を意味する。そしてそれらは、「唯有一乗法」として、天台法華の教えに集約されえた。それをなぞるようにして、「三種の神器」の徳は、窮極の「神器」としての鏡＝「宗廟の正体」に集約される。『神皇正統記』は「虚構」の「神勅」をそう解釈する。しかしながら、「神器」の「本源」である「正直」「慈悲」「智恵」はいずれも、王権に固有とはいえず、万人に妥当する徳目である。いわば王権を王権たらしめる「神器」の、ほかならぬ「本源」はいっこうに王権固有ではなく、万人に共通し、王権を王権たらしめない。かかる背理のなかに、「三種の神器」は「三種につきたる神勅」とともに位置づけられる。

後醍醐天皇は生前自己の漢風諡号（しごう）を「後の醍醐」とした。天皇がおのれの諡号を指定するとは異例である。後醍醐の想定する「天皇親政」の上限は、「延喜の治」をさかのぼりはしなかった。後醍醐天皇の撰述した『建武年中行事』は、平安朝の王朝国家＝儀礼国家の年中行事の再現を志向したが、その枠外に出ようとはしない。〝年中行事〟化された朝儀をとりあげたのだから当然のこととはいえ、それでも北朝が何とか維持しようとした大嘗祭にふれず、大祓も空中分解せしめている。『神皇正統記』は『日本書紀』まで視野に収めていた。しかし、「大日本嶋根はもとよりの皇都也。内侍所（ないしどころ）・神璽も芳野におはしませば、いづくか都にあらざるべき」として、日本国中どこへいっても、神器がある限り、そこが都だといってしまうと、「現つ神」のいる聖なる都を中心とする、「瑞穂の国」の神話的空間構成は崩れてしまう。そうなると、大嘗祭や大祓の前提が消えてしまうわけで、事実南朝は大嘗祭をおこなわず、神器伝授の践祚を重視した。『神皇正統記』は、後醍醐天皇の死後、ただちにおこなわれた後村上天皇の践祚のみ記し、おこなわるべき高御座登壇や大嘗祭についての記述はない。その場合の「神器」が、王権のための徳目の「本源」とされる以上、「神器」を保持すれば、「新帝」はその徳目を身に帯びたことになり、大嘗祭をぬきにして、〝天命〟を受けうることになる。それは本来の〝易姓革命〟とは異なるが、「神器」を介入させた上で、〝易姓革命〟への道を開くものでありえた。『大和葛城宝山記』のように、アメノミナカヌシを「天神の上首」とし、「天帝」と名づけている場合には、その可能性はさらに増大する。しかもなお、徳目の「本源」が「神器」であることを明示するのは、「天帝」ならぬ皇祖アマテラスの「三種につきたる神勅」であった。その限りでは、血筋を問わず、徳さえ具われば〝天命〟を受けて〝天子〟になれる、というわけにはゆかぬ。そこでは〝易姓革命〟への道は閉ざされる。それは北畠親房自身も予想しなかった、危うい矛盾であった。『神皇正統記』はその危うさのただなかにある。

8

『神代秘決』東寺御即位品には、東寺即位法の「別法」として、広沢方の「三天合行法」が、「秘中の大秘、頓中の頓法なり」と説かれている。

この法則次第の中に、御即位の四海領掌の秘印有り。以っての外の不思議なり、聖天・吒天・弁才天を以ちて、一尊たるゆゑに、三天合行と云ふなり。三面有り。但し聖天を以ちて正行する人のため、聖天を中尊と為す。これ正面なり。自余の二尊、また爾(しか)り。これ如次(にょじ)(順序にしたがって)貪瞋癡(とんじんち)の三毒なり。これ三弁の宝珠は、稲荷の上中下三所の大明神これなり。(48)

聖天は大聖歓喜(かんぎ)自在天で、象頭人身の男女が抱きあうエロティックな像で知られる。むろん単身像もある。三天合行法で、聖天を本尊とする人にとって、これが中尊として正面に向くことになる。しかし、それだけではない。吒天を本尊とする場合は、これが中尊になり、弁財天を本尊とするならば、これが中尊ということになる。三天で一尊であるといっているのだから、三面一体像かと推測され、それならば、そういうことが可能なのである。三天はむさぼること、怒りをなすこと、仏道に対しておろかなことという煩悩の三毒を示す。しかも、宝珠の三弁は狐霊と習合した稲荷社の上中下の三所の明神であるというのだから、結局はかのダキニによって集約されるわけである。こういう修法が実際に天皇即位の場でおこなわれたとは思われないが、真言の広沢流では、秘法中の秘法としてありうることと考えられた。そして、信念の人というか堅物(かたぶつ)というか、とかく真面目一方の人物と見られがちな北畠親房が、どうやらこの三天合行法に関心を寄せていたらしいのである。

親房は元応二年（一三二〇）に養育してきた師宮世良(そちのみやよよし)親王が死去すると、悲嘆して出家し、真言僧となった。法名は宗玄、のちに覚空という。『真言内証義』は親房の著作である。そして、後醍醐天皇の側近には文観弘真(もんかんぐしん)がいた。先述したように、醍醐寺三宝院流では大覚寺統と結んだ道順と持明院統と結ぶ隆勝とが正嫡を争ったが、道順のあとに文観が出て、隆勝のあとを継いだ隆舜と争った。文観は後代には「邪教」視された真言立川流の大成者と見られるようになり、評判がよくない人物であるが、ダキニ天法に通じているというだけならば、即位法門自体がきわどい内容を持っていたともいえるわけで、格別文観が難ぜられなければならぬ理由にはならない。西大寺流の律僧の出身であった文観が、後醍醐天皇の信任をえて栄達し、勢威をふるったことが、反感を買ったものであろう。得意になってのふるまいもあったと思われるが、後醍醐天皇方の君臣と辛苦をともにしており、時流の変化を追って右往左往した人々とは異なる。不当におとしめたり、この反対に大いに持ちあげたりするような人物評とは別に、その役割りをしかと見届けておきたい人物である。(49)

後醍醐天皇に始まる南朝と対立した武家方では、足利氏に内紛が生じた。兄尊氏と対立した直義は、南朝と和睦しようとした。この政治工作に醍醐寺の正嫡争いがからむ。『観応二年日次記』(50)(『醍醐地蔵院房玄法印日記』)によれば、醍醐寺の房玄は観応二年(正平六年。一三五一)賀名生に赴き、北畠親房と会い、四月五日には次のようなやりとりをしている。「北禅」とは北畠禅門、すなわち親房のことで、房玄は僧としての親房に心を許さず、見くだしている気配である。

> 北禅に対面し了んぬ。法流ならびに附法状等のこと、相尋ねらる間、大概申し了んぬ。北禅問ふて云はく。常州(常陸)下向の時、深志塚の律僧語り申すこと有り。未だ不審を散せず。所謂故前大僧正親ー、本尊・聖教(経典類)等かの寺に相承せる律僧有りと、云々。金の聖天ならびに重抄以下の聖教、一に合はせて当流(三宝院流)の深奥、悉く以ちて自ら相承の由、今自ら称す、実否如何々々と。予(房玄)答へて曰く。事の次第ありのままに宣説せんと、云々。かの金像の聖天のこと、妙観房と号する住僧、焼失せしむと称して、かの尊を抑留せしむるところなり。尤も化(糺カ)明せしめて

取り返すべきか。誠に以って焼失の由、相存ぜしむるところ、不思議にかの尊現在の由、これをうけたまはる、喜ばざるべからずと、云々。

また、かの禅門問ひて云はく、四海領掌の印明のこと、相承せしむるや否やと、云々。

予答へて云はく、云々。

重ねて禅門問ひて云はく、弘真僧正随分相承せしむる候（をり、とき）、かの禅門も相伝せしむる由、自ら称せらる。このこと憚り有る間、発向（問）さるといへども、委細答ふること能はず。

常陸の国で親房は戦ったことがある。その陣中で後醍醐天皇の死を知り、『神皇正統記』の初稿本を書いて、十二歳で即位した後村上天皇に届けている。その地で、三宝院流の伝える本尊（聖天の金像）や重要な経文類を相承したと自称する律僧に出会った。文観が律僧であったことを考えあわせると、何やらいわくありげな話である。「おかしな話だが、本当かね」と尋ねられて、房玄は「あの聖天像は焼失したと称して、抑留されたもの、取り戻さなくてはなりませんなあ。いや、もう本当に焼けたと思っておりましたが、不思議にも現存するというお話、これはまたよろこばしい」と、親房の口から出た話を逆手に取り、とぼけて感嘆してみせたり、痛いところをちくりと刺したり、したたかな受け答えをしている。次に親房は「即位灌頂の四海領掌印明を、そちらでは相承しているのかね」と問う。「予答へて云はく、云々」とあるところを見ると、房玄は「秘法」を軽々に口にするわけにはゆかず、さりとて黙っていては、「そちらでは相承していないではないか。やはり嫡流はこっちだよ」といわれかねないだけに、言葉をにごし、あいまいな答え方をしたものかと推測される。果たして親房はふみこんできた。「文観僧正もかなり相承されており、その際自分も相伝している」と自称し、房玄に何かを語らせようとした。房玄は黙殺した。「四海領掌印明の相承については、みだりに口にすることはさしひかえねばならん。尋ねられても、くわしく答えることはできないよ」と、房玄は心のなかでつぶやいた。「予答へて云はく」が、ここだけ記されていない。「かような秘事を不用意に話題にするとは、何と不見識な……」と思い、冷淡な態度を示した気配があるかと察せられる。

これを親房の立場で考えてみると、四海領掌印明について知っているならば、ことさら尋ねるに及ばない。原文には「弘真僧正随分令相承之候、彼禅門令相伝之由被自称之」とある。「随分」相承したというのも奇妙であり、親房が自分の場合は「相伝」といっているのも、さすがに「相承」とはいいかねたものかと察せられる。秘事とはいえ、即位法門についてはあれこれと内緒話がささやかれ、その輪郭やら断片的な知識やらは、嫡流の相承がなくても、知りえたのではあるまいか。親房はそれに満足せず、房玄に鎌をかけるようにして、問うたのである。それは真言僧覚空としての興味本位のことではなかった。ましてや、四海領掌印明を「親房が存知してるといふのであつて、それを自誇して居る所に、此時分の親房の得意と意気込とが判る(51)」というような、南朝を代表する政治家の自負だけのことではない。それは四海領掌印明の話をする前に、親房が「当流深奥」にかかわるとして、「金聖天并重抄以下聖教」について話題を出していることから、推定できる。つまり、親房は即位法の別法である三天合行法をまずとりあげ、そこから四海領掌印明を聞き出そうとしたものであろう。問答の前半で房玄は親房をやりこめたように見えるが、結局親房に計られたと覚り、後半では言葉すくなになったのかも知れない。『元元集』のいう「三句の要道」や『神皇正統記』流布本にいう「三種につきたる神勅」の解釈が、『法華経』の四要品の「八句の偈」に近似していることは先述した。念のため、『神皇正統記』初稿本と推定される阿刀本(52)によっても、たしかめておこう。

此の三種に付たる神勅、正く国を持ち御座(おはしま)すべき道を授け給へるなるべし。抑(そもそも)、鏡は一物をたくはへず。私の心なくして万象照らし、是非善悪のすがたを取らずと云ふ事なし。其の姿に随ひて私の心を用ひずして感応するを鏡の徳とす。是は正直の本源なるべし。玉は柔和忍辱(にんにく)にして、人の願ふ所を施し与ふるを徳とす。慈悲の本源なるべし。剣は剛利決断を徳とす。功あるをば便(すなは)ち賞(もてな)し、罪あるをば是を罰す。当処にをきて迷ふ事無きを徳とす。智恵の本源なるべし。正直・慈悲・智恵の三を尚書と云ふ文に剛柔直の三徳と云へり。此の三を離れては、内外典（仏書と仏教以外の書）と云ふ道、有るべからず。我国の神勅は語つづまやかにして旨広し、剰へ三種の神器を指し出して、其の心の器を顕し給へる事、心も語も及ばざる御事なり。顕密内外の諸道、さながら此の中に極まれるにや。

「三種に付きたる神勅」を、「国を持ち御座すべき道」とするという基本は、流布本と共通する。「三種の神器」を「正直」「慈悲」「智恵」の「本源」とするところも、流布本に同じい。流布本が「此の三徳を翕受ずしては、天下の治まらんこと誠にかたかるべし」と念を押し、「慈悲」「智恵」は鏡の徳に集約されるとしているところは、これを欠く。要するに、阿刀本の「神勅」の解釈も、「八句の偈」に近似していたといってよかろう。

『神皇正統記』興国四年（康永二年。一三四三）修訂本（流布本）の奥書は、左のごとくである。

この記は、去んぬる延元四年秋、ある童蒙に示さんがために、老いの筆を馳するところなり。旅宿の間、一巻の文書を蓄へず。わづかに最略の皇代記を尋ね得て、かの篇目に任せて、粗子細を勒し畢んぬ。その後、再見すること能はず。すでに五稔（五年）に及び、図らずも展転書写の輩有りと、云々。驚きて披見のところ、錯乱多端、癸未の秋七月、いささか修治を加ふ。これを以ちて本となすべし。以前披見の人、嘲弄なからんのみ。

延元四年（暦応二年。一三三九）仲秋八月、後醍醐天皇の死が常陸の陣中に報じられた。親房は孟冬十月を待たず、季秋九月のうちに、初稿本を急いで書きあげる。「或童蒙」に示すために、という。「或童蒙」という以上、ぼかしてはいるものの、幼童ならだれでも通用されるというわけではない。名こそあげていないが、特定の幼童を意識している。ここは十二歳で即位した義良（のりよし）親王、すなわち後村上天皇を暗にさしていると思う。新帝はかつて親房とともに東国へ下ろうとして、海上で嵐にあって分かれ分かれになり、現に親房は常陸に、帝は吉野にある。後醍醐天皇亡きあと、南朝に動揺のないよう、新帝にしっかりしてもらわねばならない。そのことを切望し、初稿本は吉野の新帝のもとに届けられた。ただし、陣中のあわただしさのなかで筆を走らせた不備な書物を、さすがに天皇に献じたと公言することは、はばかられた。それゆえ、いちおう「童蒙」に見せるためと、へりくだっていってはみたものの、親房の真意は幼帝のために、というところにあった。武士にまで読ませようとしたのは、流布本執筆の段階のことである(53)。四海領掌法を伝授されなかった親房は、常陸の陣中にある身でもあり、もとより即位灌頂をとりおこなうことはできなかったが、初稿本を送ることによって、四海領掌法の意味するところを伝えようとした。その意味が正確であったかどうか、たしかめたくて、後年房玄にしつこく問うたのである。

親房もまた即位灌頂の世界に生きていた(54)。

注

(1) 早川庄八「律令国家・王朝国家における天皇」(〈日本の社会史〉三巻、岩波書店、一九八七年)。

(2) 山中裕『平安朝の年中行事』(塙書房、一九七二年)、同『平安時代の古記録と貴族文化』(思文閣出版、一九八八年)等。年中行事を宮廷に限定してとらえず、「在地の年中行事」との関連を見なおそうとした試みとして、井原今朝男「中世の五節供と天皇制」(『歴史学研究』六二〇号、一九九一年)があるが、そこから「中世社会は、鬼神、御霊、神仏の祟りの前では天皇、領主も百姓も同じ立場にあるものという原理の下にあった」とするのは、性急に過ぎよう。体制イデオロギーと反体制イデオロギーの対立という二元論の裏返しになるような危うさを感じる。

(3) 〈新訂増補故実叢書〉により訓み下す。

(4) 所功「『元旦四方拝』の成立」(『平安朝儀式書成立史の研究』(国書刊行会、一九八五年。初出は一九七五年)。

(5) 速水侑『呪術宗教の世界』(塙書房、一九八七年)。

(6) 山下克明「平安時代における密教星辰供の成立と道教」(『日本史研究』三一二号、一九八八年）は、十世紀中ごろの台密を中心とする密教星辰供について、「その星辰観は、あくまで個人と個人の一生を支配する星との関係に基づく信仰であり、律令国家の政治理念と不可分な関係にある、それまでの中国天文家説による星辰観とは次元を異にするものであった」といっている。このような星辰の変異は「個人としての王者・貴人の災厄」とされ、それを消除すべく、台密においては熾盛光法（しじょうこうほう）がおこなわれた。速水侑『平安貴族社会と仏教』（吉川弘文館、一九七五年）によれば、熾盛光法は東密の大元帥法と並び、「護国的修法」であったが、天皇や貴族の「安穏」を祈る修法へと変化していった。

（7）〈新訂増補故実叢書〉により訓み下す。

（8）早川庄八、前掲「律令国家・王朝国家における天皇」。

（9）神宮文庫本『天照大神口決』によって訓み下す。同書は「三箇の大事」として心の御柱、社殿造り、子良の子を挙げている。そのなかの、子良の子の大事の大部分は、伊藤正義「慈童説話考」（『国語国文』四九巻一一号、一九八〇年）に〈資料九〉として翻刻されている。それも参照した。同書の奥書を記しておく。

慶長三天二月三日於金剛峰寺書写之了

備後尾ニシテラ　降遍五十アマリ

なお、阿部泰郎「『入鹿』の成立」（『芸能史研究』六九号、一九八〇年）が、同書に論及している。

（10）参考のため、以下に内閣文庫本『神代巻秘決』東寺御即位品によって訓み下す。同書東寺御即位品は一部を省略して、伊藤正義、前掲「慈童説話考」に〈資料十一〉として翻刻された。それも参照した。

二に因縁を明かにすれば、神武天皇より以来、天智天皇に至るまで、仁王（人皇）より仁王にこれを授け来り給ふ。始め入鹿の大臣と云ふ悪人有り。これを打たんと欲へども、人力に及ばざるがゆゑに、思ひながら日月を送るところ、或時或女人有りて一人の子を生む時、吒天来りて生まれたる子を取りて、腹の上に乗せ、「自曾々利貴作七才冠待（作カ）天子」と唱へ、三返四方を廻りて三廻り為したる後、生まれたる子及び御即位法ならびに藤巻の剣（鎌）を以て、母に返し与へ、「汝此等の法を以て、天子の師位に登るべし」と云云。時に此の生れたる子 弥生長の後、藤巻の剣を以て入鹿の大臣の頭を打ちし後、天下安く平ぐ。白（ママ）藤巻の剣を以て昇進せる故に、鎌足の姓名を賜ふ。帝王の師位に登り、御即位の法を授け奉りしより以来、今に至るまでの御即位法是なり。

(11) 橋本義彦「貴族政権の政治構造」（『平安貴族』平凡社、一九八六年。初出は一九七六年）。

(12) 〈新校群書類従〉により訓み下す。

(13) 辻善之助『日本仏教史』上世篇（岩波書店、一九四四年）。

(14) 上川通夫「中世の即位儀礼と仏教」（『日本史研究』三〇〇号、一九八七年。その補訂稿は、岩井忠熊・岡田精司篇『天皇代替り儀式の歴史的展開』柏書房、一九八九年）。

(15) 同前。

(16) 訓読は〈日本思想大系〉による。

（17）櫛田良洪『真言密教成立過程の研究』（山喜房仏書林、一九六四年）。

（18）伊藤正義、前掲「慈童説話考」。阿部泰郎「慈童説話の形成」（『国語国文』五三巻八・九号、一九八四年）、同、前掲「『入鹿』の成立」、同「中世王権と中世日本紀」（『日本文学』三四巻五号、一九八五年）、同「宝珠と王権」（〈岩波講座東洋思想〉一六巻、岩波書店、一九八九年）、同「即位法の儀礼と縁起」（『創造の世界』七三号、一九九〇年）、上川通夫、前掲「中世の即位儀礼と仏教」、山本ひろ子「幼主と『玉女』」（『月刊百科』三一三号、一九八八年）、同「異類と双身」（〈現代哲学の冒険〉四巻、岩波書店、一九九〇年）、松岡心平「稚児と天皇制」（『宴の身体』岩波書店、一九九一年。初出は一九八六年）。とくに阿部「宝珠と王権」、山本「異類と双身」は出色の中世王権論である。本書の即位灌頂の記述も、しばしばそれらに負うこと、注記のごとくである。

（19）神宮文庫本により訓み下す。伊藤正義、前掲「慈童説話考」に〈資料十〉として、一部分が翻刻されている。書名の「鼻」字は「始め」「初め」を意味している。久保田収「『鼻帰書』について」（『神道史の研究』皇学館大学出版部、一九七三年。初出は一九六一年）は、この書名は「最初にかへるといふこと、すなはち一切の本源たる天照大神に帰するといふことを明らかにしようとしたもの」と説く。

（20）ここは原文がとくに整っていない。念のために、原文を引用しておく。句読点は付けない。

如此伝テ治部律師当宮ノ明ノ無キ様ヲ知テ治部律師ノ姪ニ子良ヲ経名有是ヲ呼寄テ汝ハ御饌ノ時如此セシカト問フ于時姪ノ云長官是ヲ知リ給歟ト云時ニ律師ノ云是真言ノ中ノ相伝也云時

姪ニ問テ云汝御内ニ是ヲ修セン時ハ口ニハ何事ヲカ唱ヘシト問フ姪云口ニ別シテ云事ナシ只蹲
踞シテヲ、〳〵ト三度口ニ云テ外ニ別事ナキ也ト云

(21) 山本ひろ子「神話と呪物の構想力」（『思想』八〇七号、一九九一年）によれば、内宮・外宮の神体を包む錦の装束は、中世にはマトコオフスマと見なされ、内宮は屋形文、外宮は小車文であった。辰狐像の冠の文は、これと対応しているのではないか。

(22) 〈神道大系〉により訓み下す。

(23) 山本ひろ子、前掲「異類と双身」。

(24) 西山克「鶴と酒甕」（『日本文学』四一巻七号、一九九二年）。

(25) 山本ひろ子、前掲「異類と双身」。

(26) 上川通夫、前掲「中世の即位儀礼と仏教」。

(27) 神宮文庫蔵『天台方御即位法』には⑴正長二年（一四二九）に春瑜の書写した一巻と、⑵明応八年（一四九九）荒木田守晨書写の二巻本とがある。⑴は伊藤正義、前掲「慈童説話考」に〈資料八〉として全文翻刻されている。⑵では、

異説云

素盞烏尊、日本国ヲハ御嫡子ノ大夕、ラノ尊ニ奉レ譲レ之（以下略）

とある部分を一巻に仕立て、「異説云」の三字を除いて、

四海領掌法四要品

と題する。⑴と⑵の内容はほとんど同じである。ここでは⑴によって訓み下す。なお、阿部

泰郎、前掲「慈童説話の形成」は、天台即位法の慈童説話について、「神代説話中の、スサノヲの暴悪が天照大神を天岩戸へ追いやり、そこから顕われ出ることが却って王権のひとつの始源をものがたるものに他ならない、と言う構造と奇妙な相似を示している」と指摘している。天台即位法と中世王権神話との構造的な対応関係を照射した画期的な論述であるが、阿部が「王という存在の始源を支える聖なるものが、多く性を媒介としてもたらされ、それは全く反秩序的文脈において展開される」と説くのは、以下に示すように、私見とやや異なる。

(28) 原田実『日本王権と穆王伝承』（批評社、一九九〇年）。

(29) 〈岩波文庫〉により訓み下し、サンスクリット語原典からの訳文もこれにしたがう。

(30) 即位灌頂とかかわらぬ一例をあげれば、『修験極秘灌頂印明』（『修験道章疏』一、〈増補改訂日本大蔵経〉）には、「法華経灌頂大事」の「四要品」の明呪として、方便品「唯有一乗法。無二亦無三」、安楽行品「観一切法。空如実相」、寿量品「仏語実不虚。如医善方便」、普門品「慈眼視衆生。福娶（聚）海無量」とある。

(31) 〈続天台宗全書〉密教3により訓み下す。なお、青蓮院吉水蔵の同書の書名の梵字の表示はあやまっている。三崎良周『台密の研究』（創文社、一九八八年）参照。

(32) この部分は早く赤松俊秀「慈鎮夢想記について」（『鎌倉仏教の研究』平楽寺書店、一九五七年）に翻刻された。これについて、阿部泰郎、前掲「中世王権と中世日本紀」、同「慈円と王権」（『別冊文芸・天皇制——歴史・王権・大嘗祭』河出書房新社、一九九〇年）、山本ひろ子、前掲「幼主と『玉女』」、同、前掲「異類と双身」、田中貴子「〈玉女〉の成立と限界」（〈シリーズ女性と仏教〉四巻、平凡社、一九八九年）等が論及している。

(33) 三崎良周、前掲『台密の研究』。多賀宗隼『慈円の研究』（吉川弘文館、一九八〇年）も、やや異なる角度から、安然と慈円の関係を強調している。

(34) 〈続天台宗全書〉密教2により訓み下す。この興味深い口決は、山本ひろ子、前掲「異類と双身」により、ひろく知られるようになった。

(35) 山本ひろ子、前掲「異類と双身」。

(36) ただし、『瑜祇経聴聞抄』中巻に、ダキニについて、「悟りの方よりは、妄想心を食らふて、苦果の身命を絶せしむるなり。これすなはち禁戒に住すべき心か。さて彼の秘密所は婬欲即是道の法門に合せて、これを見るべし。これに重々子細有ることなり」とある。上巻にもほぼ同文が収められている。ダキニ天は婬欲がそのまま仏道となるという、きわどい法門を背後にかくしているものの、妄想心をなくし、苦果の身命を絶って、悟りの境地に入らしめる。その点では、けっして否定的にとらえられているわけではない。

(37) 〈大正新修大蔵経〉により訓み下す。

(38) 狐霊と習合したダキニを、いきなり〝性〟や〝自然〟と結びつけることはできない。田中貴子「外法と愛法の中世」（『日本文学』四〇巻六号、一九九一年）は、「王権と性の関わりを問題にするとき、性の力が自然に向かって無条件に開放されているというような印象を抱くことがあるが、それは或る部分を隠蔽した上で成立する像なのだという認識を持つ必要があるのではないか」とするどく警告する。

(39) 平田俊春『元元集の研究』(山一書房、一九四四年)所収の校本により訓み下す。同本は平田俊春『神皇正統記の基礎的研究』別冊(雄山閣出版、一九七九年)として再刊された。

(40)『古語拾遺』(訓読は〈新撰日本古典文庫〉による)の「是れ今、践祚の日、献る所の神璽の鏡・剣なり」にいう「神璽」の意であって、玉ではない。ただし、『元元集』では曲玉をもふくめた「三種の神器」の意味になる。

(41) 鎌田純一『先代旧事本紀の研究』校本の部(吉川弘文館、一九六〇年)により訓み下す。

(42)〈神道大系〉により訓み下す。あわせて〈日本思想大系〉の訓読文を参照した。

(43) 原文は左のごとくである。

劫初在二神聖一、名二常住慈悲神王ト一、法語ニ曰二尸ノ棄大梵天王一、神語名二天御中主尊一、大梵天宮ニ居焉。

「居」はイザナキ・イザナミが大八洲に降ったとあるところで、「大八洲ニ降居マス矣」とあることから、「ヰマス」と訓み、「イマス」に正した。

(44) 丸山真男「忠誠と反逆」(『忠誠と反逆』筑摩書房、一九九二年。初出は一九六〇年)は、近世のこととして、「『天下を公と為す』とか『天下は天下の天下なり』というような観念が政治形態の歴史的変遷をこえ、具体的な支配関係をこえた規範的制約として冥々の裡に作用していた」とし、「『君』もまたある目に見えない、自然法的規範に拘束されるという考え方」が社会的に定着したという(傍点桜井)。私のいう「構造」は、そういう「規約」や「規範」に通じるかも知れない。

(45)〈日本古典文学大系〉による。

(46)桜井好朗「中世国家神話の形成」(『中世日本文化の形成』東京大学出版会、一九八一年。初出は一九七七年)。『神皇正統記』の「天祖」はクニノトコタチをさすが、『日本書紀』のクニノトコタチは「天祖」ではない。『先代旧辞本紀』に「天祖」とあるのは、別の神のことである。「日神」＝アマテラスは、『正統紀』では、記紀に見られぬ神勅を下している。『正統記』に「神国」とあるのも、〝中世日本紀〟的な神話の世界を前提にしている。

(47)山田孝雄『神皇正統記述義』(民友社、一九三二年)。

(48)文意がややあいまいなので、原文を示しておく。

於二此法則次第中一、有二御即位四海領掌秘印一。以外不思議也。以二聖天吒天弁才天一一尊故、云二三天合行一也。有二三面一也。但以二聖天一為二正行人一、聖天為二中尊一。是正面也。自余二尊、亦爾。是如次貪瞋癡三毒也。是三弁宝珠、稲荷上中下三所大明神是也。

(49)網野善彦「異形の王権」(『異形の王権』平凡社、一九八六年)は、文観を「文字通り『異形』の僧正であった」と評して、注目している。文観の一面であろうかと思われる。文観の評判が悪くなった一因に、『太平記』の文観の描写があると思うが、これは作品としての『太平記』の構成とかかわることで、描写の仕方自体の歴史性が問わるべきである。

(50)〈続群書類従〉により訓み下す。

(51)中村直勝『北畠親房』(星野書店、一九三二年)。

(52)〈阪本竜門文庫覆製叢刊〉による。

(53) 平田俊春「神皇正統記神代史の成立過程」(『神皇正統記の基礎的研究』本論、雄山閣出版、一九七九年。初出は一九六八年)は、流布本では「初稿本に『末世ノ疎カナル類ニモ』といい、また『ヲロカナラン類マテモ』といっているところが全く削除されている」と指摘している。平田によれば、「親房は、官軍の将士が図らずも初稿本を展転書写しているのをみて驚き、この人々の参考になるようにと修正した際、『疎カナル類ニモ』とか、『ヲロカナラン類』とあるのが、かれらを指しているように受取られるのを恐れて削ったものであろう」とされる。この「疎カ」や「ヲロカ」は、「いい加減」とか「疎略」の意で、「愚昧」の意ではない。「神道」の「根元」を知らず、「猥しき始」ともなるような言説をなす者を意識してのことであろう。武士のことをさしているわけではなかったが、平田のいうような誤解の生ずるのを恐れて削除したのかも知れない。

(54) 桜井好朗「北畠親房と即位灌頂」(『日本歴史』五〇〇号、一九九〇年)。「秘儀」「秘伝」などは、ことさら秘密を粧うあやしげな儀礼や言説と思われるかも知れないが、個別化された日常性を超え、普遍的であろうとする志向をかくしている。秘密とは限定された特殊にとどまるのではなく、逆に構造上の普遍的なものを実現しようとする方法なのである。

二　『中臣祓訓解』の世界

1

十二世紀の初めに成立したと思われる『朝野群載』(1)巻六に、「中臣祭文」が収められている。中臣祭文(中臣祓)の最古のものであろうといわれる。(2)これを三分し、(c)・(d)・(e)としておく。

(c)　高天の原に神留り坐す皇親神漏伎、神漏美の御命を以ちて、八百万の神達を神集へに集へ給ひ、神議りに議り給ひて、我が皇御孫の命は、豊葦原の水(瑞)穂の国を、安国と平らけく知ろし食せと、事依差せ奉りて、是の如く依差せ奉りし国中に、荒振る神達をば①神掃ひに掃ひ給ひ、神問はせに問はせ給ひて、語問ひし磐根、木の立ち、草の破葉も語止め給ひて、②天の磐戸を押し開きて、天の八重雲をいつの千別きに千別け給ひ(を)て、天降し依差せ奉りき。かく依差せ奉りし四方の国の中に、大倭日高見の国の安国と定め奉りて、下つ磐根に宮柱太敷き立て、高天の原に千木高知りて、我が皇御孫の命をば、みづの御舎と仕へ奉りて、天の御蔭、日の御蔭と隠れ坐して、安国と平らけく知ろし食さむ国の中に、生り出でけん天の益人等が過ち犯しけむ種々の罪をば、天つ罪とは、畔放ち、溝埋め、樋放ち、頻蒔き、串差し、生剝ぎ逆剝ぎ、屎戸、ここだくの罪を、天つ罪と詔り別けて、国つ罪とは、生の膚断ち、死の膚断ち、白人、古久美、己が母を犯せる罪、己が子を犯せる罪、母と子と犯せる罪、子と母と犯せる罪、畜生を犯せる罪、昆ふ虫の災、高つ神の災、高つ鳥の災、畜生臥し、蠱物を為る罪、ここだくの罪事を出だしては、かく出だしては、③天つ神は天つ宮事を以ちて、大中臣天つ金木を本打ち切り、末打ち断ちて、千倉の置き倉に置き足らはして、天つ菅つ麻を本苅り断ち、末苅り切りて、八針に取り辟いて、天つ詔言を以ちて詔る。かく詔らば、天つ神は天の磐門を押し開きて、天の八重雲をいつの千別きに千別きて、聞こし食してむ。国つ神は高山の末、短山の末に登り坐して、④高山のいゑり、短山のいゑりを掻き別けて、聞こし食してむ。かく聞こし食しては、罪と云ふ罪、咎と云ふ咎は有らじと、

(d) 科戸の風の天の八重雲を吹き掃ふ事の如くに、大津の辺に居る大船を、舳解き放ち艫解き放ちて、大海原に押し放つ事の如く、彼方や繁木が本の、焼鎌の利鎌を以ちて

打ち掃ふ事の如く、残んの罪は有らじと、祓ひ給ひ清め給ふ事を、

(e) 高山の末短山の末より、さくなだりに①落ち漏れつ。隼川の瀬に坐す瀬織津比咩と云ふ神、大海の原に持ち出でなむ。かく持ち出でなば、②荒塩の八塩百道の塩の八百会に坐す隼開津比咩と云ふ神、持ちかか呑みてむ。かく持ちかか呑みては、伊吹戸に坐す伊吹戸主と云ふ神の、根の国の底の国に伊吹放ちてむ。かく伊吹放ちては、根の国の底の国に坐す③速佐良比咩と云ふ神持ち失ひてむ。かく持ち失ては、④今日より以後、遺んの罪と云ふ罪咎と云ふ咎は有らじと、祓へ給ひ清め給ふ事を、⑤祓戸の八百万の御神達は、さをしかの御耳を振り立てて、聞こし食せと申す。

便宜上、(c)・(d)・(e)に分けた中臣祭文は、一読してあきらかなように、大祓の祝詞の(C)・(D)・(E)(本書Iの二を参照)に似ている。というより、大祓の祝詞の(A)・(B)・(F)を削除し、残りの部分をいくらか変形したのが、ほかならぬ中臣祭文なのである。いま私はいくらかといったが、この削除と若干の変形の持つ意味は大きく、古代の王権－国家の壮大な変動を物語っている。[3] それは通常の歴史叙述の形式をとっていないが、あるいは通常の歴史叙述以上に、歴史が引き返しようもなく、ごとりと動いたことを教えてくれるかも知れない。大祓の祝詞が廃されて、それに代わる中臣祭文が現われたのだと考える必要はない。両者は平行して祓儀礼で唱えられたはずである。大祓の祝詞を範型としながら、異質

の中臣祭文が成立したことの意味を考えることが大切である。

中臣祭文において、大祓の祝詞の(A)・(B)・(F)が削除されたことは、この祭文が大祓とは異なる祭儀空間の言語的表現となったことを示している。もはや親王以下の百官が朱雀門に参集し、高天の原の風儀にしたがって、「瑞穂の国」の共同体と家筋の維持を神話的に王権－国家が管理するよう、神聖な劇を演ずる必要はなくなった。「瑞穂の国」全体が清められたことを、天つ神や国つ神に報告するという祭儀の構造も崩れている。そのことを、(C)・(D)・(E)から(c)・(d)・(e)への変化のなかから読み解いてみたい。

まず、(C)では大祓の祝詞に「神問はし問はし賜ひ、神掃ひ掃ひ賜ひて」となっているところが、(c)では傍線部①のように、「神掃ひに掃ひ給ひ、神問はせに問はせ給ひて」と逆になっている。初めに「神問はし」をしてから、次に服属しない神を「神掃ひ」するというのが、記紀神話にかなった表現の仕方といえよう。(c)は祓儀礼だから初めに「神掃ひ」を持ってきたわけだが、そうなると、天つ神がまず荒ぶる神を排除してから、服属するか否かを問うことになってしまう。さすがに後代の中臣祓の諸本は、本来の順序にしたがっており、中臣祭文の場合、偶発的なミスとも思われるが、偶発的であろうとなかろうと、かような表現上の動揺がおこったこと自体を重視したい。天孫降臨を語るところでも、(C)は「天の磐座（いはくら）放ち」とあり、ホノニニギが高天の原の神座でもあり依代（よりしろ）でもある岩から離れ出たことが、記紀にしたがって明示されている。(c)では傍線部②のように「天の磐戸を押し開きて」とあり、アマテラスが天の石戸からふたたび姿を現わしたことと混同されている。天孫降臨神話の重みがいささか忘れられかけており、祓儀礼の観念のみが強められた結果、天の石戸からアマテラスが姿を現わすことで、スサノヲが「かむやらひ」された話とすりかえられたものと考えられる。これは後代の中臣祓では「天の磐座」とするものと、「天の磐戸」とするものとに分かれており、『氏経卿記録』[4]のように「天の磐座押し放ち、天磐戸を押し開き」と並記し、ますます意味の混乱したものもある。大祓の「畜犯す罪」については、(c)では「畜生」の二字が充てられ、異類神がいっそうおとしめられている。(C)の「天つ宮事を以ちて」は、(c)の傍線部③では「天つ神は天つ宮事を以ちて」と改変される。天つ神が「天つ宮事」をするのは当然で、とくに付加しておかねばならぬようなことではない。これは本来、地上の祭場にいる大祓の出席者(大中臣)が、高天の原にいるのだという幻想に包まれて演技することを意味していた。「天つ宮事」を天つ神がするというのでは、天上は天上、地上は地上、とはっきり区別されてしまい、両者が重なりあう祭儀空間としての大祓は、本来の意味を失う。(C)の「罪と云ふ罪はあらじと」の前に「皇御孫(すめみま)の命の朝庭を始めて、天の下四方の国には」があるが、(c)ではこれが欠落し、「罪」のほかに「咎」が加えられる。この欠落は中臣祓諸本に共通し、「罪」「咎」の並記も認められる。王権神話にもとづき、「皇御孫」の君臨する「瑞穂の国」全体から「天つ罪」「国つ罪」を排除するのだという大祓の構造の核心は見えなくなり、個々の人間の現世的な過失といってもよい「咎」が付加されたのである。(d)の傍線部には「残んの罪」があって「咎」はないのだから、不整合の感がする。こういうかたちで、中臣祓は形成されていった。

(E)の「落ちたぎつ」は、(e)の字面からいうと、「落ち漏れつ」と訓んでいるように思われる。これでは原義を理解していないものといわざるをえない。後代の中臣祓諸本は正しく「たぎつ」と訓んでいる。(E)の「荒塩の塩の八百道(やほぢ)の八塩道の塩の八百会に坐(ま)す」の「荒塩」について、次田潤は「『荒』は『荒山』『荒野』に於けるが如く、人の往き通はぬ世離れた所をいひ、『塩』は潮の借字である(5)」といった。たんなる沖合の潮流というよりは、「人の往き通はぬ世離れた所」という意を尊重したい。「古代のことばはかならずいったんは神話的に読まなければならない」という古橋信孝は、「アラが荒あらしい、荒涼とした、荒れはてた状態をさすことになるにしろ、本来は始源的な、霊力が強く発動している状態をあらわすことばだ」と説く(6)。次田と古橋の解釈を重ねあわせてみたい。多くの潮流が集まって、巨大な渦巻きとなり、それに巻きこまれることで、罪穢は根の国、底の国に運ばれ、そこで消滅せしめられる。その直接の入り口にあり、罪穢の消滅を促しもする神がハヤアキツヒメとされるわけだが、ここで「八百道」と「八百会」とは照応しているのであって、これを(e)の傍線部②のように改めては、この照応がはっきりせず、意味があいまいになる。(e)の傍線部は「速佐須良比咩」が正しく、中臣祓諸本はそうなっている。大祓の祝詞(E)の末尾は、念のため再録しておこう。

かく失ひてば、天皇が朝廷に仕へ奉る官々の人等を始めて、天の下四方には、今日より始めて、罪と云ふ罪は在らじと、高天の原に耳振り立てて聞く物と、馬牽き立てて、今年の六月の晦の日の夕日の降ちの大祓に、祓へ給ひ清め給ふ事を、諸聞き食へよと宣ふ。

大祓の祝詞(E)の傍線の点線部①は、中臣の祭文(e)の傍線部④の前に位置するはずであるが、(e)ではこれが全部削除されている。同じく(E)の点線部②は、(e)の傍線部④の後に位置するはずであるが、これまた全部削除されている。ホノニニギである天皇が支配する「瑞穂の国」から「天つ罪」「国つ罪」を排除するという大祓の構造は、ここでも失われてゆく。またスサノヲの悪行、「天つ罪」の生剝ぎ・逆剝ぎと関連する「馬」も、中臣の祭文からは消え、代わって(e)の傍線部⑤に見られるように、たんに耳ざとい動物というだけの意味しか帯びていない「小牡鹿（さをしか）」が登場する。そして、中臣祭文は(e)の傍線部⑤に見られるように、「聞こし食せと申す」で結ばれる。大祓の祝詞に見られた「宣る」もしくは「宣ふ」は、天つ神の意を体した「現つ神」＝天皇の言葉であることを意味しており、大祓は「天つ宮事」の成立する神話的空間でありえた。そこでは、「現つ神」は高天の原の祭儀でもあり、地上のそれでもある大祓で、王権の起源に回帰して、言葉を発するのである。天上と地上の重なりあいが不可能になり、両者の区別をはっきりした上で、地上で神の世界へ向けておこなう祭儀では、地上の人間が神に向かって「聞こし食せと申す」のであり、方向が逆になっている。先述したように、大嘗祭は大祓において完結したが、大嘗祭の本来の意味がはっきりしなくなるにつれ、大祓の基本的構造も崩れてゆき、もはや大祓において大嘗祭は完結しようがなくなる。中臣祓の成立は、そのことを裏側から証明している。

2

鎌倉期の台密では、承澄が『阿娑縛抄』を著わし、教相・事相を集大成した。承澄は『六字河臨法』(7)をも記述し、「呪詛を反滅する最極の秘法」の作法を示したあとに、中臣祓の起源について、こう書いている。

中臣祓は日本の祭文なり。伊勢太神宮（アマテラス）、天の石戸を閉ぢ給ふ時、中臣氏この禊(祓カ)を造り読み奉り、誘へて（作り出して）この法を用ふること、わが朝の人師の所為（おこない）か。誰人かこれに加へて云ふことを知らず。ただし、宗明々。諸の祓祀啓請の祭法の語、董仲舒と云ふ文に有り。皆、唐土より有ることなり。ただその言は国に随ひ改むるばかりなりと、云々。しかれば、唐国この法を修する時、かくのごとき祭文を読むかと、云々。

問ふ。大師、大唐にてこの法を受くと、云々。しかれば、何ぞこの朝の七瀬の祓を相加ふや。誰か大唐にこの祓無しと謂ふ。凡そ俗体恒沙(諦カ)の法（世俗に流布する無数の教え）、皆天竺より大唐に伝へ日本に伝ふ。しかるに中臣祓の文言、倭語なることは、かの文勢和語を以ちて書き成せるか。もしくは、吉備大臣（吉備真備）在唐日記にその本文に似たる有り。しかるを、中臣祓と云ふは、この国に始めてこの姓の人、習ひ伝ふるか。いはんや、禊祓の字、すでに唐に有らんや。

混迷した説の累積、といった感がする。承澄はこのあとにも、さらに荒唐無稽な説を加え記している。「中臣祓が董仲舒祭文に淵源し、吉備真備の手で日本風に書改められたとの俗説は、けだし陰陽師の造作するところであった」といわれる(8)。前漢の董仲舒と後漢の董仲の混同もあろうか。

大臣（吉備真備）、大唐にて鬼に乗り夜行の間、件の祓の「焼鈎利鈎を以ちて打ち放つことのごとく」と云ふ所にて、焼きたる鈎多く出でて飛び合ひたりければ、鬼きられぬべくて逃げにけり。大臣、件の語を聞きて、始めより件の所までを書き付けて置きたりけり。明くる朝、唐人等来たり見て後その正文を大臣に授くと、云々。

他方では、天石戸神話と結びつけられ、鎌足がこの祓を作ったとの異説を生じ、春日明神が作ったとも説かれる。これらの説からみごとなまでに欠落しているのは、大祓の祝詞から中臣祭文（中臣祓）が生まれたとする認識である。大祓という祭儀が軽んじられていったことにもよるが、むしろ中臣祓そのものを始原の言葉として位置づけようとする願望が強くなるにつれて、かような諸説が生じたものと思われる。もはや大祓は始原の言葉たりえない。

すでに十世紀には、天台で六観音信仰が成立していたという。それは六道転廻の苦を抜けるよう、六観音に願うものであった。真言では仁海が六字曼荼羅を本尊とする六字経法をもとにして、真言六観音が作られた。台密では十一世紀なかばごろに、六字法結願の夜、陰陽道の七瀬祓をも取り入れ、六字河臨法をおこなうようになった[9]。承澄によれば、この修法の目的は三つに分けられる。

呪詛反逆のためにこれを修す。

病事のためにこれを修す。
産婦のためにこれを修す。

このなかで、呪詛する怨家を、逆に調伏することが主たる目的であった。二艘の船をつないで六字法の大壇を船上に移し、幕で囲む。阿闍梨以下はこの大船に乗り、厨船一〜二艘が横に進み、かがり火をたいた船四艘がこれを囲む。船上の行法は初夜に始まり、この異様な船団はおもむろに川の流れをさかのぼってゆく。しかし、瀬ごとの祓禊の法は激しかった。

口伝に云はく。護摩了りて、供物元のごとく取り居うる後、小念誦。念誦了りて、六字呪を誦す。杵を以ちて施主を加持す。礼版(盤)にひねりながら、施主の方に向くと、云々。その時伴僧これを見て、中臣祓を誦す。五反もしくは三反。この間、同時に螺を吹き、錫杖・金剛鈴を振り、大鼓・鉦鼓等を撃つ。惣じて転経(経巻の略読)・誦呪、高声に励むべし。かくのごとく乱声の間、解縄を解き(祓のとき縄のよりを戻す)、人形を摩で、茅輪を以ちて菅脱(茅輪を首にかけたり、くぐったりする)等のこと訖んぬ。茅輪を切り、人形等を相加へ、流水に入る。この時、同時に乱声を止むべし。菅抜のこと、中臣祓を読む。伴僧これを勤むべきか。その後、後供養等つねのごとし(定まっているとおり)。

乱声の間、伴僧茅輪を以ちて御衣の許に寄す。行事船、時の間壇所船に寄り付く。行事御衣を以ちて取り上げ取り上げ、菅抜のこと三度と、云々。

もし檀主の女房自ら河に臨まば、菅抜を近習の人に教へて、分けて為すべし。承仕（堂内の雑役をする僧）を以ちて段々に切らしめて河に入ると、云々。

茅輪切り、ならびに中臣祓了る時、乱声同時に止むと、云々。

護摩を了え、六字呪を誦し、施主を加持する。これに応じて、伴僧は中臣祓を唱える。船上はにわかに騒然となり、施王へ向けられた呪詛は人形に移され、そして茅輪をくぐることで、施主の身体は清められる。中臣祓を読むのは「堪能の助修」とされ、同人が「菅抜の役」も勤めたらしい。茅輪を切り、人形とともに川に流すとき、騒ぎはぴたりとしずまる。中臣祓は陰陽師が読むこともあった。施主が直接参加しない場合、「御衣」を用いることもあったようである。もはや「御衣」は「玉体」を意味しない。

六字河臨法のモデルとなった七瀬祓は、陰陽師によって洛中・洛外・畿内の七瀬でおこなわれた。伊藤喜良は「七瀬祓や当時大規模におこなわれていた追儺祭等を総合的にみてみると、穢の追放、祓は、天皇の身辺、洛中、洛外、畿内から追放し、さらに国家の四至から祓い追放するという構造であったことが知れよう。これらの陰陽道の祓は当然のこととして、古代の大祓と関係があることはいうまでもない」と指摘している[10]。すでに六字河臨法は天皇のためにでなく、不特定の施主のためにおこなわれる。施主に向けられた呪詛は、呪詛をなす「怨家」に返される。祓の言語は水平に、かつ往復するかたちで、「怨家」と「施主」の間を結ぶ。「怨家」はすでに呪詛の「施主」であり、六字河臨法の「施主」はあらたな「怨家」となって呪詛を返す(11)。中臣祓は形式的には天孫降臨神話の形跡をとどめているが、そこにはかの恩恵と収取の垂直軸は見られない。その呪詛は異なる「怨家」＝「施主」の間を水平に往復する。六字河臨法における中臣祓は、もはや天孫降臨が王権の神話的始原たりえなくなったという、歴史の大きな変動をひそかに物語っている。

3

大祓の祝詞が中臣祭文（中臣祓）へと変容したことを、中世の側から照射し、中臣祓そのものがあらたな神話的始原に直結していることを示すためには、あらたな起源伝承を語るだけでは足りない。中臣祓の言語的表現に対して、その一語一語にあらたな意味を与えなくてはならぬ。中臣祓の注釈は、かの歴史の大きな変動を、公然と物語る作業であった。東寺即位法と同じく、作者を空海に仮託した『中臣祓訓解（くんかい（げ））』は、中臣祓の注釈書のなかでは最も早く成立した。主要部分は建久二年（一一九一）以前、『性霊集』の引用につづく末文は鎌倉中・末期の成立とされている。(12) 主要部分も、もうすこし時代を降らせたほうがよいかも知れない。

『中臣祓訓解』(13)（以下『訓解』と略称する）は、祓の意味を一気に転換する。

> 解除のことは神秘の祭文を以ちて、諸の罪咎を祓ひ清むれば、すなはち阿字本不生（万有一切は不生不滅であることを、梵字の「阿」字において観ずる）の妙理に帰して、自性精明の実智を顕す。而して諸法（すべての存在）に於ては、浄不浄の二を出でず。ゆゑに有為（生滅変化するもの）は不浄の実執なり。無為は清浄の実体なり。これすなはち吾が心性なり。禅定を修すれば、その心やうやく清浄となる。これによりて、謹請再拝して七座これを宣ふれば、無明住地（無知・煩悩の根元）の煩悩の泥に穢されず。流れに向かひて恭敬して、七度これに触るれば、能く池水の浪潔くして、心源清浄なり。肆に十煩悩の網を離れて、三有（欲界・色界・無色界の存在の仕方）の際に纏はることとなし。これを名づけて解除と云ふ。これすなはち滅罪生善、頓証菩提（すみやかに悟りをうる）の隠術なり。

「天つ罪」や「国つ罪」はもとより、さまざまな「罪咎」を祓うのではなく、生滅変化する存在への執着を捨て、煩悩から解脱し、「阿字本不生の妙理」に帰するところに、「解除」の基本がある。「罪咎」といってみても、悟りの妨げをなすものとしてとらえられており、それを祓い清めることは、とりもなおさず「頓証菩提」にほかならない。それは王権とか権門の人々のみならず、すべての衆生に妥当する秘法「隠術」なのである。私祈禱とはいえ、六字河臨法は権門でなくては容易にはなしがたい。『訓解』の前提とする祓の言葉は、万人にひとしく適用される。

中臣祓の冒頭に「高天の原に」とあるのを、『訓解』は次のように解釈する。

> 色界の初禅、梵衆天なり。三光天。何瞻(なんせん)浮樹の下、高庫蔵(かうこざう)（たかくら）これなり。五蔵中の大蔵なり。ゆゑに万宝の種を収む。

日本の古代の王権－国家神話においては、高天の原はすべての始原として位置づけられる。ホノニニギとして神格化された、高天の原からの神話的な力＝豊饒を体現することにより、「瑞穂の国」の「皇孫(すめみま)」＝天皇の王権が成立する。この基本的構造にもとづき、「瑞穂の国」から「天つ罪」「国つ罪」が排除され、繁栄しうる。しかし、いまや高天の原は迷える衆生が輪廻転生をつづける三界（欲界・色界・無色界）のなかの色界初禅天に位置づけられるにとどまる。たしかに古代インドでは万有の根源はブラフマンであり、それを神格化したのが梵天であった。その梵天は仏教的コスモロジーでは初禅天にある。その意味でこの解釈は的確であるけれども、仏教のコスモロジーに編入されてしまうと、宇宙の根源をなすものも仏の世界にいたるための一階梯の存在に過ぎなくなってしまう。そればかりか、須弥山の南の世界「南瞻部洲」（「閻浮提」）に生えている「閻浮樹」の下にあるという、「高庫蔵」でもあり、色界に定着されるわけでもない。山本ひろ子は『高庫蔵等秘妙』（『石窟本縁記』）によりながら、「『高庫蔵』は根源的なトポスとして『伊勢』を象徴する」といっている。[14] 外宮の別宮高宮（多賀宮）の裏手の高倉山のなかの石窟は「天の岩戸」といわれた。桃山時代の作『伊勢参詣曼荼羅』[15]の高倉山の石窟の前では巫女が舞っている。アマノウズメに見立てたものであろう。岩戸を押し分けるようにして顔を出しているのは、アマテラスに違いない。神事と芸能が重なり、巫女の演技を通じて、そのかなたにアマテラスが幻視されたものと思われる。経蔵・律蔵・論蔵に般若蔵・陀羅尼蔵を加えた聖典の集蔵もまた、この神事芸能の空間のなかに幻視される。画面の左半分は博奕の場面であろうか。『東北院歌合』五番本の四番の左右が巫と博打であったことを連想せしめる。先述したように、「正直」「慈悲」「智恵」の三徳の意味をこめられて、「三種の神器」は中世王権を支えることになるのだが、そこへいたる道はすでに「高庫蔵」において始まっていたといえよう。「万宝の種を納む」という解釈は、そのことを示唆する。山本によれば、内宮は日天子、外宮は月天子とされ、神殿の棟に並べられた堅魚木は「星宿権化の形表」とされ、さらに星宿信仰と結びついた心の御柱の「変成」だともいわれた。[16]「三光天」すなわち日天子・月天子・明星天子は、伊勢神宮の空間構成に対応し、それはそのまま高天の原にほかならなかった。『訓解』は中臣祓が「高天の原に」と読み始められるや、たちまち意味に意味が重なりあい、イデオロギーの次元ではさまざまの観念が無原則に結びついた、混乱としか読めない内容を開示する。そして、かくされた構造の次元では、「二」たりえない始原が出現したことを、ほかならぬ王権神話の言辞を用いて、告げるのである。あたかも天の石戸を開くことでアマテラスが出現するかのように、多義的な始原は現われ、中世的世界を照らし出す。そして、それは博奕と隣り合わせにもなっていた。

「皇親神」の解釈もまた、「中世」を刻印されている。

> 天照太神。天の御中主神、豊受の神に坐すなり。高皇産霊神。皇産霊神。

これらの神々は一括して「天孫の尊の祖神なり」とされる。アマテラスとアマノミナカヌシとを並べ、ミナカヌシを外宮のトヨウケ（トユケ）と同一視するのは、度会神道の形成へとつながるものといえよう。

『訓解』のとりあげた中臣祓は、前掲の『朝野群載』所収「中臣祭文」と違って、「天の磐戸を押し開きて」とせず、「天の磐座押し放ち、天の八重雲を、いつの千別に千別けて、天降し座す」とあり、大祓の祝詞に近いが、その注解は左のごとくである。

> 皇孫の尊、天より下り座す間、供御饗に、その時に御盃の中に、霧起ちて闇く、天の水、国の水、相霧々塞る。これによりて、尊天より下り坐すことをえず。その時に

天の押雲尊（アマノオシクモネ。アマノコヤネの子で、中臣の遠祖）、中臣祓を以ちて解除へ清浄めて、天の八重雲より出づの道別き、天下り座すことを得たり。筑紫の日向の高千穂の槵触の峰に天降り跡す。

この注釈を読みこなすことには、手こずりそうである。原文に「供御饗」とあるのが、よく判らない。道饗祭と関連がありそうだが、それ以上のことは申しかねる。「出之道別」の「いづ」は、神威を意味する「いつ」を、出発するの意におきかえたものであろうか。「国の水」「天つ水」は「中臣寿詞」(17)に左のごとくあるのに由来しよう。

（前略）天降り坐しし後に、中臣の遠つ祖天児屋根命、皇御孫の尊の御前に仕へ奉りて、「天忍雲根神を天の二上に上せ奉りて、神漏岐・神漏美の命の前に受給はり申して、皇御孫の尊の御膳つ水は、うつし国の水を天つ水と成して立奉らむ」と申すをり、（後略）（傍点桜井）

養老神祇令には「凡そ践祚の日には、中臣、天神の寿詞奏せよ。忌部、神璽の鏡剣上れ」とあり、「中臣寿詞」は践祚の日に唱えられ、のちに大嘗祭に唱えられたかと推測される。その辺の推移が、どうにも判然としない。王権と中臣とが神話的な「水」を介して祭儀を構成するのだという観念が、どこかに残っていて、それが天孫降臨の神話に形を変えて入りこんできたものではなかろうか。ホノニニギが降臨しようとすると、盃の酒が霧となり、アマテラスが石屋戸にさしこもったときのように、神と人の世界が暗くなった。中臣氏の遠祖の神（アマノオシクモ）が、中臣祓を読んでくれたおかげで、ホノニニギは無事降臨できたというわけである。中臣祓はこんなに威力があるぞと強調するのが主眼で、王権の神話的な起源を再編成しようとするものではない。そのことは、降臨したホノニニギのために宮殿をりっぱに造営したという部分の解釈として、「已上、大殿祭（おほとのまつり）（ほかひ）を制造（つく）りて、天の種子命（たねのみこと）をして解除（はら）はしむと、云々」とあるところからも、推定できる。アマノタネノミコトはアマノオシクモの子である。中臣の遠祖を持ち出し、中臣氏の役割り、ひいては中臣祓の効用を説きたてるのがねらいであった。

「天つ罪」は『訓解』において問題にならない。中臣祓の性格を考えれば、当然であろう。「素戔烏尊、天上所犯（ぼん）の罪となす」というにとどまる。「天つ罪」「国つ罪」をあわせた「雑々（くさぐさ）の罪事」の注釈はこうである。

> 中臣祓を以ちて諸の罪を解除ふ。すなはちこれ真正の浄戒波羅密多（はらみた）（戒を守る修行）を宣説せんがためなり。この浄戒波羅密多に於て、意界（思考という人間存在の構成要因）不可得（思考によっては、求めても認識できない）なり。

すでに中臣祓の「解除（はら）」うところは、善悪も浄穢も超えている。人間の思考によっては及びうべくもないのである。「天つ罪」の「国つ罪」の、という論議を離脱している。したがって、大祓の祝詞のいう二つの罪の「法り別け」（宣り別け）は、中臣祓ではまったく別の意味を与えられる。『訓解』はいう。

罪障懺悔の文なり。無漏（不浄がない）清浄の法益（仏法の利益）なり。諄辞なり。

「宣り」は「法」とされ、おのれの罪障を懺悔し、煩悩を断ち心が浄らかになる仏法の利益を意味するとされる。

「天つ罪」に対し、「国つ罪」は地上における人間一人一人の生き方に直接つながるだけに、本来の意味を歪曲されながら、くわしく注釈を加えられる。ただし、ときに本来の的を射ぬいた解釈があり、驚かされる。まず、「国つ罪」とは「君臣上下の現在所犯の罪なり」とされ、スサノヲの「天上所犯の罪」と明確に区別されている。「白人」を「白癩なり。また白痴なり」とし、「古久美」を「瘜肉（こぶ、いぼ）なり。また云はく、瘿瘇（皮膚がこぶのように腫れたものか）の類なり。また云はく、黒癩なり」としているのは、ともに「癩」の意をはっきりととらえた早い例であった。

近親相姦については、まず「己が母犯す罪」を「婚合の罪なり。一に云はく、不孝の罪なり」とぼかしてとらえ、〝血〟の神話のカテゴリーで考えようとせず、イデオロギーの次元でその背徳性に対して面をそむけるばかりであった。

惣べて祖父母、父母、伯叔父母、姑、兄姉、外祖父母、夫妻、子等、三密（人の身・

口・意のはたらき。仏のそれと一体化する）万徳、阿字同体（不生不滅の万有の本源＝仏と一体化する）、遍く五輪（宇宙の構成要素、地水火風空にして、人の五体）を照らすなり。

見せかけの区別は、大いなる宇宙の真理の前には解消する。そのように考えれば、母と息子の差異にとらわれず、大いなる真理に帰一すべきではないか。ここでは、すべてのことがいいつくされ、しかも何もいわれなかったにひとしい。「己が子犯す罪」も同様で、「婚合の罪なり。母の胎内の時なり」と解したあとで、こう説かれる。

謂はく、陰陽遍満の体（ありさま）、乾坤（天地）に顕れ、皆これ無始（始めということがない。不生）の一念なり。無明と貪欲とは、煩悩の体なり。ゆゑに貪欲を懺悔すれば、すなはち仏智に向かふ。

「母と子と犯せる罪」「子と母と犯せる罪」は、さらに詳述されるが、同義反復に過ぎない。「過去の父母は、すなはち現在の夫妻、現在の妻子は、過去の父母等なり」とあるのは、輪廻転生、迷妄の世界に生まれ変わってゆく限り、解脱はできないという観念に支えられている。そこでは「父母」や「夫妻」の差異にこだわること自体、煩悩でしかないのだ。これはむろん近親相姦の容認ではなく、大いなる「仏智に向かふ」ための、注釈なのであり、これらの罪をまとめてみれば、次のように考えることができる。

已上、濆すところの罪は、謂はく、煩悩によりて生死を受け易はる因縁、或いは父母妻孥（子）となり、或いは兄弟姉妹となり、若しくは天魔外道となり、若しくは餓鬼禽獣となる。始めより今に至るまで、更がはる生まれ、代がはる死す。煩悩塵労の門を排き、六道四生の囚（齊カ）に宿る。転変定り無し。善行を円満して四恩（父母・衆生・国王・三宝の恩）を祓済し、懺悔の法を修して一心（現象の根元）の理に帰すれば、仏と衆生と異なること無し。ゆゑにすなはち我が心と衆生の心と仏の心と、三つ差別無し。我が意すなはち清浄なれば、我が意すなはち宝乗（宝でかざった車）なり。

煩悩にとらわれる限り、六道を輪廻転生するばかりである。そこから解脱すれば衆生の個は仏としての全体と合致する。我はそのまま仏である。〝血〟の神話から導き出された近親婚の罪は、祓（解除）を煩悩から悟りへおもむくための「隠術」視することによって、個々の衆生の救済を説く密教の教理のなかへ拡散してゆく。ここには「現つ神」の王権を王権たらしめる神話的仕組は見られず、「瑞穂の国」を成立せしめるための観念の仕掛もまったく機能していない。ここにいたって、大祓に見られたような王権‐国家の神話的構造は、音をたてて崩壊する。

4

大祓の祝詞は、「瑞穂の国」の「天つ罪」「国つ罪」を「根の国」「底の国」へ運び、それを消滅させる神々の活動を物語っていた。『中臣祓訓解』の注釈は、この物語を骨抜きにした上で、伊勢神宮が帯びていた、王権の始原という意味までおびやかす。意図的にそうするわけではない。お前は実に物騒な、とんでもないことをしてくれたなといわれたら、当の注釈者はびっくりし、肝をつぶすことだろう。個々の注釈者の意図を超えて、注釈自体がそう機能するよう、構造化されてゆくのだ。あたかも、資本主義の経済のなかで、利害打算のわずらわしさから一刻(ひととき)逃れようとして、茶房でくつろぎコーヒーを飲んだりする何気ない行為も、それどころか資本主義それ自体を批判する著述の出版さえも、商品化の過程に参加する以上、資本主義に丸抱えにされているように、祭儀も注釈も、それ固有の歴史のなかでの構造化から逸脱できず、それに拘束される。拘束されることによって、初めてあらたな構造化が可能になる。

まず、中臣祓にいう「瀬織津比咩と申す神」について、『訓解』は次のように説く。

伊弉那諾(いざなき)の尊の所化(け)の神、八十枉津日(やそまがつひ)の神と名づくるはこれなり。天照大神の荒魂(あらみさき)(みたま)

（神霊の激しく活動する側面。和魂の対）を荒祭宮と号す。悪事を除く神なり。随荒天子は焔魔法王（閻魔王とも。水牛に乗り、左手に人頭幢を持つ）の所化なり。

「所化」は「すべての存在」とか「教化される者」とかの意もあるが、ここは「生み出された子の神」と解する。つまりセオリツヒメはイザナキの子ヤソマガツヒだというのである。ヤソマガツヒとオホマガツヒとは、父イザナキが「穢れ繁き国に到りましし時に、汚垢によりて成りましし神ぞ」と『古事記』にある。しかも、その神格は、「一」であるわけではない。この神は焔魔天であり、閻魔王とも見なされる。注目すべきは、この神がアマテラスの荒魂であり、ほかならぬ内宮第一の別宮とされる荒祭宮の祭神であることであろう。『倭姫命世記』(18)には、左のごとくある。

荒祭宮一座皇太神宮の荒魂。伊弉那伎大神の生れます神、八十枉津日の神と名づくるなり。
一名瀬織津比咩の神、これなり。御形は鏡に座します。

『延喜式』には、内宮正宮（太神宮三座）と荒祭宮（一座）とは、

右二宮、祈年・月次・神嘗・神衣等の祭に供ず。

とあって、正宮に準ずる扱いを受けた。岡田精司は「荒祭宮が本来の神宮の祭神であったかと思わせるものがある」という(19)。その神が本来「瑞穂の国」の罪穢を一身に背負うようにして、「根の国」「底の国」に運ぶセオリツヒメと同体であり、それゆえに「悪事を除く

神」でもありえたのである。たんに清らかな神であるから、「悪事」を排除したというわけではない。

他の神の場合も、同様に考えてゆくことができる。『訓解』は「速開津ひ咩（はやあきつひめ）と申す神」については、こう解釈する。

伊弉那諾の尊の所化の神なり。水門（みなと）の神なり。二柱座す。一に速秋津日古（はやあきつひこ）の神（みこと）と名づく。天照大神の別宮、滝原と号す。竜宮天子の所化。難陀竜王の妹（なにも）、速秋津比売の神、天照大神の別宮、並宮（ならびのみや）と号す。五道大神の所化。一切の悪事を消滅するなり。

宮川支流の大内山川の近く、山中深く緑に包まれて、内宮別宮の滝原宮と並宮とがある。「大神の遥宮（とほつみや）（とほのみや）」といわれる。『古事記』はイザナキ・イザナミの生んだミナトノカミとして、ハヤアキツヒコとイモハヤアキツヒメの名を記し、河と海とを分担して管理したという。『倭姫命世記』もほぼこれにしたがう。この二神も罪穢をになう神とされているが、ミナトを河口の意と解するならば、現在の社地はまったくそぐわない。陸地が両側から迫った、水流の速い所と見れば、山中の渓谷ながら、滝原の地をそのように見立てることはできなくもない。志摩や造船との関係があるのかも知れない。いずれにせよ、大祓の祝詞の示すハヤアキツヒメと結びつけようとしても、この地の雰囲気とはへだたりがあり過ぎる。『訓解』の解釈は、現地の状況とは関係なく、それ固有の次元で成立したものであろう。

「気吹戸主と申す神」について、『訓解』はこういう。

> 伊弉那諾の尊の所化の神、神直日の神と名づくるなり。豊受の宮の荒魂を多賀宮と号す。善悪不二の心智を以ちて、諸事に広大の慈悲を垂れ給ひ、聞き直し見直し給ふ神なり。高山天子は大山府君の所化なり。

泰山府君は閻魔の書記として、人間の善悪を記録すると信じられた。これが「死穢」の世界としての「根の国」と結びつけられたものであろう。さらに曲がったことを直すカムナホビと結びつけられ、ともにイブキトヌシだとされる。かような重なりあった意味を与えられたイブキトヌシは、外宮の荒魂を祭る、第一の別宮高宮（多賀宮）だというわけである。『倭姫命世記』にもほぼ同様の記述がある。

「速佐須良比咩と申す神」について、『訓解』の注釈は左のごとくである。

> 伊弉那美の尊、その子速須戔烏尊なり。焰羅（閻魔）、司命（星。人の寿命を司る）、司禄（星。人の行為の善悪を記録する）等、この神の所化なり。一切の不祥事を散失するなり。

この神がさすらう「根の国、底の国」については、その注釈に、

> 無間の大火の底なり。

とあり、無間地獄の大火炎の下の世界と見なされている。「司命」「司禄」は、大祓の横刀を献る呪に出てくる。それが閻魔と結びついて、ここに姿を見せたのであろう。あるいは、表面化していないけれども、イブキトヌシと同一視された高宮が、実は宿曜道(すくようどう)にかなった多数の鏡を神体としていたという事情も関連するかと推察される[20]。実質的には「根の国」を拠点としていたはずのスサノヲは、王権の天上の始原アマテラスを侵犯する。その暴威を排除することで、王権の始原は活力を帯び、天孫降臨により、地上の王権を成立せしめる。負(マイナス)を一気に正(プラス)に逆転してゆくダイナミックな構造が、そこに認められる。『訓解』の解釈する「根の国」は地獄の炎の下にある。恐ろしい世界である。しかし、その炎はどんなに大きく燃えあがっても、王権の始原をおびやかすことはない。それは王権とは無縁なのである。『訓解』の説くハヤサスラヒメはイザナミと一体になり、「一切の不祥の事を散失する」ばかりである。

それにもかかわらず、ハヤサスラヒメを伊勢神宮の別宮と結びつけることは、さすがに避けられている。本来、「根の国」のハヤサスラヒメは、罪穢を一身ににないつつ、彷徨することでのみ、になったものを浄化しうるのだという、ダイナミックな構造をかくしているのだ。王権神話がダイナミックな構造を欠落させたとき、罪穢はひたすら王権から遠ざけられねばならない。仮りにも罪穢に深く侵犯されるような事態が生じたら、王権は再起不能になるであろう。そのような罪穢にまみれた神々が伊勢神宮の別宮として系列化され、その極点にハヤサスラヒメが位置づけられるのである。それは危うい物語であった。よりによって、王権の始原を祭る聖地の神々を引っぱり出してしまった以上、祓がいかほど衆生の煩悩を解消するものだといってみても、この危うさから免れることはできない。『中臣祓訓解』の注釈は、このような角度からも、王権‐国家神話の構造を解体しようとする。『倭姫命世記』の記述も、同様であろう。繰り返すが、注釈者がそうしたのではなかった。注釈そのものがそのような機能を持ってしまったのである。そこにまぎれようもなく「中世」が発現する。

かような危うさに直面したことを知ったとき、注釈の後継者たちは動揺する。彼らは自分らの相伝してきた注釈そのものから逃走しようとする。「承和二年（八三五）丙辰二月八日、大仁王会の次に、東禅仙宮寺の院主大僧都、吉津の御厨の執行の神主河継に授け給ふ伝記に曰はく」以下の末文は、注釈からの逃走のために記された仮構の文である。「東禅仙宮寺」は現在の三重県度会郡南島町の仙宮神社にあり、吉津御厨も同町内であった。大中臣氏の氏寺蓮華寺（大神宮法楽寺）もここに近いという[21]。注釈者たちは『訓解』を空海の作と称してきたが、彼らの間には動揺がひろがる。注釈自体を「承和三年」の「大仁王会」あたりまではさかのぼるように見せかけはしたものの、その危うい内容を空海のせいにして、そ知らぬ顔をしているわけにはゆかず、自分らの姿をあきらかにせざるをえなくなった。ゆれ動く注釈者たちは、まずはこう説く。

> 凡そ天神地祇、一切諸仏、惣じて三身即一の本覚の如来、皆ことごとく一体にして、二無きなり。毘盧遮那（大日）とは法身如来（真理そのもの）、盧舎那（ビルシャナの略）とは報身如来（功徳により成仏）、諸仏とは応身如来（衆生教化のための仏の仮りの姿）なり。三諦（空・仮・中の真理）は三身なり。すなはち中を法身と為し、すなはち空を報身と為し、すなはち仮を応身と為す。三智とは、一切智は空を照し、道種智は仮を照し、一切種智は中を照す。三身三智も、亦一心（窮極の心、真如）に在り。ゆゑに一体にして差別無し。これ神の一妙なり。これ皇天の徳なり。

ここでは諸神・諸仏が窮極において大日如来となり、差別がないと観ずるのであって、「我が心」（空海の心）と「衆生の心」と「仏の心」が一体であることを説いた、近親婚の注釈とも対応している。このように考えれば、罪穢を「根の国」へ運ぶ神たちが、伊勢神宮の別宮の祭神と同体であっておかしくはない。「根の国」のハヤサスラヒメも、その延長線上で位置づけられる。ただし、この神はスサノヲと同じ力をもって王権の始原を侵犯するほどの力はなく、清浄なるものと罪穢との区別を解消する機能を果たす。このように述べたあと、『訓解』は言葉をつづけて、次のように説く。

> ゆゑにすなはち伊勢両宮は、諸神の最貴、天下の諸社に異なる者なり。大方は神に三等有り。いはゆる一には本覚、伊勢大神宮これなり。本来清浄の理性（一心）、常住不変の妙体なり。ゆゑに大元尊神（大元帥明王。ふつう「帥」は訓まない）と名づく。（中略）二には不覚、出雲の荒振る神の類なり。遠く一乗の理法を難れて、四悪（地獄・餓鬼・畜生・修羅）四洲（須弥山の四方の大陸）を出でず。仏法僧を見、諸仏梵音（仏の声、仏の教え）を聞きて、心神を失ふ無明悪鬼の類なり。これ実迷（実悟に対していう）の神なれば、名づけて不覚となす。三には始覚、石清水・広田社の類なり。流転の後、仏説経教により、無明の眠り覚めて本覚の理に帰す。これを始覚と為す。亦実悟の神と名づくるなり。惣じて始覚成道の者、仏の外迹（仏が仏以外の姿になる）と成るなり。本覚本初の元神に非ざるなり。

「これ皇天の徳なり」に誘われるようにして、「差別無し」とされた神仏の世界の位相は、「皇天」のもとで序列を形成することにより、たちまち逆転せしめられる。伊勢両宮は「諸神の最貴」であり、「天下の諸社に異なる者」とされる。両宮を「大元尊神」と名づけたのは、大元帥御修法を意識したものであろうか。あるいは、内宮のアマテラスと並べて、外宮のトヨウケをアマノミナカヌシと見立てれば、両宮は王権の始原であると同時に、世界全体の始原でもある神を祭るということもでき、「大元尊神」という字面からは、そんなことさえ連想される。神々の世界は本覚・始覚・不覚に分類され、その秩序は再編成される。つねに迷妄のなかにあり、解脱しようもない「不覚」の神とは、出雲のスサノヲのような「荒ぶる神」にほかならない。修業を重ねて悟りに達する「始覚」の神は、祝詞に出てくる広田社や応神八幡神信仰の形成とともに、伊勢と並んで「二所の宗廟」と仰がれた石清水である。これらに対して、窮極の悟りであり、同時に人間に本来具現している悟りであり、現象界そのものでもありうるような「本覚」を意味する神は、伊勢神宮に限られ、伊勢の決定的な優位が明示される。そうなってしまうと、かのセオリツヒメからハヤサスラヒメまでの神は、身のおきどころがなくなってしまう。ハヤサスラヒメを除く神は、とりあえずは別宮の祭神ということになってはいるものの、「不覚」「始覚」と区別された限りでの「本覚」とは、「境界（境地）は風も動転せず、心海湛然（しずか）として、波浪無く、宝体一心の外に別法無」しというのだから、罪穢をになない、消滅させる神々の居心地がよかろうはずはない。[22] その挙句、注釈者たちは相伝の注釈をわが身からふりほどくようにして、こう呼びかける。

> 神主の人々、すべからく清浄を以ちて先と為し、穢悪の事にあづからず、鎮に謹慎の誠を専らにして、よろしく如在（神がそこにいますように、かしこんで）の礼を致すべし。

一点の非の打ちどころもない清らかな言葉である。この言葉によって、恐るべき注釈の言葉は隠蔽されるはずである。すでに『訓解』は中臣祓の「天つ宮事」の注釈として、こう述べていた。

諸法（あらゆる存在）は影像（やう）のごとし。清浄にして瑕穢（かあい）（きずとけがれ）無し。取説不可得なり。皆因業により生ず。

しばしば指摘されているように、これは『金剛界礼懺』（金剛頂経金剛界大道場毘盧遮那如来自受用心内証智眷属法身異名仏最上乗秘密三摩地礼懺文）の引き写しである。この清浄偈は「伊勢流祓における最重要の秘伝」となった(23)。そうなれば、隠蔽はひとまず成就する。『中臣祓訓解』を、「これすなはち神明内証（心の内の悟り）の奥蔵、凡夫（ぼんぷ）頓証の直道（ぢきだう）（凡夫がただちに仏になりうる道）なるものか」と結んだとき、注釈者たちはこっそり安堵の吐息をつく。安堵する注釈者たちは、個人という社会的関係のなかで、かの一本の垂直の軸を再建したかのような幻想を抱き、そのような幻想に逆に囚（とら）われてしまったのだ。

いささか皮肉に聞こえるかも知れないが、吐息をつける者はまだしも、といえようか。「中世」と呼びうる時代のさなか、〝漂流〟する言説と〝逃走〟する言説との狭間にあって、中世の王権‐国家神話は途方に暮れている。

注

（1）〈新訂増補国史大系〉によって訓み下す。

（2）『中臣祓註釈』（〈神道大系〉古典注釈編八、神道大系編纂会、一九八五年）の「解題」（岡田荘司執筆）。

（3）この点については、桜井好朗「大祓祝詞私釈」（菅孝行編『叢論日本天皇制』Ⅲ、柘植書房、一九八八年）、同「中世の王権神話」（『日本文学』三九巻二号、一九九〇年）、同「中世神道における注釈の言語」（『椙山女学園大学短期大学部二十周年記念論集』一九八九年）で略述した。

（4）〈神道大系〉により訓み下す。本書は荒木田氏経の一筆であるが、撰作者は度会流の檜垣家尚だとされている。前掲『中臣祓註釈』の「解題」参照。

（5）次田潤『祝詞新講』（明治書院、一九二七年）。

（6）古橋信孝「常世波寄せる荒磯」（『古代和歌の発生』東京大学出版会、一九八八年。初出は一九八六年）。なお、黒田日出男によれば、十世紀以降、「荒野」の語は「圧倒的に開発と関連し、開発対象地を指示するものとして用いられている」という。さらにこれと関連して、「黒山は中世的山地開発の対象とされた山である」と見て、「黒山は、黒のシンボリズムによって根の国・地獄の入口としての聖なる場所として象徴的に位置づけられている」とも指摘されている。中世へ向けての見解であるが、古代との対応をあわせ考えると、一段と興味深く思われる。黒田日出男「『荒野』と『黒山』」（『境界の中世　象徴の中世』東京大学出版会、一九八六年。初出は一九八一年）参照。

（7）〈続群書類従〉により訓み下す。

（8）村山修一『日本陰陽道史総説』（塙書房、一九八一年）。

（9）六字河臨法の成立については、速水侑『観音信仰』（塙書房、一九七〇年）、同、『呪術宗教の世界』（塙書房、一九八七年）、村山修一、前掲『日本陰陽道史総説』、同『日本陰陽道史話』（大阪書籍、一九八七年）、岡田荘司「私祈禱の成立」（『神道宗教』一一八号、一九八五年）等を参照。

（10）伊藤喜良「中世における天皇の呪的権威とは何か」（『歴史評論』四三七号、一九八六年）。

（11）小松和彦「式神と呪い」（『憑霊信仰論』伝統と現代社、一九八二年。初出は一九八〇年）は、「呪い」を「呪い調伏」（呪いをかける呪術儀礼）・「呪詛の返し」（かけられた呪いをかけた側に返す呪術儀礼）・「呪詛の祝直し」（かけられた呪いを相手側に返さず、祓い落した後に祈り鎮める呪術儀礼）の三つのタイプに分けている。承澄の『六字河臨法』を読む限り、この修法は「呪詛の祝直し」のようにも思われるが、「為呪詛反逆修之」とあるように、「呪詛の返し」であり、依然かくされた部分があると見ておきたい。

（12）前掲『中臣祓注釈』の「解題」（岡田荘司）。鎌田純一「中臣祓訓解の成立」（『大倉山論集』二三輯、一九八八年）は、『中臣祓訓解』の成立を『宝基本紀』『倭姫命世記』より前のこととし、伊勢国度会郡棚橋付近にあった、大中臣氏の氏寺蓮花寺（のちの太神宮法楽寺）住侶がその撰に関与したと見ている。

(13)〈神道大系〉により訓み下す。〈日本思想大系〉の訓読文を参照した。

(14)山本ひろ子「心の御柱と中世的世界」(11)(『春秋』三一四号、一九八九年)。

(15)大阪市立博物館編『社寺参詣曼荼羅』(平凡社、一九八七年)による。

(16)山本ひろ子「心の御柱と中世的世界」(12)(『春秋』三一五号、一九九〇年)。

(17)青木紀元編『祝詞』(桜楓社、一九七五年)による。

(18)〈大神宮叢書〉により訓み下す。〈日本思想大系〉の訓読文を参照した。

(19)岡田精司「古代王権と太陽神」(『古代王権の祭祀と神話』塙書房、一九七〇年。初出は一九七〇年)。

(20)山本ひろ子、「神話と呪物の構想力」(『思想』八〇七号、一九九一年)は、「高宮の御神体はもとは七曜・九曜・二十八宿を象った四十四鏡で、のちに三十六禽と『顕露ニ及バザル』一面を持ち合わせて八十一面となった」(傍点山本)ことを指摘している。

(21)鎌田純一、前掲「中臣祓訓解の成立」。

(22)本願寺第三代の法主覚如の子存覚は、十四世紀前半、南北朝動乱のなかで『諸神本懐集』(〈日本思想大系〉による)を書いた。そこでは日本の神々を「権社(ごんじゃ)(仏菩薩が神の姿となって現われる)の霊神」と「実社(悪鬼・悪霊の実身を現わすもの)の邪神」に二分し、奇妙な天の石屋戸の神話を示し、イザナキ・イザナミの配慮で、アマテラスを「日本国のぬし」とし、スサノヲを「日本国のかみのおや」としたと説く。それにつづけて、藤原氏の氏神について、こう語る。

小守の御前は、鹿島にては奥の御前（鹿島の摂社、タケミカヅチを祭る）とあらはれ、春日にては五所の宮としめしたまふ。天照大神は日天子、観音の垂迹、素盞烏尊は月天子、勢至の垂迹なり。この二菩薩は、弥陀如来の悲智（慈悲と智恵）の二門なれば、この両社（鹿島と春日）もはら弥陀如来の分身なり。

阿弥陀の脇侍である観音と勢至は、それぞれアマテラスとスサノヲに見立てられる。同様にして、鹿島明神と春日明神は阿弥陀の分身とされる。つまり、王権神話を阿弥陀のもとで再編し、ホノニニギを欠落させ、スサノヲを加えて、天皇家の始原と摂関家の始原とを等置するのである。

この両社すでにしかなり。以下の諸社、また弥陀の善巧方便（衆生を救うたくみな手段）にあらずといふことあるべからず。

こうして、一見王権神話と見えたものも、すべて「弥陀の善巧方便」の名のもとに解消されてゆく。中臣祓の注釈と隣合わせるようにして、かような解釈が成立してくることを、とりあえず指摘しておく。なお、親鸞はいわゆる「護国思想」をまったく持っていなかった。そのことについては、「親鸞の護国思想の一枚看板」とされてきた消息を分析した桜井好朗「親鸞の一消息の解釈」（『中世日本文化の形成』東京大学出版会、一九八一年。初出は一九七七年）であきらかにした。

（23）前掲『中臣祓註釈』の「解題」。

おわりに――王権伝承と芸能

神は多義的に出現する

能の『三輪』では三輪明神は女の姿で、男装して、作り物の中から現われる。この作り物は三輪の神木である杉に見立てられるが、同時に天の岩屋でもあった。それゆえ、三輪明神の姿にアマテラスの像が重なる。

（宝生会　佐藤博之氏撮影）

1

周知のごとく、折口信夫は一九二八年に始まる日本芸能史の講義を、次のように説きおこした。

> 日本の国家組織に先立って、芸能者には団体があった。その歴史をしらべると日本の奴隷階級の起源、変化、固定のさまがよくわかる。日本には良民と浮浪民とがある。そのうかれ人が芸人なのである。その歴史がわかるだけでも、芸能史はやりがいがある。かぶきというのは、このごろつきの団体の謂で、結局無頼漢の運動が日本芸能史となるのである。[1]（傍点折口）

いかにも折口らしい飛躍や短絡が目につくし、現在の研究水準から見て肯定しがたいところも指摘できる。「奴隷階級」「浮浪人」「うかれ人」「芸人」「ごろつき」「無頼漢」を一本化してとらえるわけにはゆかない。それにもかかわらず、折口が「芸能史」を国家の規制の枠外においてとらえようとしていたことに、やはり注目すべきであろう。「日本の国家組織に先立って」という、その「先立って」とは、たんなる歴史的な経過を意味するのではあるまい。芸能は構造的につねに国家の枠外にあって、いつの時代にもそこから「発生」し、それによって国家という社会的な関係の在り方を相対化するのだ、という考え方があるように思われる。つまり、芸能は国家と無縁なのである。しかし、こういっただけでは、観念的な芸術至上主義とさして異ならない。私どもはそのような芸術至上主義自体もたちまち商品化される過程のなかで、たえず人間として構造化されなおすのだという当然のことを失念し、めでたき〝真空地帯〟に遊ぶばかりであろう。折口は「日本の国家組織に先立って」といいながら、同時に芸能と王権との深いかかわりを視野に収めていた。

王権と国家が無関係に、おのがじし存続するのであれば、さしたる問題は生じない。王権とは本来、現実的・世俗的なあらゆる差異を解消し、差異の中心にあって「一」なるものを神話的・観念的に顕現せしめる機能を持つ。たとい、王権・王制がなくなって、共和制に転換した社会でも、権力者もしくは権力を構成する組織が、王権のこのような機能を吸収し、もはや王とはかかわらぬかたちでその役割りを果たしてゆく。権力の運用が独裁的であれば、この機能は露呈しやすく、社会契約説などのイデオロギーを支えとして民主的であれば、あまり表面化しない。いずれにせよ、王権がその神聖な機能を端的に果たす限り、王権は現実の状況や諸関係を超えて神聖化され、神話的な幻想に包まれる。中世の物語・草子の類に登場する「帝（みかど）」は、そのような幻想の所産であって、現実の天皇の政治的活動（あるいはその活動の無力化）とは別な次元に成立する。それにもかかわらず、王権は「一」なるものを目ざして、みずからを中心化するために、国家という権力組織を必要とする。そういうことを、支配階級が奸智をもって一方的に強行するのではない。そういう側面を無視しては、歴史の事実をとらえることはできないが、いわゆる支配階級をふくむ全社会層が、それぞれの立場から、王権を生み、国家を成立せしめる。それを西欧近代の社会契約説とは別の範疇でとらえてゆかなくてはなるまい。反西欧の思想をいいつのるためにではなく、ゆたかな西欧の遺産と達成とを相対化して学ぶために。

「さながら芸能集中の場であった」[2]といわれる大嘗祭（だいじょうさい）は、むろん村の秋祭りの大規模なものというにとどまらなかった。村落の秋祭りには現われないか、現われてもさほど明確にではないと見受けられる王権‐国家が、大嘗祭においては、「現つ神」と「瑞穂の国」の関係として構造化され、一本の垂直な軸となる。そこでの芸能は、権力の示威や貴紳の慰みのためにのみ演じられるわけではない。それは王権と神話的に深くかかわることによって、国家とつながる。その意味では、「国家組織に先立って」という側面と同時に、「国家組織とともに」とでもいうべき側面を、あわせてとらえる必要があろう。

それはそれとして、ここまで筆を進めてきて、ふと次のような言説を想起すると、自分が何かしら巨大な石の壁にでもぶつかったような気がしてくるのは、どうしたことであろうか。丸山静はいう。

たとえば、原始的と呼ばれる社会においては、「復讐」に報いるに「復讐」を以てするという、「報復の悪循環」のために、一部族が絶滅するといった現象が、往々にして起り得ることがある。我々は法律や制度のもとに保護されて暮しており、復讐する必要も、復讐される危険も実感することが出来ない。たとえそういう必要や危険が本当にあったとしても、実際にそれを引き受けてくれるのは法律とか制度であり、高い税金を払ってまでそういう機関を設けておくのは、ひとつはその為でもあろう。したがって、「報復の悪循環」のなかに生きる人間たちの、切迫した、殺伐な緊張感は、おのずから我々のうちでは理解されず、失われてゆくことになるだろう。すると突然私のうちで、なにゆえに江戸の歌舞伎が正月狂言には必ず曾我物を上演するのかという疑問が、すらすらと解釈できるような気がしてきた。法律や制度に保護されて、いつのまにか硬直していた私の感性がいくらか柔らかくなったのだろう(3)。

「報復の悪循環」という言葉からあきらかなように、この言説はルネ・ジラールの暴力と供儀の理論に触発されている(4)。正月に歌舞伎の曾我物を観(み)れば、柔らかな「感性」が回復できるのではない。それは転倒というものだ。ここでいわれているのは、現代的思考が「供犠の全部を、現実の外に投げ返すことによって、供犠の暴力を誤認し続けている」ことを自覚し、その向こう側にある何ごとかを直視して、それとしっかり取り組もうということなのだ。そういう問題として、「江戸の歌舞伎が正月狂言には必ず曾我物を上演する」という事実があると考えられる。その場合に、王権の体現者としての王は、一体どういうことになるのであろうか。次にはジラールの言葉に耳を傾けよう。

> 王は共同体の中心にあるものではないだろうか？　おそらくはその通りであろう。だが、王の場合、彼を他の人々から分離し、彼をまさに社会の除け者（オール・カスト）にしているのは、そうした中心的かつ基本的地位そのものなのである。パルマコスが社会の《下部から》社会を逸脱するように、王は《上部から》社会を逸脱するのである。さらに王には、道化という人物の姿の引き立て役がいる。道化は、主人である王と共に、外在性という立場を共有している。外在性とは事実上の孤立であって、それは、孤立に与えることのできる積極的（ポジティヴ）な価値、あるいはネガティヴな価値（その両者は容易に反対のものになり得る）によってよりも、それ自体、きわめて重要なものである。いかなる関係から見ても、道化は、すぐれて《供儀に適するもの》であり、王は道化に自らのいらだちをぶつけて気を晴らすこともできるが、同時に、王自身がいけにえにされることもおこるのである。
>
> （傍点訳文のまま）

かならずしも、ジラールの言説を基軸とする必要はない。むしろ、それ自体も相対化してゆかぬと、うまく読み解けぬところが出てくる。何よりも、ジラールは〈王―国家〉と

〈首長—共同体〉とを混同し、両者の間を気楽に飛び越えている。その飛躍によって何が生じたのか、判然としない。しかし、ジラールのいう「王」と日本の伝統的王権を比較することは、二つながらの相対化への試みとして、おこなわれてよかろう。それによって、私どもは立ちはだかる石の壁に、爪を立てるくらいのことはできる。

日本の古代王権においては、「現つ神」ホノニニギが「瑞穂の国」に降臨し、「天つ罪」「国つ罪」を祓うことによって、天下を「安国」と治めえた。ジラールは「儀礼における穢れをひきおこすものは暴力である」といい、「供犠の危機、つまり供犠の衰退は、穢れた暴力と浄化作用としての暴力の差の消失である」（傍点訳文）と説く。現実に神話的な身分差別を制度化しながらも、大祓は「浄化作用としての暴力」性を表現しない。「天つ宮事を以ちて」、罪穢を人形や菅麻に移し、「天つ祝詞の太祝詞事を宣」るうちに、「皇御孫の命の朝庭を始めて、天の下四方の国には、罪と云ふ罪は在らじ」ということになるのである。「暴力」も稀薄なら、人間の意志や行動の力もあまり感じられない。物語化した歴史における王権の始原としての神武天皇は、返り血を浴びながら進軍する。この王権の始原は、「暴力」を「武力」として体現したのだが、そのためにかえって、王権神話の構造から敬遠され、排除された。神武天皇が再評価されるのは近代直前であり、「神武創業の昔」に帰ると称する近代において、天皇は大元帥明王の名に由来する「大元帥」として、陸海軍を統帥する。それまでは、伝統的王権における神武天皇は眠りつづけた。そのような王権において、「暴力」に対するだけでなく、それ自体が「暴力」でもあるような供犠はおこなわれがたく、「王殺し」もありえなかった。道化もまた不必要であった。

宇佐八幡の放生会や行幸会、祇園の御霊会や春日若宮おん祭り、日吉山王祭等々、私に息がつまるほどの衝撃を与えてくれた祭礼を始め、いわゆる御旅所に神が出御し、はなやかな芸能が演じられたあと、神社の本殿に神が還幸するという祭儀は、各地に見られる。それらは古い神が死に、歓待されるなかであらたな神が誕生（「みあれ」）するという神話的構造をかくしている。一定地域の信仰圏の始原を更新するという意味で、それは一種の「王殺し」なのだ。「戦士」的な若者集団にかつがれた神輿は、しばしば「暴力」性を発揮する。宇佐の放生会では、和間浜の御旅所（「浮殿」）を出た神輿の行列は、殺戮された隼人の頭を埋めた塚（「凶士墓」）という伝承を持つ古墳を経て、本宮に帰り、神体が更新される。[5] かような祭儀にはさまざまのかたちで道化が登場する。祭儀そのものは、すくなからぬ付加や変形を受けてきたが、それにもかかわらず、柔らかな「感性」に支えられつづけたといえよう。

日本の伝統的王権はそのような「感性」と隔絶している。隔絶することで、王権は芸能とどうかかわるか。南北朝の動乱のなかから生まれた能によって考えてみたい。

2

世阿弥の『風姿花伝』[6]は、猿楽の能の起源についての伝承を、「神儀に云はく」として、伝えている。そのうちの三つは、神話色が濃厚で、いわゆる「中世日本紀」と見なすことができる。

一、中楽神代の始まりと云つぱ、天照太神、天の岩戸に籠り給ひし時、天下常闇に成りしに、八百万の神達、天香具山に集り、大神の御心をとらんとて、神楽を奏し、細男（滑稽な演技）を始め給ふ。中にも天の鈿女の尊 進み出で給ひて、榊の枝に幣を付けて、声を上げ、火処焼き、踏み轟かし、神懸りすと、謡ひ舞ひ奏で給ふ。その御声、ひそかに聞えければ、大神、岩戸を少し開き給ふ。国土又明白たり。神達の御面、白かりけり。其の時の御遊び、中楽の始めと、云々。委しくは、口伝にあるべし。

天の石屋戸を開いて、王権の天上での始原アマテラスは姿を現わす。「常闇」から神の「面、白」くなるほどに、死から生へと世界全体が動き出す。そうさせた大きな力は神遊びにあった。そして、それこそが「中楽の始め」でもあったというのである。神の「面」が「白」くなることを、「面白」の語源とする説も、とりこまれている。[7]「細男」は「才の男」とも書き、本来「祭り毎に、海のあなたから来り臨む神の形代としての人形」であった。滑稽なしぐさによって神を迎える役割りを果たしたようである。[8]宇佐放生会でも、豊前上毛郡の古表八幡と下毛郡の古要八幡から出た傀儡子船の上で人形のクグツの細男舞があり、これとは別に「凶士墓」の近くの百太夫殿でも細男舞があった。百太夫はクグツの人たちの祭る神である。春日若宮おん祭りで細男舞があり、これも人が舞うのだが、道化の面影は私には見えなかった。「中楽の始め」でも、神を出現させるために、決定的な役割りを果たしたのは、アマノウズメの所作であった。南北朝の動乱を通じて、中世の世界が全面的に展開してゆくため、その神話的始原を導き出そうとして、ウズメは舞う。舞うことによって、あらたな時代が開かれてゆく。ただし、そこに暴力の化身スサノヲは登場しない。これが第一の起源伝承である。

一、仏在所（天竺）には、須達長者、祇園精舎を建てて、供養の時、釈迦如来御説法ありしに、提婆一万人の外道（異教徒）を伴ひ、木の枝・篠の葉に幣を付けて、踊り叫めば、御供養述べ難かりしに、仏、舎利弗に御目を加へ給へば（目くばせなさると）、仏力を受け（仏の力を感得し）、御後戸にて、鼓・唱歌をととのへ、阿難の才覚、舎利弗の智恵、富樓那の弁説にて、六十六番の物まねをし給へば、外道、笛・鼓の音を聞きて、後戸に集り、是を見て静まりぬ。其の隙に、如来供養を述べ給へり。それより、天竺に此道は始まるなり。

神と仏とは重ねあわせて説かなくてはならぬ。これが中世の基本的な考え方である。アマテラスが天の石屋戸から姿を現わしたように、釈迦仏は祇園精舎落慶供養の説法を述べ、あらたな世界を作ってゆかなくてはならない。これを妨げる提婆達多と異教徒は、スサノヲに相当する。そのしぐさはアマノウズメのそれと類似しており、ウズメの神がかりした狂態と方向は逆ながら、世の初めの芸能を演じたと見ることができる。しかし、スサノヲがアマノウズメの役をかねていくら踊ってみても、王権の始原は回復しない。そこで、この場合には仏弟子たちの「六十六番の物まね」が必要になる。それによって、外道はしずまり、釈迦の説法も成就する。それはアマテラスを天の石戸から出すことに成功したウズメの芸能に相当するが、しかしまさか仏弟子たちはウズメの狂態を演ずるわけにはゆかない。こうして「天竺に此道は始まる」という第二の起源伝承は、中途半端なままひとまず結ばれる。結ばれはするものの、実質的には完結しなかったと評すべきであろう。

ただ、「六十六番の物まね」をした場所が「後戸」であったことは、見逃せない。「後戸」の神については、すでにすぐれた研究がある。服部幸雄は第二の起源伝承について、「権威ある寺院の後戸で演じた古猿楽の実相の伝承を、祇園精舎に仮託して創作したもの」と見て、「猿楽の古態が『後戸』の神に対して奉納されたものであったその記憶を、円満井座に伝わる源始伝説の継承という形態の中にかろうじて止めていた」と解した。[9] ただし、服部の論は「後戸」(「後堂」)の神を障礙(しょうげ)神であり芸能神でもある摩多羅(またら)神と結びつけるのに急なところがあり、高取正男は「後戸という摩多羅神のような神を祀るにふさわしい場所が先にあり、そのような場所に摩多羅神が勧請されたというほうが、ことの真相といえよう」と、おだやかに軌道修正をしている。[10] さらに小田雄三は「後戸猿楽は、法勝寺金堂と法成寺金堂の修正会に参勤することを国家的に義務づけられた猿楽であって、金堂後戸に参候するが故に後戸猿楽と呼ばれた」といい、「猿楽は決して後戸などで演じられてはいなかった」と見て、「仏在所猿楽起源説話の後半は、世阿弥が同時代の仏会のあり方にもとづいて創作したものである」と説く。[11] よく知られているように、摩多羅神は玄旨帰命壇の本尊であり、山王七社を示す北斗七星の星宿信仰とも結びつけられ、祟り神として畏怖された。その像は小鼓を手にして神歌を口ずさむかと思われ、左右の両童(頂礼多と爾子多)は茗荷(みょうが)と笹の小枝をかつぐようにして踊っている。[12] それはたしかに『風姿花伝』の第二の起源伝承を連想せしめるのであって、凶事や物狂いを象徴する植物を手にした歌舞をつかさどる神が、人間の運命を動かすべく出現するものかと思われる。そういう神が、芸能の始原として想定された。逆にいえば、芸能の「初発」には釈迦如来の「御供養述べ難」いほどの神話的な力が生じるのであって、それを何とかなだめ方向転換させて、「供

摩多羅神二童子図（日光山輪王寺）

養」を成就させる場が、「後戸」として表象される神話的空間であった(13)。

一、日本国に於いては、欽明天皇の御宇に、大和国泊瀬の河に洪水の折節、河上より、一の壺流れ下る。三輪の杉の鳥居のほとりにて、雲客（殿上人）此壺を取る。中にみどり子あり。かたち柔和にして、玉の如し。是降人（天から降ってきた人）なるが故に、内裏に奏聞す。其夜、御門（天皇）の御夢に、みどり子の云はく、「我はこれ、大国秦の始皇の再誕（生まれ変わり）なり。日域（日本）に機縁ありて、今現在す（いま、ここにいる）」と云ふ。御門奇特に思し召し、殿上に召さる。成人に従ひて、才智人に越え、年十五にて、大臣の位に上り、秦の性を下さるる。秦といふ文字、秦なるが故に、秦河勝是也。

上宮太子（聖徳太子）、天下少し障り（さしつかえ、災い）ありし時、神代・仏在所の吉例に任せて、六十六番の物まねを、彼の河勝に仰せて、同じく六十六番の面を御作にて、則ち、河勝に与へ給ふ。橘（大和高市郡の橘寺の地）の内裏紫震殿にて、これを懃ず。天下治まり、国静かなり。上宮太子、末代の為、神楽なりしを、神といふ文字の片を除けて、旁を残し給ふ。是日暦の申なるが故に、申楽と名付く。すなはち、楽しみを申すによりてなり。又は、神楽を分くればなり。

彼河勝、欽明・敏達・用明・崇峻・推古・上宮太子に仕へ奉る。此芸をば子孫に伝へ、化人跡を留めぬによりて、摂津国難波の浦より、うつほ舟（木をくりぬいて作る。この世ならぬものが乗る）に乗りて、風に任せて西海に出づ。播磨の国坂越の浦に着く。浦人舟を上げて見れば、形人間に変れり。諸人に憑き祟りて、奇瑞（不思議な現象。吉凶ともにいう）をなす。則ち、神と崇めて、国豊か也。大きに荒るると書きて、大荒大明神と名付く。今の代に、霊験あらた（はっきり現われる）也。本地毘沙門天王にてまします。上宮太子、守屋の逆臣を平らげ給ひし時も、かの河勝が神通方便の手に掛りて、守屋は失せぬと、云々。

「後戸」の神は第三の起源伝承では「化人」としての秦河勝となって出現する。芸能の起源である神は、高天の原より降臨するホノニニギと同じように「降人」とされ、マトコオフスマにおおわれる代わりに壺に入ってこの世に姿を現わす。その姿は「現つ神」の誕生にふさわしく「みどり子」であり、出現した場所は三輪王朝の聖地を意味する「三輪の杉の鳥居のほとり」であった。その夜、あらたな「現つ神」は天皇の夢に現われ、「秦の始皇の再誕なり」と告げる。さすがにアマテラスの「皇孫」とは名乗らぬが、この神は古代王権の神話を再編成した、中世の〝天孫降臨〟を演じている。しかし、神はホノニニギのように地上の王権の始原となるのではない。芸能神として猿楽能の起源を示すべく、秦河勝として登場する。

ホノニニギのような清らかな神は、王権の始原を語る神話の主人公とはなりえよう。しかしながら、芸能の「初発」を促す「後戸」の神とはなりえない。せっかく登場した秦河勝は、聖徳太子の命令で「六十六番の物まね」を演じ、そのおかげで「天下治まり、国静か」になり、王権‐国家のお役に立ちました、というめでたいお話のなかに安住しそうになる。それでは、古代の〝天孫降臨〟を奪取するようにして現われた甲斐がない、というものだ。あたかも天台方即位法における鎌足が、アマテラスでもありダキニでもある辰狐を、神話の構造の上では親として生まれ、蘇我入鹿を討ちとったように、河勝は「神通方便」の威力を発揮し、物部守屋を討たねばならない。その威力はどこから湧いてくるのであろうか。『風姿花伝』の筋書きからいえば前後関係の首尾が整わないが、構造上からいって、河勝はその霊威を発揮すべく、芸能のための「現つ神」として、現われ直さなくてはならぬ。そこで彼は「化人跡を留めぬ」というわけで、いったん姿を隠し、神霊を宿すべき「うつほ舟」に乗り、坂越の浦に「大きに荒るる」障礙神、「大荒大明神」として出現する。「秦の始皇」は二度死ぬ。神として二度生まれるために――。かかる「大荒大明神」は、「諸人に憑き祟」るとあるように、いったんは人間の社会を原初のカオスに回帰させ、何が何だか判らないような恐ろしい状態にしてしまうが、やがて「国豊か」というような、コスモスの状態を実現し、人間が人間たりうる社会をあたらしく創出する。その力を現前せしめるのが、猿楽能なのだ。『風姿花伝』の第三の起源伝承は、第一・第二の起源伝承をふまえて、そのことを物語る。(14)

3

能の『三輪』[15]では、前シテの里の女が「三輪の山陰」に隠遁した玄賓僧都（ワキ）の草庵をつねに訪れる。仏に供える樒を摘み、閼伽の水を汲んでくるのである。女は玄賓に「罪を助けて賜び給へ」と懇願し、秋の夜は寒いのでといって玄賓の衣をもらい受ける。玄賓は女に住まいの在りかを尋ねる。

シテ　わらはが住みかは三輪の里、山もと近き所なり。しかもわが庵は、三輪の山もと恋しくはとは詠みたれども、なにしにわれをば訪ひ給ふべき。さりながら、なほも不審に思しめさば、訪ひ来ませ、

地謡　杉立てる門をしるし（目じるし）にて、尋ね給へと言ひ捨てて、かき消すごとくに失せにけり。

前シテは三輪の社の杉に見立てた作リ物へ中入りし、作リ物の引回しにワキからもらった衣を掛ける。里の男（アイ）が「御神木の一の枝」に玄賓の衣が掛かっているのを見つけ、不審に思って玄賓に告げる。玄賓がこれを見ると、衣の褄に金色の文字で歌が書いてあった。

三つの輪は、清く清きぞ唐衣、くる（くれてやる）と思ふな、取ると（受け取るとは私も）思はじ

やがて作り物のなかから後ジテの三輪明神の声がする。神木に憑依した神が、僧に乞われ姿を現わすのである。

シテ　ちはやふる、神も願ひのあるゆゑに、人の値遇（ちぐ）（めぐりあい。ここは玄賓に会い仏縁を結びえたことも）に、逢ふぞ嬉しき。

ワキ　不思議やな、これなる杉の木蔭より、妙（たへ）なるみ声の聞こえさせ給ふぞや。願はくは末世の衆生の願ひをかなへ、おん姿をまみえおはしませと、念願深さ感涙に、墨の衣を濡らすぞや。

シテ　恥づかしながらわが姿、上人（しやうにん）にまみえ申すべし、罪を助けて賜び給へ。

ワキ　いや罪咎は人間にあり、これは妙なる神道（しんたう）の、

シテ　衆生済度の方便なるを、

ワキ　暫し迷ひの、

シテ　人心や。

神は仏法上の罪を助けてもらいたいと願う。しかし、罪咎は人間の世界でのお話、霊妙な神は衆生を救うための仮りの手段として、しばらくは人間のように迷妄の心を持つのだ

よ、と説きあかされる。そして、何と女人の姿で現われた三輪明神は男装している。

地謡 女姿と三輪の神、女姿と三輪の神、襅(ちはや)掛け帯ひき替へて、ただ祝子(はふりこ)（神職。ここは男装を示唆）が着(ちやく)すなる、烏帽子狩衣、裳裾(もすそ)の上に掛け、御影あらたに見え給ふ、忝(かたじけ)なのおんことや。

つづいて、三輪神婚譚と天の石戸神話が語られる。まず、

地謡 それ神代の昔語りは末代の衆生のため、済度方便のことわざ（「しわざ」に「言葉の力を隠した行為」の意も加う）、品々もつて世のためなり。

大和に年久しき夫婦がいた。夫が「夜は来れども昼見えず」、妻はそれをいぶかしみ、そのためはからずも禁忌を侵す。夫は「げにも姿ははづかしの、漏りてよそにや知られなん、今よりのちは通ふまじ、契りも今宵ばかりなり」と告げて別れる。悲しんだ妻は苧環(おだまき)（麻糸の糸巻き）の糸を針につけ、夫の衣の裾に縫いつけて糸をたどってゆくと、「この山もとの神垣」の「杉の下枝」のところまでつづいていた。その糸が「三綰(みわ)げ（三巻き）残りしより、三輪のしるしのすぎ（杉・過ぎ）し世を、語るにつけて恥づかしや」と語り、神は恥じ入る。

次は天の石屋戸の神話になる。

シテ とても神代の物語り、詳しくいざや現はし、かの上人を慰めん。

地謡　まづは岩戸のその始め、隠れし神を出ださんとて、八百万の神遊び、これぞ神楽の始めなる。

シテ　ちはやぶる（神の枕詞、「ちはや」をふるの意も）。

ここで後シテは神楽を舞うが、三輪の杉だったはずの作り物は天の岩戸に見立てられる。

シテ　天の岩戸を引き立てて、

地謡　神は跡なく入り給へば、常闇（とこやみ）の世とはやなりぬ。

シテ　八百万の神たち、岩戸の前にてこれを嘆き、神楽を奏して舞ひ給へば、

地謡　天照大神（てんせうだいじん）、その時に岩戸を、すこし開き給へば、また常闇の雲晴れて、日月光り輝けば、人の面（おもて）しろじろと見ゆる。

シテ　面白やと、神の御声の、

地謡　妙なる始めの、物語り。

面白の語源説を引きながら、ここでの後ジテは三輪明神でありながら、アマテラスであってもいっこうおかしくはない。岩戸の前で舞うという点では、アマノウズメでもありうる。そして、これは覚めてしまうのが名残惜しい、神の夢告であった。

地謡　思へば伊勢と三輪の神、思へば伊勢と三輪の神、一体分身（いったいふんじん）のおんこと、今さらなにといはくらや（「言はん」に「磐座」を掛けるが、天の岩戸も）、そのせき（塞・関）の

戸の夜も明け、かく有難き夢の告げ、覚むるや名残なるらん、覚むるや名残なるらん。

能の『三輪』は神話・伝承が地層のように重なり、「一つの広大な無秩序」のように現前する。それは重層的な王権神話を構成するかに見えて、「『一』そして『国家』の祓い捨ての作業」を表現している[16]。第一の古層ともいうべきは、三輪の神が巫女に擬せらるべき人間界の女性と通婚する物語である。記紀にさかのぼりうるが、そのなかでは王権の始原としての三輪の神の威力がやや弱まった段階のものと見てよいが、十二世紀初めの『俊頼髄脳』[17]にも収められており、この辺が直接の典拠となったものかと思われる。ただし、「中世日本紀」と評するほどに「中世」の特徴はなく、「古代」に由来するといってよかろう。基層ではないが、記紀に由来する第一の層と共通するものに、天石屋戸神話があるが、後述のごとくこれは「中世」的に解釈し直されている。

第二の層は和歌説話である。すでに指摘されているように[18]、『古今集』[19]巻十八、雑歌下に、

わがいほはみわの山もとこひしくはとぶらひきませすぎたてるかど

とあり、この歌をもとにして、『俊頼髄脳』は、

三輪の明神の歌、

恋しくばとぶらひ来ませ千早振三輪の山もと杉たてるかど

是は三輪の明神の、住吉の明神にたてまつり給へる歌とぞいひ伝へたる。

と解する。女性とされた三輪明神は、住吉明神に誘いかける。いいかえると、歌一首を介して、記紀における三輪王朝の神話的始原は、河内王朝の始原との構造上の対応関係を再現する。このような構造上の関係が再現されれば、王権のあらたな始原としての伊勢のアマテラスが登場しなくてはならない。ただし、伊勢は三輪を凌駕するために姿を現わすのではなかった。作リ物の三輪の杉のなかに隠れた三輪明神は、同じ作リ物を天の岩戸と見立てた上で、アマテラスとなる。「伊勢と三輪の神、一体分身」だというわけである。神楽の舞を核とする、ここの場面をぬきにしては、『三輪』は成立しない。筋書きが混乱しているわけではないのだ。この場面があるからこそ、『風姿花伝』の第三の起源伝承が第一の起源伝承と密着していることがはっきりする。三輪の杉のほとりから、芸能の始原の神となる秦河勝が現われる。その向こうに、アマテラスがアマノウズメに誘われて、天の岩戸から姿を現わす。いわば『三輪』は猿楽能の起源をそのまま演じてみせるという、神聖ななかでもとくに神聖な曲なのである。そこに立会う観客もまた、「面白や」と心のうちで叫ぶ。

『三輪大明神縁起』[20]は叡尊の影響のもとで成立したといわれる。叡尊は文永十年（一二七三）、建治元年（一二七五）、弘安三年（一二八〇）の三回、伊勢参宮をしているが、三回目のときは八十歳の高齢であった。西大寺所蔵の伊勢神宮御正体厨子(ずし)は、このとき作られたという。叡尊は「非人」を文殊の化身と見て、三輪宿で文殊供養をおこなっており、神話的に穢れた身分として不当に差別された人々を救済しようとした叡尊が、清浄なるべき伊勢神宮への信仰を強めていたのは注目される。『中臣祓訓解』の注釈とも呼応するところがあろう。叡尊の伊勢神宮御正体厨子は、両面開きの扉を開くと、胎蔵界種子曼荼羅が内宮を表わし、反対側の金剛界曼荼羅が外宮を示している。それぞれの背面には大小の白銅鏡がはめこまれ、その内側には仏眼仏母と愛染明王の種子曼荼羅が描かれている。この大小の鏡が内宮・外宮の「御正体」とされるのであるが、村山修一は「内宮を外宮に比し遥に大鏡としたところに内宮中心の叡尊の神道思想がうかがわれる」と指摘する。[21] これを度会(わたらい)系の『中臣祓訓解』と同一の系譜をなすものと速断することはできないが、内宮・外宮を問わず、「触穢(しょくえ)(そく)」を一方的に排除するという体制的な思考からの、何らかのかたちでの離脱が認められ、この点を見逃すことは許されまい。そこに「中世」が息づく。その叡尊は弘安八年（一二八五）に、三輪の神宮寺として大三輪寺を再興し、『三輪大明神縁起』の祖型とも見るべき部分を作成したとされる。[22] それによると、まず、

天第一義天なり、照光明の遍照なり、尊大日尊なり。

として、それにつづけて、

> 天は応身如来、照は報身如来、尊は法身如来なり。

と説く。結局それらは「三身即一の大日の名乗りに御（おはし）ますなり」とされ、これが「天照大神」の名義にこもる「本地の意」ということになる。

問題は次の「垂迹（すいじゃく）」にある。『三輪大明神縁起』はこう語る。

> 三処の位に依り、御名字同じからず御ます。天上の御名に於きては「天照」なり。御降臨の後、二所に別れ御ます。大和国三輪山に於きては「大神（おほみわ）大明神」と申す。伊勢国神道（かみぢ）山に於きては「皇太神」と申す。一体三名、尤も知り奉るべきことなり。

つまり、「天照大神」は天上では「天照」というのだが、「瑞穂の国」に降臨しては、三輪と伊勢に分かれ、一体でありながら三つの名を持つようになった、というのである。古き王権の始原と、あたらしい王権の始原は、名こそ違うが、構造上は一体でありうる。遠い記憶が個人の思考の枠をはるかに超えて、よみがえったというべきであろうか。このように、『三輪大明神縁起』は「伊勢と三輪の神、一体分身のおんこと」をあきらかにする。宗教イデオロギーとしては、「三輪大明神と天照太神とを同体としてゐることは、他には見られないところである」という[23]。能の『三輪』は『縁起』を継承している。

しかし、『三輪』は古き時代の王権神話の「中世」的な復元や再現ではありえない。第四の層が『風姿花伝』の第二の起源伝承に誘われるようにして現われ、この層の成立によ

胎蔵界曼荼羅（内宮）

厨子（西大寺）

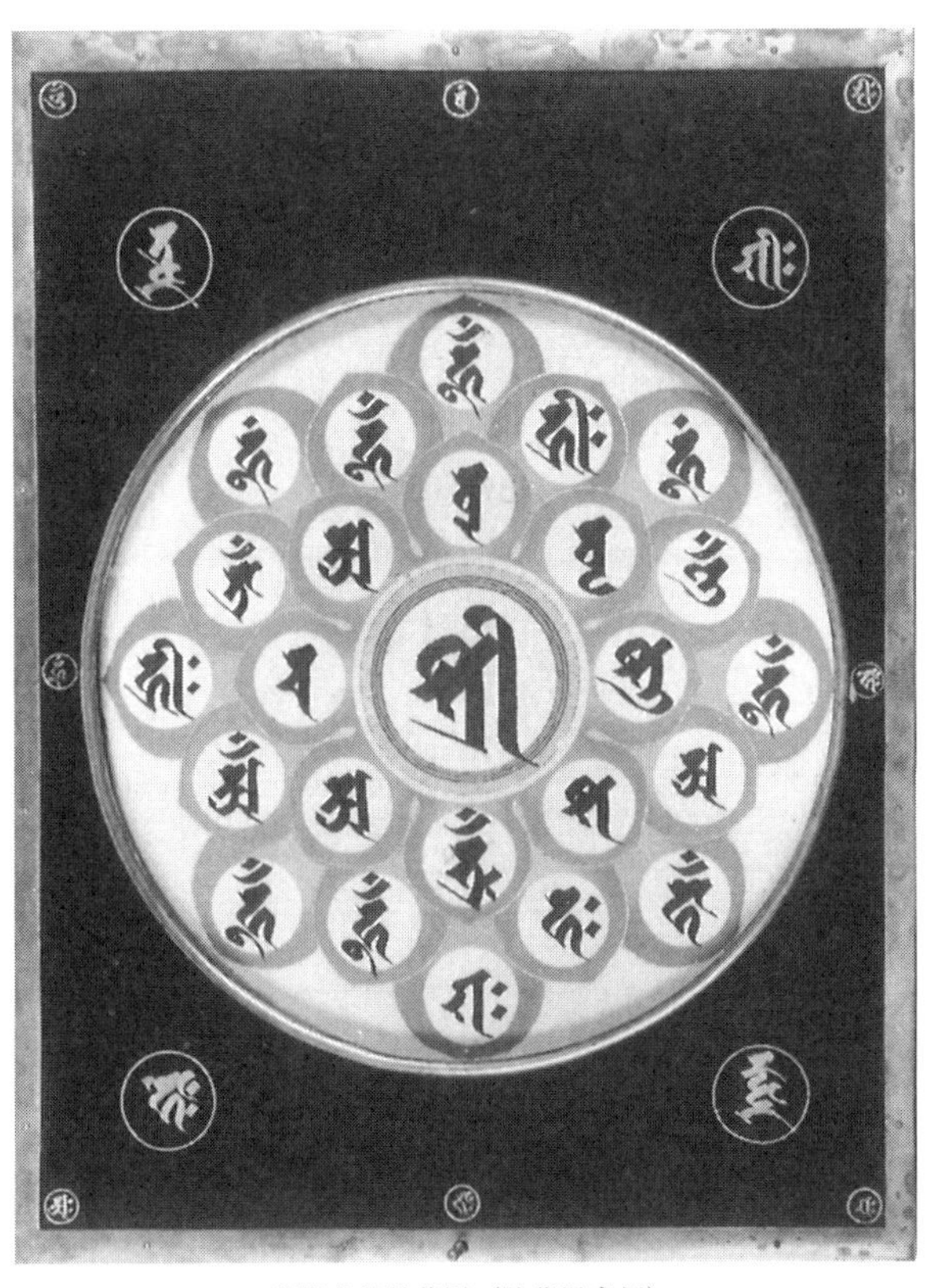

仏眼仏母曼荼羅（胎蔵界裏側）

大神宮御正体

って、『三輪』は完結する。この時代、神は仏法上は「三熱の苦」を受けるとされ、それゆえに前シテは玄賓を通じて仏との結縁をひたすら願う。「一曲の前半分は女の罪の救済の願いが主調になっている」[24]といわれるが、つきつめれば、それもまた「衆生済度の方便」としての「暫し迷ひの人心」なのだ。後シテも「恥づかしながらわが姿、上人にまみえ申すべし、罪を助けて賜び給へ」と懇願し、天の石屋戸神話の「神代の物語り、詳しくいざや現はし、かの上人を慰めん」と告げる。三輪の神でもあり、伊勢の神でもあるという神は、もはや王権の始原たりえず、「衆生済度の方便」としての身になって、いわば「末代衆生のため」の、あらたな世の始原となるのである。

世阿弥の女婿、金春大夫氏信、法名禅竹の『明宿集』[25]は、『風姿花伝』とほぼ同じ三種の起源伝承を記すが、さらに翁面について「深義に云」として、こう説いている。

> 玄賓僧都のいにしえ、三輪の明神、受法受衣しましまして、御神詠に「三輪川の清くも浄き唐衣、呉るゝと思ふな取ると思わじ」。無所得の心を現わし、三輪清浄の慈悲深重の御心にて、施するも施せらるゝも、みな自他の相なく、無所得なれば、何の咎もなし。此神、翁一体にましませば、此業をなさん芸人、この御神詠の御心をさしはさみて、神事・臨時の芸能をなさん時、俸禄にあづからんに於きて、「呉るゝと思ふな取ると思わじ」の無所得に至べし。たゞ、ともに菩提の縁とならんのみなり。

俸禄にこと寄せて、玄賓より三輪明神が「受法受衣」したことを述べている。さらに、翁の姿について、『明宿集』はこう説く。

これ、住吉の御告げに、「日月星宿、影を宿すぞ」と示し給えるに符合せり。御立烏帽子わ、両曜あらたなる日月を現わし、御数珠わ、星宿を連ね給える御姿、御檜扇わ、十二月を表して、昼夜に捨てず衆生に結縁し給ふ御形、水干わ、母の胎にしてわ胞衣といわれし襅の袖、九条の紫の御袈裟わ、忍辱慈悲の衣、紫色わ、これ赤色にもあらず、黒色にもあらず、すなわち中道実相の御姿なり。

住吉の神の告げる翁の姿は芸能の始原をなす三輪の神にふさわしい。翁と三輪明神は「一体」であり、その「翁を宿神と申たてまつること、かの住吉の御示現に符合」するのである。そして、秦河勝は「翁の化現」であって、「大きに荒る、神」であった。

すなわち大荒神にてまします也。これ、上に記すところの、母の胎内の子の胞衣、襅の袖と申せるに符合せり。

意味に意味を重ね、「一」なるものを「祓い捨て」てゆくことで、三輪の神とも伊勢の神ともいえなくなった神は、翁でありながら、同時に嬰児を象徴する「胞衣」に見立てられた「襅の袖」をひるがえす。いいかえると、神はこれまでの人の世を御破算に願って、恐るべきカオスを意味する「大荒神」として現われながら、あらたなコスモスの生誕を祝い、これを表象する「胞衣」でもありえた。そのことが個としての衆生へ向けて実現されるのである。つきつめていえば、かようなかくされた意味の重なりあうことを確証するのが、芸能としての『三輪』の構造であった。

そこに南北朝の動乱を通じて実現された、もう一つの〝中世的世界の形成〟を認めることができよう。古代の王権−国家神話は、かかる芸能のなかで転換し、崩壊する。『日本書紀』神代第八段第六の一書には、オホアナムチがおのれの「幸魂奇魂（さきみたまくしみたま）」にどこに住みたいかと尋ねたとき、「幸魂奇魂」は三輪山に住もうと思うと答え、「大三輪の神」になったとある。『三輪大明神縁起』はこの話を作り変え、オホナムチが「天照皇太神」にどこに住みたいかと尋ねたとき、「天照皇太神」は三輪山に住もうと答えたと記す。

　ゆゑに三輪太神御降臨は神代のことと知るなり。天照太神の御鎮坐（座）は垂仁天王（皇）の代なり。前後顕然なり。

「天照皇太神」とは「天上」での「天照尊」である。「天照太神」は垂仁天皇の代に伊勢に鎮座した「皇太神」である。前者は本地であり、後者は三輪明神と並ぶ垂迹の一体である。本地の「天照皇太神」が降臨し垂迹したのは、三輪のほうが先であり、伊勢のほうがおくれる。その前後関係ははっきりしていると『縁起』はいう。「前を以て本となし、後を以て迹となす」とすれば、この関係は神の軽重を比較することになりかねない。

また、これ三輪は本なり。まさに仏法に依り相を示すゆゑなり。神道山を迹となす。現に仏法を忌む外相を示すゆゑなり。

これはすでに『三輪』のシテの登場を予告するものであった。この我田引水の観ある注釈は、壮大な転倒の歴史をひそと語っており、そういうひそとしたものの累積が「中世」を築いていった。

4

しかし、と私は思う。どうやら、多義的であるはずの「中世」を、ミハイール・バフチーンふうにいえば、ポリフォニーとしてでなく、私のモノローグとして語ってしまったのではないか。

東大寺所蔵の永仁五年（一二九七）起筆の『普通唱導集』(26)は、「芸能」を「世間」と「出世間」とに分け、「世間部」について、次のように記す(27)。

文士　全経（ママ）博士　紀典（ママ）博士　武士　随身　歌人　管絃　音曲［舞人同］　能書　医師　宿曜師　天文博士　算博士　陰陽師　巫女　鈴巫　口寄巫　絵所　絵師　蒔絵師　木仏師　経師　紙漉扇紙師　番匠　鍛冶　薄打　刀礪　檜皮葺　檜物師　壁塗（ぬり）　瓦器（かはらけ）造

瓦造　鏡礪　玉磨　硯造　筆人（ゆひ）　塗師　畳指　遊女　海人　船人　鉤人　好色　仲人
白拍子　鼓打　田楽　猿楽　品玉（しなたま）　琵琶法師　商人　町人　馬労（ばくらう）　博打　囲碁打　将
基指　雙六打

「芸能」は「技能」もしくはそれを保持する「身分」であり、現代でいえば技術を持った職業の意に近いところがある。当然、「猿楽」や「琵琶法師」のような遊芸・演芸もあるが、神意をうかがう「巫女（みこ）」や「博打（ばくち）」もふくまれる。知識人とか芸術家とか呼ばれるような人たちの能力もあるし、手工業の職人の場合もすくなくない。「武士」も芸能であった。こうした観念が「中世」を通じて顕在したとはいえないが、現代と異なる「芸能」観があったという事実は、見すえておきたい。

『神道集』巻二の「熊野権現の事」の末尾に、鋳物師（いもじ）という「芸能」をめぐる、奇妙な起源伝承が収められている(28)。文意がはっきりしないところがあるが、いま赤木文庫本により、河野本で補い、適宜引用しながら読んでみると、まず次のような恐ろしい世の物語から始まる。

人王（皇）第二代の帝綏靖（すいぜい）天王（皇）と申すは、人を食ひ玉ひし事、朝夕に七人なり。臣下これを嘆くより外の事は無し。誰とても残るべしとも覚えず、悲しみけり。

そこで臣下の一人がこの帝を害そうと考えた。そのころはまだ帝の寿命が異常に長かったので、このままでは多くの人が殺されてしまうと思ったのである。彼の企計は採用された。

> 詐りて其月其日火の雨ふるべしと披露し、諸国に使を廻らす。今命惜しからん者は、岩屋を造り籠り居て助かるべしと告げらる。

みんなあわてて岩屋を造った。「諸国に塚多くあり。すなはちこの御時の岩屋なり」という。古墳のことであろう。内裏にも岩屋を造り、「国王も其日過るまで入りたまふべし」とだまして、公卿三人、殿上人二人、女房二人を付けて、「摩利の柱」（摩利支天を祭った柱か）へ閉じこめてしまった。生き埋めにしたということらしい。荒唐無稽の話である。

それにつづいて、こんな話が記される。

> 抑、三千七百余社の鎮守の中に、熊野岳の事は挙て云はず。すなはち、金胎両部の地なり。鎮守の第一には伊勢大神宮これなり。これすなはち、天照太神の心を思ふには、天照太神とも神武天王（皇）とも只一なるべし。そのゆゑ何となれば、惣当明神とも申し、または鋳師明神とも申すなり。この天照太神の天の岩戸に隠れし時、御体を鋳留めて子孫に見させたまふべしと申し、天照太神は宝体を鋳留させ給へり。残し留めたまへり。これを内侍所とは云ふ。この内侍所を鋳師大明神預りまたひて、神武天王の時渡したてまつりたまへり。祖父曾祖父の形見として崇めたてまつりたまふ。

それゆえ、「内侍所守護の神には熊野を第一とせり」というのである。

帝王が人を食うというのは異様であるが、要するに人間の社会が極度に混乱した状態にあることを強調したものであろう。実際に天下が乱れたわけではなく、神話の次元で原初におけるカオスを表象している。この一連の伝承が天の石屋戸神話にもとづいていることは、「天照太神の天の岩戸に隠れし時」とあるところから、あきらかである。ここでは「岩屋」にこもるのは、綏靖天皇（カムヌナカハミミ）だとされる。綏靖天皇の母は、ヒメタタライスズヒメ（紀）、ヒメタタライスケヨリヒメ（記）である。蹈鞴（たたら）は足でふむ大きなふいごで、砂鉄を溶かし鋼や銑を造るための送風装置である。綏靖即位前紀には、カムヌナカハミミは兄タギシミミを殺そうとして、「倭鍛部天津真浦（やまとのかぬちあまつまら）をして真麛（まかご）の鏃（やさき）を造らしめ」たとある。タギシミミは片丘の「大窨（おほむろ）」（岩屋）のなかにいたところを射られて死んだ。こうした物語をふまえて、『神道集』所収の伝承が造られたと考えられる。したがって、綏靖を鋳物師という「芸能」の起源として神格化してもよいのだが、熊野権現との関係を重視すれば、熊野へ上陸し、そこから大和へ進んで即位した人皇初代神武天皇と結びつける必要があり、二代綏靖はむしろ神武登場の前提をなすカオスを体現することになった。カオスを転換したのは「火の雨」を降らせる何ものかである。それは鋳物師の神話的始原をなす火の神であろう。しかし、火の神自身はここには登場せず、「火の雨」が降るぞと「詐りて」、綏靖を「内裏の岩屋」におしこめたことになっている。「摩利の柱」とあるのは、鉱業ともかかわりのある修験道の、摩利支天(まりしてん)の修法を連想せしめる。

ところで、神武天皇も鋳物師の「芸能」神になったわけではない。アマテラスが岩戸隠れしたとき、鏡を鋳造させた。これを鋳たのが鋳師大明神、つまり熊野権現なのであり、権現は内侍所としての鏡を神武天皇に伝えたのである。記紀における王権の天上での始原アマテラスそのものである鏡を、王権の歴史的な始原である神武に伝え、王権を王権たらしめたのは、鋳物師の「芸能」である。そのことが、『神道集』の伝える起源伝承から、あきらかになると思う。しかし、この伝承は火の神をうまく登場させてはいない。王権と結びついた限りでの鋳物師の神＝熊野権現は、いかにカオスの表象とはいえ、かの綏靖天皇を討つわけにはゆかず、さりとて、民間の鋳物師たちの信仰する火の神をこれに代えて討とうとするのもはばかられた。また、記紀では王権の地上での始原とされているホノニニギは、ここでは無視されている。この伝承は「瑞穂の国」から構造的に逸脱しており、伝統的王権があまりふれようとしなかった神武天皇を重視している。『神道集』の伝える鋳物師の起源伝承は、王権と結びつこうとして、ぎくしゃくした物語となったのである。

私どもの生活にとって、さまざまの「芸能」は不可欠である。たとい、「瑞穂の国」の忠実な「百姓(おほみたから)」(天皇の民)として生きようとしても、ただもう水田稲作農耕に専念しているというわけにはゆかぬ。専念しようとしても、たちまち鉄製や木製の農具が必要になり、「芸能」の重要さを思い知らされる。当然過ぎるほど、当然のことである。「中世」になって、「瑞穂の国」の神話が動揺し崩壊するにつれ、多様な「芸能」にたずさわる人々が、既成の枠を超えた活動を展開し、自己の「芸能」の存在根拠を示そうとして、それぞれの起源伝承を形成する。その起源はしばしば現実の利害関係にもとづき、権門に仮託して語られた。しかし、注意しなくてはならぬのは、権門としてはさほど政治的・軍事的・経済的な諸力を確保しているとは見受けがたい王権が、その起源伝承にとりこまれていることである。かつて、それは「尊皇思想」によるものと説かれたことがあった。これに対して、「芸能」者の「集団が自然生的な、血縁的性格を色濃くもち、その『自由』が、共同体の本源的権利の倒錯した表現ともいうべき天皇の支配権に保証されることによって、はじめて成り立ち得ている(29)」というような、ダイナミックな逆説としてとらえられるようにもなった。それにしても、と私はためらわずにはいられない。『神道集』の語る鋳物師の起源伝承は、どうしてあんなにぎくしゃくした物語に仕立ててまで、王権とのかかわりを強調するのであろうか。ヨーロッパの職人の組合は、自分からの技能＝「芸能」の始原を表象する神を持っており、それをキリスト教の「聖人」と結びつけていた(30)。その「聖人」の場所へ王権をすえて、起源伝承を構造化することは、神話固有の次元ではどのような歴史的意味を語るものであろうか。恐らく、そこに日本の「中世」的共同体が王権 - 国家とどのようなかたちで出会うことになったかという問題の核心が、かくされていると思う。私どもの祖先は、自分らの生活を成立させるため、その「芸能」を社会へ向けて活動させながら、しかもけっして強力とのみいえぬ、「中世」の王権 - 国家のもとへ芸能起源伝承を集中させていったのである。その結果、「中世」の王権 - 国家は「芸能」を掌握する権威の体制として再編成されてゆくようになる。

今谷明は「国制上に占める天皇の権威は、戦国時代を通じて、時期の下るにしたがって巨大化している」という。[31]「武士」もまた「芸能」でありえた。今谷は「尊皇家らしい態度」の向こうに、「戦国大名の心理として、天皇の権威利用だけでない〝何か〟があることは疑いえないのではあるまいか」といっている。それを今谷のように、「治罰綸旨制度という高度に政治的システム」と見るだけでなく、「芸能」を核とする王権 - 国家神話の、いわば〝柔 - 構造〟の問題と対応させることは可能であろう。そこから、近世の相撲や修験道に見られるように、「朝廷権威」への「希求」が、あらたに発生してくるのではあるまいか。[32]そう考えてゆくと、小栗判官やしんとく丸たちの向こうに、血まみれの報復と供犠が展開する『菅原伝授手習鑑』や『仮名手本忠臣蔵』をすかし見ると同時に、王権と芸能の結合を説くあらたな物語を演じる『用明天皇職人鑑』を望見できるような気がしてくる。

いま、私は本書の「おわりに」を書き了えた。それはそのまま、「はじめに」になっているのことであろう。私一人の力では、ついにとらえがたいと思われる何ものかへ向けての——。

注

（1）折口信夫「日本芸能史」（〈折口信夫全集〉ノート編、五巻、中央公論社、一九七一年）。

（2）芸能史研究会編『日本芸能史』二巻（法政大学出版局、一九八二年）第一章二（村井康彦執筆）。

（3）丸山静「〈人間生成〉の科学的追求」（『無限に延びる糸』きむら書房、一九八九年。初出は一九八六年）。

（4）ルネ・ジラール『暴力と聖なるもの』（古田幸男訳。法政大学出版局、一九八二年。原著は一九七二年）。

（5）八幡と放生会についての研究は多い。私は「八幡縁起の展開」（『中世日本文化の形成』東京大学出版会、一九八一年。初出は一九七八年）、「宇佐放生会について」（前掲書。初出は一九七九年）で論及した。

（6）〈日本古典文学大系〉による。

(7) 伊藤正義「円満井座伝承考」(『芸能史研究』二七号、一九六九年)。
(8) 折口信夫「偶人信仰の民俗化並びに伝説化せる道」(〈折口信夫全集〉三巻、中央公論社、一九六六年。初出は一九二九年)。
(9) 服部幸雄「後戸の神」(『文学』四一巻七号、一九七三年)。服部はさらに「宿神論」(『文学』四二巻一〇号、四三巻一・二号、一九七四・七五年)で詳論している。
(10) 高取正男「後戸の護法神」(『民間信仰史の研究』法藏館、一九八二年。初出は一九七九年)。なお、芸能史研究会編『日本芸能史』一巻(法政大学出版局、一九八一年)第一章「民俗と芸能」(高取正男執筆)は、「後戸の芸能」が発声儀礼に始まることを指摘し、「民俗を通して芸能未発の部分をとらえることは、歴史的にもその初心を省みる作業になる」と提言した。折にふれて、私は高取のこの「提言」を想起する。
(11) 小田雄三「中世の猿楽について」(『年報中世史研究』一〇号、一九八五年)。
(12) 景山春樹「摩多羅神信仰とその影像」(『神道美術』雄山閣出版、一九七三年。初出は一九五四年)。
(13) 山本ひろ子「中世叡山と摩多羅神」(『遊行』二号、一九八七年)によれば、叡山の東塔もしくは横川にあったかと推定される常行堂は東面し、その奥にある須弥壇の北に摩多羅神の祭壇が位置する。その北の唐戸の外には、堂外より摩多羅神を拝するための鳥居があった。この場合は、摩多羅神は「後戸」の神とは断定しがたい。それにしても、いったいどこの常行堂であろうか。山本によれば、西塔の常行堂では「予想外のことに、本尊の背面の後戸付近に、黒い仏檀の中に収まって小さな摩多羅神像が祀られていた」（傍点桜井）。「後戸」の神については、なお考うべきことが多い。

（14）桜井好朗「芸能の起源伝承」（『中世日本の王権・宗教・芸能』人文書院、一九八八年。初出は一九八五年）。

（15）〈日本古典文学大系〉による。適宜〈日本古典文学全集〉〈新潮日本古典集成〉を参照した。

（16）桜井好朗「中世の神話と芸能」（前掲『中世日本の王権・宗教・芸能』。初出は一九八七年）。

（17）〈日本歌学大系〉による。

（18）注（15）の頭注のほか、西村聡「能『三輪』考」（『皇学館論叢』一二巻六号、一九七九年）にくわしい。

（19）〈日本古典文学大系〉による。

（20）〈大神神社史料〉により訓み下す。

（21）村山修一「神仏習合の歴史的素地と三輪流神道の形成」（『習合思想史論考』塙書房、一九八七年。初出は一九八三年）。なお、阿部泰郎「神道曼荼羅の構造と象徴世界」（〈大系・仏教と日本人〉一巻、春秋社、一九八五年）は、神道曼荼羅を「解読されるべき多義的な位相をもつテクスト」としてとらえ、中世の精神史から図像史へとひろがる領域で、伊勢大神宮御正体を読み解いている。

（22）村山修一、前掲「神仏習合の歴史的素地と三輪流神道の形成」。

(23) 久保田収『中世神道の研究』(神道史学会、一九五九年)。

(24) 西村聡、前掲「能『三輪』考」。

(25) 〈日本思想大系〉による。

(26) 村山修一『古代仏教の中世的展開』(法藏館、一九七六年)に翻刻。

(27) ここではくわしくふれえないが、同書については、黒田俊雄「中世の身分制と卑賤観念」(『日本中世の国家と宗教』岩波書店、一九七五年。初出は一九七二年)、黒田日出男「『人』・『僧侶』・『童』・『非人』」(『境界の中世　象徴の中世』東京大学出版会、一九八六年。初出は一部一九八二年)等。

(28) 桜井好朗「鋳物師の起源伝承」(前掲『中世日本の王権・宗教・芸能』。初出は一九八五年)。

(29) 網野善彦『日本中世の非農業民と天皇』(岩波書店、一九八四年)。

(30) 中村生雄の教示による。

(31) 今谷明『戦国大名と天皇』(福武書店、一九九二年)。

(32) 高埜利彦「幕藩体制における家職と権威」(〈日本の社会史〉三巻、岩波書店、一九八七年)。

あとがき

一九七〇年代に入ってから、私は次第に中世の王権神話の構造とでも申すべき問題にとりつかれていった。宗教とか思想とか、あるいは文学とか芸能とか、とにかく何を選んで取り組んでみても、結局そういう問題にぶつかってしまう。そして、当然のことながら、一つや二つの論文を書いたところで、そんな大それた問題が解明できようはずがなく、私はだんだん窮屈なところへ自分を押しこめ、歯切れが悪くなっていった。それにも拘わらず、どういうわけか、あなたは筆が速いから何でも書けるねと揶揄(やゆ)をこめていわれたものである。実際には、原稿を書いては破り、破っては書くほかはなかった。あれは一九八四年のことであったと思う。亡くなった三浦圭一氏に一度だけお会いしたことがあるが、温厚な氏はおだやかに微笑しながらそのことをぴたりと指摘され、一瞬私は絶句した。「日本中世の立願と暗号」(『中世民衆生活史の研究』思文閣出版、一九八一年。初出は一九七九年)を書かれた三浦氏にしてみれば、こんな程度のことはお見通しだったに違いない。

ともかくも、一九七三年春、「中世における歴史叙述の構造」(『中世日本の精神史的景観』塙書房、一九七四年。初出は一九七三年)の原稿を抱えて葛川明王院を訪れたことがあった。その夜は明王院の前の宿に泊ったが、興奮して眠れなかった。翌日京都に舞い戻ってすぐ原稿を投函した。自分が戻りようのないところへ迷いこんでしまったことを、予感していた。十二年後、楽友会館でおこなわれた芸能史研究会一九八五年度大会で、講演する機会を与えられた。それをもとにした「芸能史への視座」(『中世日本の王権・宗教・芸能』人文書院、一九八八年。初出は一九八五年)のなかで、私は次のように述べている。

これに対して、中世とは国家の時代としての古代への〝ゆりもどし〟の時代と見なすことができる。国家の時代に無視されたり抑圧されたりした社会的な勢力や要因は、古代の対極を目ざして活溌に機能する。たとい、中世の国家権力が実質的にはその支配力を社会の末端にまでひろげていったり、あるいは〝ゆりもどし〟の過程でそれに対応してあらたな国家権力が形成されたりしても、それとは別な次元で、国家観念の対極を志向しつづける機能が底流している時代を、私は〝中世〟と呼び、ほぼ十世紀頃からがそれに相当すると考えている。

ずいぶん単純にして明快な語りようで、もっと模糊(もこ)として晦渋な表現の仕方もあったろうにと反省させられるが、やはりどこかで上滑(うわすべ)りしていたのであろう。霧のなかを迷っていて、ついにエルンスト・ハルトヴィヒ・カントーロヴィチ『王の二つの身体』（小林公訳。平凡社、一九九二年。原著は一九五七年）に出会ったときは、嬉しかった。その片鱗を見よう。

かくして、常に未成年であり続ける団体は、未成年者が享受するあらゆる特権を同じように享受するに至ったのである。

国家や教会についての論述である。「常に未成年であり続ける」国家、――私は自分の儀礼国家論の未熟さを恥じながらも、それ以上に感動していた。それにしても、一九五七年、私どもは、いや私は何をしていたのであろうか。大きな、大きな空白。

なぜ「構造」なんぞと、構造主義まがいの用語を持ち出すのかと問われても、答えることはむずかしい。まだ開拓されたとはいえない領域を照らし出すためには、神秘化されたり、思い入れをこめられたりした用語を避け、いっそ乾いた響きを持つほうを選んだまでだと申さば、いくらか答えたことにはなろう。しかし、それですむ問題ではない。

『国文学解釈と鑑賞』五六巻一〇号（一九九一年）の〈物語の構造――古代・中世〉特集は面白かった。文学の研究に「構造」という概念を取り入れるとどういうことがおこるか。それぞれの論文が、そのまま多彩なドラマとなっている趣きがあり、私自身もたんなる観客ではありえず、そこへ巻きこまれてゆくような気がした。歴史をはじめ、人文の学がおのれの論述の在り方を見つめようとするとき、このドラマは見落とせないと思う。そのなかから、前田雅之氏の「説話の構造」をとりあげ、騏尾に付すようにして、私の考えを記してゆきたい。

さて、いま上げた二つの〈構造〉は共に人間主体の顕在的な意志や観念の支配を受けないシステムという共通項をもつとは言え、前者の〈構造〉がどちらかと言えば可視的・実体的＝スタティックな概念であるのに対して、後者のそれは不可視的・関数的＝ダイナミックな概念であるという決定的な差異がある。それのみならず、後者は、「二項対立」と「変換」を主たる分析装置として、「神話」の意味や無文字社会の「親族」構造を言語学的・数学的に解明し、ひいては、これまで普遍性をもつとされた西欧的論理までを相対化しえた、「構造主義」という新しい知の枠組を完成したので、レヴィ－ストロース以降、〈構造〉の概念と言う場合、スタティックな構造と並んで構造主義的な構造も指すようになった。現在は、この二つの〈構造〉概念を核として、その変型や応用が融通無碍に通用している情況であると言えよう。

これは「二項対立」をたくみに用いて、構造を「スタティックな概念」と「ダイナミックな概念」とに分け、後者に「構造主義的な構造」を読みとろうとするもので、後者の解釈についてはいささかフレキシブルであり過ぎはせぬかと思われるものの、注目すべき知的状況の把握といってよい。私自身の「構造」の持ち出し方なぞは、かなり「融通無碍」であるといわれても仕方がない。前田氏はつづけて、こういっている。

だが、事、「説話」に関して言えば、構造主義的構造概念はその世界を解明するための万能薬にはならないと断言できる。第一に、「説話」の大部分は構造主義者が主張する「神話」的構造を備えていないので、事実上構造分析は行いえないという端的な事実が指摘できるのである。所謂「世間話」系列に属する「説話」を構造分析するのは至難の業であるし、またしたところでほとんど生産性ある結論を導き出せない。レヴィ＝ストロースとは違う意味で「神話」と「説話」の径庭は決定的に大きい。第二に、こちらは本質的な問題だが、「説話集」によって最終的な意味が決定されている一方で、一話一話が多様な意味を内蔵している「説話」というテクストの重層的かつ固有な言葉世界を十全に把握することは構造主義的構造概念ではそもそも不可能なのである。

もしも「説話集」が「作品」として完結し、そうあることで、多様な意味を語る個々の「説話」に優越しているとすれば、「最終的な意味」を「決定」するのは、「説話集」でなければならない。場合によっては、そのような「作品」の背後に、「人間主体の顕在的な意志や観念」を抱いた「作者」を想定することさえできよう。こうして、私どもは住みなれたイデオロギー論の枠の内側へ、「人間主体」という観念にとりつかれたまま、立ち帰ることになる。しかし、そうなっては、あの「システム」は消滅するであろう。そこのところを、ない袖を振ってでも何とかするために、前田氏は多少「構造主義的構造概念」に不義理をしてでも、「不可視的・関数的＝ダイナミックな概念」としての「構造」なるものを呼びおこそうとしたのではなかったか。

思うに、呼びおこさるべき「構造」とは、「表現」においてのみ現われる、一種の操作概念であろう。ここにいう「表現」は、たんに個々の作品を生み出す創作と限らず、解釈・注釈をも意味する。「構造」はそのような「表現」の奥にあるのであって、それと無関係にそれ自体で神のごとく普遍の光を放って実在するわけではない。それを実在すると思いこんで、起源論の範疇で語り出した途端、その言説は現代の神話と化す。その言説が実証や科学の旗幟（きし）を掲げたからといって、安心はできない。

「構造」は個々の「表現」の帯びる意味を超えて、かの「人間主体の顕在的な意志や観念の支配を受けないシステム」を志向する。すなわち、「構造」は「人間主体の顕在的な意志や観念の支配」を超える点でダイナミックなのだが、それは「表現」との関係の仕方のなかで、顕在的なものから潜在的なものへ向かうという方位をとることで、ダイナミックに機能するわけである。歴史叙述という物語のなかで、ダイナミックなのではない。方向が逆である。

社会的諸条件の変化をじかに受けとめるのは、「表現」の帯びる意味であって、「構造」ではない。「表現」こそ、歴史叙述が想定するような「歴史」の状況を刻みつけられる。ところが、「表現」の既成の意味が転換するにつれて、「表現」においてのみ現われる「構造」自体も、既成の「人間主体の顕在的な意志や観念の支配を受けないシステム」としてはもはや成立しがたくなり、「表現」との緊張関係のなかで、徐々に変動する。ゆっくりした変動が重なって、一気に急激な変化を見せることもある。「歴史」的という意味あいで、「構造」がダイナミックになるとしたら、多分こういう場合のことであろう。

巷中の陋居に私と妻は住んでいる。私ども夫婦同様、やや老耄気味の犬と猫もいっしょに住んでいる。陋居といえども、土台や床に密着して天井や屋根があるわけではない。前者と後者の間は、何もない空なる間である。この何もない空なる間があるおかげで、私どもはそこで生活できる。当然のことである。あくまで比喩的な話だけれど、「構造」と「表現」との間にも、何もなく何ごとともいえない空なる間があるのではなかろうか。どうもそういう空なる間への配慮が足りないような気がする。実証的であったり、科学的であったりしようとしているうちに、両者が密着しているように思いこんでしまうのである。

他方では「構造」概念を厳密に定義しているうちに、ダイナミクスを喪失し、それを何とか取り戻そうと急ぐ余り、「人間主体の顕在的な意志や概念」を、この空なる間に不用意に持ち込んでしまう傾向も見られる。さすが、前田論文はこういう傾向をきっぱり排除していた。

どんなにはしたなく見えようと、この空なる間では、ない袖を振るようにして、何かを出現させなくてはなるまい。そうではなくては、「構造」がダイナミックになりえようはずはないのである。とてもダイナミックとは申せず、みみっちい限りであるが、陋居の空なる間でも、日々ない袖を振っている。それが生活ということではないだろうか。本書が果たしてそのような空なる間まで描きえたかどうか、答えるのをためらわざるをえない。

本書の執筆を勧めてくださったのは、吉川弘文館編集部の上野純一氏である。私もこのような本を書いてみたいと思っていたところなので、ありがたかった。ところが、「はじめに」の冒頭とⅠ・Ⅱの全部、それにⅢの数枚を書いたところで、中断した。何かしら、本を読むのが億劫で、筆を動かそうとする意欲が萎（な）えてしまうのである。やはり歳（とし）のせいかなあとぼやいていたが、知らぬ間に積年の病がすこしずつ進行していた。藤田保健衛生大学病院脳神経外科の神野（かんの）哲夫部長に、「ちょうど切りごろですな」といわれ、手術をお願いした。同病院の野々村一彦医師が、文字どおり尽力してくださった。看護の方々の苦労も目のあたりにした。生涯、忘れがたい。私事ながら、本書のことを語ろうとすれば、このことを申さずにはいられない。

神野先生のおっしゃったとおり、「ちょうど切りごろ」であった、積年の病根を除去し、命一つを拾うた心地がした。病院のベッドの上で、ジョン・ルイスの弾くヨーハン・ゼバスティアン・バッハの前奏曲と遁走曲(フーガ)に、ふとおのれの精神の鼓動を感じたりした。一九九二年の春のことである。その年の夏から秋へかけて、本書の残りの部分を仕上げ、すでに書きあげた部分にも手を加えた。この間、上野氏は適宜、激励しながら、じっと待ってくださった。何といっても、予期せぬ中断があったため、執筆の期間が長くなった。あたらしい研究成果も続出する。どうしたらよいか、思い惑うことも多かった。

いま、かえりみるに、きらきら輝くような壮大な論述、棚橋光男氏「転形期の王権――後白河論序説」(〈講座・前近代の天皇〉一巻、青木書店、一九九二年)にはどうしてもふれておきたかった。いわゆる「国文学」のなかで、大きなうねりのように現われた唱導・注釈の研究を集める『説話の場』(〈説話の講座〉三巻、勉誠社、一九九三年)に対しても、会釈をするようにして、やり過ごすわけにはゆかない。私は立ちすくむ。そして、将来を期するほかはないのだと、自分にいい聞かせる。

病気談義なんぞ御迷惑なばかりだと思うが、病中よりも病後になって、何かしら寂寥の感にとりつかれることがある。フリオ・コルタサルの短編集を岩波文庫で読んだのも、そんなころだ。兄妹婚の神話が近代的な小説のなかでしずかに解体してゆくという、悲劇ともいえぬ悲劇がひそと語られる『占拠された屋敷』。遠き世の共同体と族内婚とが束の間回復されたようでいて、その幻想が疾走する騎馬ならぬ自動車の群れのなかでもろくも崩れてゆくという、終末とも名づけえぬ終末を描く『南部高速道路』。余事ではあるが、ヘーゲルは『精神現象学』で家族をとりあげておきながら、『アンティゴネー』ばかりを論じて、どうして『オイディプス王』をなおざりにしたのだろうか。それはそれとして、私どもは構造化されがたい時代を、はからずも選びとっているのかも知れない。あるユニークな経済学者はいっている。

時代錯誤とは、字義どおりに時代を錯誤することである。だが、時代が錯誤していることだっておおいにありうるのである。

（岩井克人氏『貨幣論』筑摩書房、一九九三年）

ここだけ読めば当然至極と思われるかも知れないが、これはまさしく一九九〇年代を迎撃する言葉なのである。

本書の成るのを、佐伯有清氏は最初からそっと見守っていてくださったように感じている。多くの方々の力に支えられて、苦しくもあった、この仕事をなしえた。私は感謝をこめて多義的に報告しよう。「まだ持ちこたえております」と。

一九九三年　若葉の季節に

桜井好朗

解説　我流の霜月の踊舞（ノヴェムバー・ステップス）

星　優也

本書は、桜井好朗『祭儀と注釈――中世における古代神話』（吉川弘文館、一九九三年）の文庫版である。桜井の著作が文庫本になるのは、二〇〇〇年に筑摩書房のちくま学芸文庫から刊行された『神々の変貌――社寺縁起の世界から』以来の二十三年ぶりになる。

桜井好朗は、日本中世文化史を専攻とする歴史学者である。ここで著者の略歴を紹介しよう。桜井好朗は、一九三一年に愛知県瀬戸市の父桜井源之助（一八九六～一九四四）、母かなへ（一八九八～一九五六）の間に生まれた。源之助は、瀬戸市で石炭の卸売業を行う商家を営んでいたが、一九四四年四月に四十八歳で亡くなった。戦後、名古屋大学文学部史学科に進学し、石母田正『中世的世界の形成』（一九四六年）に触発されて歴史家を志した。

家庭の事情から大学院進学は断念し、一九五四年に大学卒業後、名古屋市立志賀中学校をはじめ、名古屋市の中学校、高等学校教諭を務め、一九六七年に豊田工業高等専門学校講師として着任する（六九年助教授）。その年に最初の単著『隠者の風貌――隠遁生活とその精神』（塙書房）が刊行される。『平家物語』や『太平記』などの軍記物語および、その成立に関わった隠者たちや隠遁・遁世の行為が持つ歴史的意義の研究を深め、『中世日本人の思惟と表現』（未来社、一九七〇年）、『中世日本の精神史的景観』（塙書房、一九七四年）としてまとまり、一九七六年から椙山女学園大学短期大学部教授に着任する。その年に発表した『神々の変貌』で名古屋大学から博士号を授与され、この頃から、本書に結実する中世の神話と歴史叙述の問題に取り組む。以降、『中世日本文化の形成――神話と歴史叙述』（東京大学出版会、一九八一年）、『空より参らむ――中世論のために』（人文書院、一九八三年）、『中世日本の王権・宗教・芸能』（人文書院、一九八八年）と精力的に論集を出版し、一九九三年に本書『祭儀と注釈――中世における古代神話』、三年後の一九九六年に『儀礼国家の解体――中世文化史論集』（ともに吉川弘文館）を上梓する。一九九七年から佛教大学文学部教授として京都に研究拠点を移したが、二〇〇一年に体調悪化を理由に退職した。故郷で読書会の黄塵草堂を主催する一方、最後の著作となった『中世日本の神話と歴史叙述』（岩田書院、二〇〇六年）を刊行する。書き下ろしの『遊行の中世――一遍聖絵の世界』を用意していたとのことだったが、発表されることはなかった。

二〇一四年五月八日、桜井は急性心不全で逝去した。享年八十三歳だった。歴史家であるとともに詩人花井純一郎としても活動し、『祝祭空間』（母岩社、一九七二年）と『邯鄲風言』（雁書館、二〇〇四年）という二冊の詩歌集を発表した。

本書『祭儀と注釈』をはじめ、中世日本の神話と歴史叙述について、表現構造という独特の方法を用いて分析した桜井好朗の研究は、一九七〇年代以降、文学研究や思想史研究、神話研究の側から中世日本紀や中世神話の概念による成果が蓄積され、桜井はその先駆者として知られている。しかし、これらの研究において、果たして桜井の仕事は正当に位置づけられてきたのだろうか。無視できない先達だが、その独特な方法と文体、問題意識に基づく成果について、それ以降の研究は、必ずしも議論を共有できていたように見えない。

私自身、生前の桜井とは面識がない。佛教大学歴史学部の学生だった頃、中世神話に関心を持った際にその研究者としての存在と以前佛教大学で教鞭を執られていたことを知った。親しく交流されていた、かつて指導教授だった斎藤英喜氏に何度かお会いしたいと願い出たことがあったが、諸々先送りになるうち、大学院に進学した二〇一四年、斎藤研究室で「桜井先生が亡くなられたよ」という衝撃的な報告を聞いた。桜井好朗と出会う機会は永遠に失われた。

以降、中世神仏関係史の研究を進めたが、頭の片隅には、桜井好朗とは何者だったのかという問いが常にあった。やがて偶然にもお世話になっている立命館大学の田中聡氏からお声がけいただき、田中氏が委員を担当している京都民科歴史部会の機関紙『新しい歴史学のために』の特集号「さらに新しい歴史学をめざして」（第二九三号）に「神話・伝承研究と歴史学」がテーマの原稿依頼を受け、思い切って桜井好朗論に取り組み、「中世神話と歴史学——桜井好朗の神話研究をめぐって」としてまとめた。

『祭儀と注釈』は書き下ろしである。神話における古代から中世への変容を問う本書は、前著『中世日本の王権・宗教・芸能』と明確に異なる視点が追加されている。それがタイトルにもある注釈であり、方法論としては中世日本紀になる。

中世日本紀は、一九七二年に中世文学研究者の伊藤正義が「中世日本紀の輪郭——太平記における卜部兼員説をめぐって」（『文学』第四〇巻第一〇号）で唱えた概念である。伊藤は、『太平記』で神祇官の卜部兼員が『古事記』『日本書紀』と異なる神話を語ることに注目し、それらが和歌集や歌論書、神道書における注釈の記述と関連することを突き止めた。こうした注釈類は、これまで本文を説明するための付随的なものに過ぎないとみなされており、「日本記云」と注記しつつ『日本書紀』原典に見られない神話記述は、二次的なものと低く扱われてきた。しかし伊藤は、それら注釈類を中世日本紀と名づけ、歌論や古典注釈、神道説の世界が『日本書紀』に仮託した注釈を通して関係しており、相互に言説を共有する学知空間が形成されていたことを明らかにした。そこから既存の文学研究に異議申し立てを行ったのである。

一九八〇年代から一九九〇年代を通して中世日本紀は、文学研究と思想史研究の新潮流となり、特に説話研究と中世神道研究を飛躍的に進展させた。なかでも中世天皇儀礼である即位灌頂の研究は、同時代の中世史研究における黒田俊雄の顕密体制論も相まって、中世王権の具体像を解明する視点を開いていった。本書『祭儀と注釈』もそうした動向の一つに位置づけられる。ところが、『祭儀と注釈』以前、桜井は本格的に中世日本紀に言及することはなかった。かつて一九六七年から一九七二年にかけての研究展望を桜井が担当した際、「この(伊藤正義「中世日本紀の輪郭」—筆者注)画期的論文の意味を理解できず、戸惑うままに、その名をあげていない」(『儀礼国家の解体』一三〇頁)と述懐しており、本書「はじめに」でも、「この提言が発表されたとき、私もふくめて多くの人々は、まだその重大性をしっかりとらえていなかった」「研究領域の片隅のごときところから、何かしら馴染みにくい問題が投げかけられた」(一二頁)と、反省を込めて振り返っている。しかし、本書では、「伊藤は石母田正も見ることのなかった、もう一つの〝中世的世界の形成〟を読み解いていく」(同)と評価をあらためている。

根源-始原なるものは、常に歴史的、社会的な表現をまとい創り出されていく。これは、『神々の変貌』以降、桜井を貫く神話や神をめぐる一貫した視点である。このことは、かって桜井が網野善彦を批判したことからもわかる。網野は、その著『無縁・公界・楽』（一九七八年）において始原性を帯びた「無縁の原理」が時代を超えて発生することを指摘し、失われた日本のアジール（避難所）の存在を描き出した。桜井は、その仕事に一定の評価を下しつつ、「無縁の原理」の非歴史性を鋭く批判した（「歴史叙述における中世とは何か」『空より参らむ』一九八三年）。

一九七〇年代は、人文諸学で「古層」「発生」「未開」が注目された。一九七二年に丸山眞男が「歴史意識の「古層」」（『政治思想論集』）を発表して、石母田正も講演「歴史学と「日本人」論」（一九七三年）で日本文化に通底する「未開」に注目し、網野も『蒙古襲来』（一九七四年）で悪党の飛礫（つぶて）に「未開の力」を見出した。これら「未開」「原始」「古層」の視点は、日本の後進性を指摘する講座派理論を修正した点があり、一九六八年の学園闘争を経験した丸山の古層論とも響き合った。また、古代文学研究で神話の発生論が展開する。「未開」「原始」「古層」が注目されたなか、異彩を放っていた研究が歴史学においては桜井好朗であり、文学では伊藤正義の中世日本紀であった。『祭儀と注釈』は、その両者が本格的に合流を果たした記念すべき一書なのである。桜井は、本書で注釈が中世を創出していく過程で持った重要性を読み解くが、そこで問題とされたのが、古代国家－王権を成り立たせた神話と祭儀が、いかに平安期を通して変容していったのかである。大嘗祭、大祓、御贖の儀、八十島祭と祭儀の分析が進められ、古代王権‐国家を神話的に支える「恩恵と収取の一本の軸」が見出される。そこで桜井は「儀礼国家」の視点を提示する。儀礼国家とは何か。本書では詳述されないが、論集『儀礼国家の解体』「あとがき」に儀礼国家の定義が示される。長いが本書の解説として適宜抜粋して引用しよう。

王権‐国家にはそれ固有の神話の仕組（構造）があり、それが儀礼と対応している。逆にいえばある種の神話や儀礼が王権‐国家という一つの社会的関係を成立せしめる。（中略）そして王権‐国家を成立せしめる神話の構造があいまいになり、見失われると、儀礼はあたかもそれ自体が神話的な機能を果たすかのように見なされ、それが王権‐国家を支えるのだという、あらたな幻想を呼びおこす。こういうかたちで構造化された国家体制を私は「儀礼国家」と呼ぶ。（中略）その「儀礼国家」において、儀礼をおこなうためだと称して、本来儀礼とは直接関係のない政治・軍事・法・経済等々が儀礼と一体をなすようにして実現される。あるいは儀礼を支えていたはずの神話が欠落し、別の神話とか神話ともいえぬ故実とか慣行とかが神話に代わって権威を帯びる。（二八三〜二八五頁）。

大意としては、古代王権‐国家を成り立たせる神話が存在し、それを儀礼が支えていたが、歴史を経ることで古代神話が王権‐国家の起源を説明できなくなる。やがて繰り返される儀礼こそが重視されて意味づけされ、儀礼が神話化し新たな起源言説が求められる。結果、新たに中世の王権‐国家を意味づける神話（中世神話）が創出される。儀礼国家の言葉そのものは、桜井が「芸能と文学――儀礼国家の崩壊」（『国文学――解釈と鑑賞』第五三巻第三号、一九八八年、改題して『中世日本の王権・宗教・芸能』所収）で使用しており、大江匡房の『洛陽田楽記』に記された永長大田楽の熱狂を取り上げ、儀礼から自立する芸能の可能性に注目した。同時に桜井は、「日本中世における熱狂」（『中世日本の王権・宗教・芸能』所収）で大祓祝詞の天つ罪、国つ罪を分析する。以降、「大祓祝詞私釈」（一九八八年、『儀礼国家の解体』所収）、「中世神道における注釈の言語」（『椙山女学園大学短期大学部二十周年記念論集』一九八九年）、「中世の王権神話」（『日本文学』第三九巻第三号、一九九〇年）と着実に研究を積み重ね、『祭儀と注釈』へ至る。桜井は、これら一連の仕事を「私の神話史研究」と表現した（『中世日本の神話と歴史叙述』三三六頁）。

本書の白眉は、注釈の表現が持つ変革性の指摘である。桜井は、中臣祓に真言密教の注釈が施される過程で、かつて古代王権‐国家を神話的に支えていた構造が解体され、ついには穢れをまとう祓の神々を伊勢内宮の神々と同一視する「危うい物語」（三二五頁）の現出を指摘する。これは『中臣祓訓解』の注釈者が意図したというより、「注釈そのもの」がそのような機能を持ってしまったのである。そこにまぎれようもなく「中世」が発現する」（同）と評価する。本書で桜井は、注釈を人類学者ピエール・クラストル『国家に抗する社会』（一九七三年）の議論を踏まえ、国家の「祓い捨ての作業」と表現する。しかし、『中臣祓訓解』はその論理を貫徹しなかったという。最後の読解については評価がわかれるだろう。果たして『中臣祓訓解』の世界は、「〝漂流〟する言説と〝逃走〟する言説の狭間にあって」「途方に暮れている」（三二九頁）のだろうか。中世神道書としての『中臣祓訓解』をいかに読むのか。本書の課題である。

『祭儀と注釈』は、神話から歴史を再考する新たな視点を出した「神話史」の成果である。この後、山本ひろ子『中世神話』（岩波書店、一九九八年）や斎藤英喜『読み替えられた日本神話』（講談社、二〇〇四年）と神話の変貌を問う研究へと進展するが、桜井が一九九〇年代に王権－国家を神話と祭儀から問うた現在（アクチュアリティ）性を考えねばならない。最大の課題である。

※

二〇二三年六月二〇日、私は、妻紗矢香と法藏館統括（兼編集長）戸城三千代氏の三人で名古屋を訪れた。甥に当たられる野々村繁さんにご案内いただき、桜井好朗夫人の三枝子さんとの対面がかなった。三枝子さんは現在九十二歳である。言葉もしっかりされており、我々の訪問を歓迎してくれた。繁さんからは、生前贈られた色紙や手紙も見せていただき、短い時間だったが、愛妻家であり、文学と酒と音楽、歴史を愛した人間・桜井好朗の面影を垣間見ることができた。思い出の中で語られる桜井好朗は、論文や著書からではわからない、研究者と詩人、そして、家族としての姿であった。

その後、繁さんに車を出していただき、川近くの高台にある共同墓地へ向かった。そこに桜井好朗が眠っていた。三枝子さんと建てられた桜井家の墓石に、ご両親と並び名が刻まれ、戒名は「文覚院釈好風」である。お墓を掃除して線香をあげ、墓前に手を合わせようやく桜井先生にご挨拶ができた。「やっとお会いすることができました」。

各書「あとがき」で時折語られていたが、桜井好朗に欠かせなかったのは音楽であった。甥の繁さんも音楽を嗜まれ、生前よくお話されたとのことである。実は、『祭儀と注釈』も冒頭で本書の試みを「我流の霜月の踊舞（ノヴェムバー・ステップス）」と表している。ノヴェンバー・ステップスは、武満徹による尺八、琵琶とオーケストラの編成による、和楽と洋楽の調和を目指す協奏曲である。歴史学と文学、歴史と神話、交じり合わないものの対話を試みた一編の協奏曲、それが本書『祭儀と注釈』ともいえよう。私はそれを既存の学問観の壁を打ち破る序曲として聴きたい。

（中世宗教文化史・民俗学／池坊短期大学講師）

凡例

本書の表記は、原則初版本に基づき変更していないが、明らかな誤字である部分については、編集および解説担当者の側で訂正した。

・九二頁、注(28)「『延喜式』と「近世」(院政期)とではことなるところがあるが」の「近世」は、本文(七四頁)および注引用の原典『天仁大嘗会記』では「近代」となっており、底本とした神道大系本と照合した結果、「近代」であったため訂正した。

・九三頁、注(34)岡田精司論文のタイトル中の「原型」を注(11)(14)に合わせ、「原形」に訂正した。

・一〇一頁一一行目「物根」(『日本書紀』の表記)は、一〇五頁「物実」(『古事記』の表記)と混在して用いられており、煩雑であるが原文を尊重し、「「物根」(紀)」「「物実」(記)」と訂正した。

・一二二〜一二四頁引用の大祓詞のうち、(B)「諸聞き給へよと宣ふ」、(C)「皇親神漏伎、神漏美の命を似ちて」、(E)「高山短山」、「荒塩の塩の八百道の塩の八百会」は、典拠である国史大系本と対照した結果、「給」は「食」、「似」は「以」、「高山短山の末」は「高山の末短山の末」、「荒塩の塩の八百道の八塩道の塩の八百会」に訂正した。

・二八九～二九〇頁、注(10)に引用される『神代巻秘訣』東寺即位品は、内閣文庫本をもとに読み下しが掲載されている。続神道大系『習合神道』所収の『神代巻秘訣』(底本：高野山真別処蔵〔高野山図書館所蔵〈寄託〉〕)を確認したところ、「白藤巻の剣を以て昇進えせる故に、鎌足の姓名を給ふ」の箇所は、「故藤巻自鉤昇進故、賜鎌足姓名」(ゆえに藤巻の鉤により昇進するがゆえに、鎌足の姓名を賜て)とある。校異として内閣文庫本が使用されており、それによると「白藤巻劔昇進故、賜鎌足姓名」とあり、引用通り「白藤巻」とある。内容上、「白」は誤記と思われるが、ここに校異を示したうえで(ママ)とした。

・三〇三頁八行目の(C)は、(E)の誤記のため訂正した。

・三〇四頁三・四行目の(c)は、(e)の誤記のため訂正した。

・原則として表記の揺れは原本に基づくが、「役割」は「役割り」に統一した。

・旧字体部分も原則として原本に基づくが、地の文などは一部訂正した。

本文修正にあたり、校正者ならびに法藏館編集部の山下愛歩氏の御助力を賜った。感謝申し上げる。

桜井好朗（さくらい　よしろう）

1931年愛知県生まれ。1954年名古屋大学文学部史学科卒業。豊田工業高等専門学校助教授、椙山女学園大学短期大学部教授、佛教大学教授を歴任。2014年没。著書に、『中世日本の精神史的景観』（塙書房）、『神々の変貌』（ちくま学芸文庫）、『中世日本の神話と歴史叙述』（岩田書院）がある。

祭儀と注釈　中世における古代神話

二〇二三年一一月一五日　初版第一刷発行

著　者　桜井好朗

発行者　西村明高

発行所　株式会社　法藏館

京都市下京区正面通烏丸東入

郵便番号　六〇〇-八一五三

電話　〇七五-三四三-〇〇三〇（編集）

〇七五-三四三-五六五六（営業）

装幀者　熊谷博人

印刷・製本　中村印刷株式会社

※本書掲載の写真の無断転載を禁じます。

©2023 Mieko Sakurai *Printed in Japan*

ISBN 978-4-8318-2657-2　C1121

乱丁・落丁本の場合はお取り替え致します。

法蔵館文庫既刊より

価格税別

さ-1-1
増補
いざなぎ流　祭文と儀礼
斎藤英喜著
高知県旧物部村に伝わる民間信仰・いざなぎ流。中尾計佐清太夫に密着し、十五年にわたるフィールドワークによってその祭文・神楽・儀礼を解明。
1500円

さ-2-1
アマテラスの変貌
中世神仏交渉史の視座
佐藤弘夫著
童子・男神・女神へと変貌するアマテラスを手掛かりに中世の民衆が直面していたイデオロギー的呪縛の構造を抉りだし、新たな宗教コスモロジー論の構築を促す。
1200円

い-2-1
アニミズム時代
岩田慶治著
森羅万象のなかにカミを経験する。その経験の場とは。アニミズムそしてシンクロニシティ空間論によって自然との共生の方法を説く、岩田アニミズム論の名著。解説＝松本博之
1200円

く-1-1
王法と仏法
中世史の構図
黒田俊雄著
強靱な論理力で中世史の構図を一変させ、「武士中心史観」にもとづく中世理解に鋭く修正を迫った黒田史学。その精髄を示す論考を収めた不朽の名著。解説＝平　雅行
1200円

な-1-2
祭祀と供犠
日本人の自然観・動物観
中村生雄著
動物を「神への捧げもの」とする西洋の供犠との対比から、日本の供養の文化を論じ、殺生・肉食の禁止と宗教との関わりに新たな光を当てた名著が文庫化。解説＝赤坂憲雄
1500円